幼儿教师专业成长（继续教育）丛书

爬上豆蔓看自己

增订版

高美霞 ◎ 著

北京师范大学出版集团
BEIJING NORMAL UNIVERSITY PUBLISHING GROUP
北京师范大学出版社

图书在版编目(CIP)数据

爬上豆蔓看自己 / 高美霞著. —增订版. —北京：北京师范大学出版社，2023.8(2024.10重印)
(幼儿教师专业成长(继续教育)丛书)
ISBN 978-7-303-28682-9

Ⅰ.①爬… Ⅱ.①高… Ⅲ.①学前教育－教学研究
Ⅳ.①G612

中国国家版本馆 CIP 数据核字(2023)第 018609 号

营销中心电话：010-58808083　58805532
图书意见反馈：gaozhifk@bnupg.com　010-58805079

PASHANG DOUWAN KAN ZIJI
出版发行：北京师范大学出版社　www.bnup.com
　　　　　北京市西城区新街口外大街 12-3 号
　　　　　邮政编码：100088
印　　刷：唐山玺诚印务有限公司
经　　销：全国新华书店
开　　本：710 mm×1000 mm　1/16
印　　张：18
字　　数：291 千字
版　　次：2023 年 8 月第 1 版
印　　次：2024 年 10 月第 2 次印刷
定　　价：58.00 元

策划编辑：张丽娟　　　　　　责任编辑：张丽娟　郭凌云
美术编辑：陈　涛　李向昕　　装帧设计：李尘工作室
责任校对：段立超　　　　　　责任印制：马　洁　赵　龙

序

　　高美霞是我函授班上的学生，我大概给她讲授过"学前教育管理"或"学前课程论"。但在短暂的集中面授时间里，在几十人的大班级上，我没有将这个名字与她本人对上号。高美霞再次进入我的视线是2005年，在我开办的网站上有个网名为"辛黛瑞拉"的幼儿园老师，几乎天天贴出自己的教育日记，而且，日记写得很生动，很有智慧。大概过了一年的时间，我知道，这位"辛黛瑞拉"就是高美霞。从日记中可以看出，她的教育行为绝不是应付式的，而是充满思考和创意的。我记得在她的专栏里写了几条评论，不少网友让我继续点评，认为这样的教育日记配上我的点评更有可读性。但我退却了，因为，高美霞的日记中，值得回味的、可圈可点的太多了，读我的点评远不如读她的原文过瘾，最关键的是我没有感受过她的工作环境，甚至没有跟她交流过，我担心我的点评会误导读者。但我还是一直在关注她的日记，据我所知，好几位高校教师都在关注她的日记，相信她的日记在不少大学学前教育专业的课堂上被讨论过、分析过。后来，我的网站因合并暂时关闭，但高美霞的日记还在她的博客里不断地贴出。

　　高美霞的日记给我最深的印象有这样几点。

　　第一，有浓厚的生活气息。

　　这些日记给人的感觉是，教育是一种充满智慧的生活。这些教育日记反映的就是教师和孩子的生活，是对幼儿园日常生活的叙述，也是对教师生活感悟的叙述。其中体现了教师的专业敏感，体现了教师的生活趣味、生活态度。在日记里，我们可以感受到教师和孩子鲜活的生活场景和活动，可以认识一个个反复出现的有自己思想的、充满活力的孩子；我们也能看到教师的困惑和苦恼，看到教师和孩子之间的互动、磨合，看到教师和家长之间的协作和沟通。作者的文笔平实中透着优美，叙述的很多生活事实充满情趣，让人感受到与孩子的共同生活也是诗意的生活。

第二，有反思的职业习惯。

这些日记给人的感觉是，呈现在我们面前的不只是一个事实的文本，也是一个心理的文本，是一个教师不断反思的文本。对幼儿教师而言，人人都在实践，但并不意味着人人都在反思。这些日记吸引人的原因之一就是我们可以感受到教师的反思精神，在反思中不断调整自己的行为。反思是教师专业成长的重要途径，反思意味着对自己有一种审视和批判的精神。其实，这些日记本身就是反思的产物，写日记本身就是给自己"照镜子"，就是审视自己的言行。在这些日记中，作者对自己言行的很多分析是难能可贵的。

第三，有自觉的学习精神。

这些日记给人的感觉是，作者有很高的学习热情，有自觉的学习精神。对教育实践的敏感，对自身教育行为的分析，需要教育理论和综合素养的支撑。从日记中可见，作者的阅读面是很广的，对一些理论和思想渴望了解、掌握并运用，对有些著作精心研读，用心感悟。这种学习精神对一个教师来说是专业发展的重要力量。更值得称道的是，作者能将学习与实践结合起来，将学习与个人的生活结合起来，在实践中学习，在生活中学习，不断丰富充实自己，努力用先进的理念引领自己。

第四，有美好的职业理想。

这些日记给人的感觉是，从事幼儿教育是一种意志的磨炼，更是一种享受，幼儿园生活是多彩的、灿烂的。幼儿教师的职业是阳光的职业，是有挑战也是充满快乐的职业。我们所得到的这种感觉是建立在作者美好的职业理想的基础之上的。对孩子充满爱，充满关怀；对孩子给予宽容，给予理解，给予展现自我的机会，这就是一种新的儿童观引领的职业态度。有了这种职业态度，就有可能去享受职业，而不是忍受职业；去迎接职业生活的挑战，而不是回避职业生活中的困难。读了这些日记，可以感受到作者的职业理想不是文字上的，不是口头上的，而是融入每一天的具体的行为之中的。是职业理想在支撑着作者的工作和生活，是职业理想在引领着作者去反思和不断努力。

我有幸先整体读到了这本书稿，收获很多。

虞永平

南京师范大学教育科学学院教授，博士生导师

生长从来都是生生不息的

——增订版自序

我"爬上豆蔓"看看一路走来的自己，一行行青涩、稚嫩的文字，如同一行行跋涉的脚印。北京师范大学出版社张丽娟老师说要再版我的教育日记，于是我用目光轻抚自己的过往。时间长河里的每一串脚印，看似踩得那么不经意。可是当我再次阅读每一年的教育日记，按照时间的线索遴选一些放进《爬上豆蔓看自己》的时候，却发现记录的文字里彰显了变化的轨迹。

是的，这些年来，我始终做的一件事，就是记录自己教室真实的教育生活。只是这个记录，在静静的岁月当中发生了一种悄然的变化，我内心的想法越来越有能力清晰地被看见、被表达了；对于教室里的每一个孩子，我越来越有一种自然的接纳和包容了；对于诸多的教育现象，我越来越有看见和理解的能力了……

当按照时间的轨迹再次阅读这本教育日记的时候，你会感觉到这种绵绵而柔韧的生长。《爬上豆蔓看自己》这本教育日记和我的孩子一样大，当年开始写它的时候，我的孩子刚刚出生，咿呀学语。如今再出增订版的时候，我的孩子已经长大，已经能够与我对话课程、对话教育了。他自然是我深究教育奥秘的动力，我努力成为他深究学习的样板。我记得他还是小学生的时候问过我："妈妈，你怎么有那么多的作业啊？谁给你布置的？"我说："没有谁给我布置作业，是我自己给自己布置了作业。"那一刻，他的目光里满是惊奇。那时，他还不懂得思考的乐趣，而我也如同一条毛毛虫在各种艰深难懂的专业书籍中啃读。我一直相信，我的精神成长，才会真正触动他的精神成长。可我常常感觉到的是，他的伏案学习，是我沉浸思考、埋头记录的动力。当我为了绘本故事当中某个感觉百思不得其解的时候，他就会谈起自己第一次或多次阅读的感受和体会，给我带来无数启迪和领悟。所以，我真诚地感谢他对我在教育路上的思考与发现的深刻影响。

　　"爬上豆蔓看自己"的这些年，我也深深地感觉到记录给我的生命带来的影响，是它让我发现问题，生发思考，想要啃读，继而发现，进而觉察到生命由此而获得的满满的富足和宽广。不要沉默，你也来发出你自己的声音吧！让它们在自我生命的历史长河里留下印记，见证成长。

　　一路就这么一直走啊，生长从来都是生生不息的！

高美霞

2022 年 12 月 27 日

爬上豆蔓看自己（代自序）

—— 与所有一线的幼儿教师共勉

生活是自然的，作为幼儿教师，工作的时间长了，自己的教育生活也变得自然而顺手拈来。陷在这种常态的自然生活里，我们虽然有自己的牢骚，有自己的烦恼，可是真的说要思考我们的教育，反思我们的教育，并通过自己的思考和反思来促进自身的专业成长时，我们又显得无从下手，不知道该反思什么，不知道该说些什么。这时候就对怎样做个"反思型的老师"感到困惑，感到迷茫，甚至对过多的宣传和要求感到淡漠。不是我们不想过反思的生活，而是我们真的不知道该怎么去反思自己的生活，不知道怎样的反思才是有价值的反思。

有时候童年的某个感受会突然闪现在脑海里，有时候藏在某个角落的一直隐身不见的童年事件会突然跳出来，告诉我怎样对待孩子，怎样理解孩子的感受。有时走在马路上，我会想象在自己的头顶、头顶上的云端里，有个巨人在看着下面马路上行走的自己，下面的这个我淹没在茫茫的人群中，看也看不清楚。而我们是不是那个巨人捏的泥人呢？那个巨人是不是在看着他捏的泥人而开心地笑？那个巨人是不是看着他捏的泥人慢慢地一点点长大而无所知觉？孩子们都喜欢听《杰克和仙豆》的童话，我也喜欢听。杰克种的那个仙豆已经长到了云端上面，让我们心中的那个"我"慢慢地爬上豆蔓，一直爬到豆蔓伸到云端的上面，再拨开云朵看看下面生活的自己、下面正在和孩子一起生活的自己，我们一定会有不同的感触，一定能够更清晰地看待自己，一定能够更冷静地分析自己的教育行为。这样我们就有了对自己日常生活的感触，就有了对自己日常生活的反思。

当我常常这样爬上豆蔓看自己的时候，经常地冷静旁观，经常地用心反思，经常地回忆往昔，经常地彼此对比，不知不觉地就有了这么多的感悟。成长就在旁观自己—反思自己、回忆自己—对比自己和孩子的过程中悄悄进行着，这样的反思对于我自己来说是有价值的，因为它是我自己的声音。每个人都能够像我这样经常爬上杰克的豆蔓看看自己，或许今天的发生又将成为影响未来成长的潜在因素和动力，不能轻视自己的一点点感受、一点点体会，因为它们是我们自己的声音。

高美霞

2007 年 5 月 8 日

目　录

第一部分　教育是日复一日的坚持
——我的理想教育生活

第二部分　淡淡的野菊花
——我的日常教育生活

第三部分 眼神中的意味
——我和孩子的沟通、交流

第四部分　活动中的机智
——我在教学中的感悟

第五部分　因为爱而幸福
——我和家长的爱心联系

第六部分　生命的感怀
——我的读书和生活随感

目
录

教育是日复一日的坚持

——我的理想教育生活

　　人的思想成熟有一个过程，先是生活中的自然人，再是边生活边思索的人，最后是思索过后的自然人。人们常常满足于一刹那的顿悟，却不知道教育的顿悟价值在于日复一日地运用；教育不是一个偶尔的灵感顿生而成的论文，教育是一种行为日复一日的坚持。生活着、思考着，我要将思考融入自己的内质，成为生命的一部分，然后成为思索之后的自然人。

我说我

2005 年 3 月 23 日　星期三

　　我常常不知道怎么表达自己的内心，所以常常回避许多纷杂的琐事，努力沉浸在理想的内心世界，包括对于教育生活。教育是生活的一部分，在其中我经常会与孩子交往、与家长闲谈、与同事接触、与领导碰面，我做得最得心应手的大概是和孩子的交往吧。和他们在一起轻松、舒展、随意、纯粹，因为他们的心灵天真单纯、剔透明净，而我似乎也由于职业的缘故保存了这一份天真和单纯。虽然我看似不多言，可我的眼神常常代表了我大部分的语言，而孩子是最擅长读懂这种语言的了（成人往往已经读不懂了）。他们知道这种语言的所有含义：兴奋的欣赏、微愠的责怪、严肃的批评、善意的提醒、默默的鼓励、与之交友的渴望……日久见真心——对于孩子长期观察老师、体会老师来说，形容得再贴切不过了。然后要算是与家长的闲谈吧！我会以一颗真诚的心换取他们默契的支持，因为有了共同的目标——为了他们的孩子，也许一开始他们会不甚理解我的教育方式、方法，可时间一长，他们感受到了我那颗全心为孩子的心，再加上诚心诚意的交流，他们常常会打消疑虑，更加心悦诚服地支持我。我与同事的接触大都停留在与天天见面的人简单的交流上，互相之间大都是纯业务的影响，大家彼此有点熟识，而又常常由于自己的不善言辞而彼此陌生，真正能有同感并深入交流的也就一两个人。君子之交淡如水，又有几人愿意如此清淡地来往？我常常夸张地放松交流，其实更是内心拘谨的外在表露，只是生活中很少有人去慢慢品读别人了，大多只是俗懒地过着所谓生活。我常常慨叹人的心不再细腻，哪怕是对自己的孩子。我和领导的碰面更是显得拘谨、窘迫，常常在内心和他们进行着虚无的交流，虽然是站在一起。他们也渴望着和我们随意地交流，但我不具备这种技能。我只会一问一答，还常常由于自己的笨嘴笨舌，让谈话陷入尴尬的境地。我就像一根火柴，需要别人擦亮。

　　从小我就擅长笔上的交流，或许我理解中的教育日记，是指我所有教育生活中的所思所想吧。或许这个感想也算，毕竟它是我在教育生活中所体验到的。这种体验的愉悦与否会直接影响到我的教育生活。

　　于是，我想给自己一个倾诉的机会，给自己一个整理思绪的平台，给自己一点儿小小的压力，不管坚持多久，让自己宽心，让别人读心；不管收获与否，让自己充实自己，让别人感悟自己。

梦想中的教育

2005 年 4 月 8 日　　星期五

　　我常常幻想理想中的幼儿园是什么样子的：童话迷宫样的建筑，掩映在绿茵茵的茂盛的植物中，遒劲的大树围成的洞门是幼儿园的大门，孩子们在树丛中捉迷藏、看书、找蚂蚁、追逐、玩耍……老师会和孩子们一起探讨各种问题，会像大孩子一样和孩子们一起疯玩，会慈爱地劝慰伤心的孩子……想象着自己就在这仙境中享受着教育的快乐和幸福。

　　曾经有一次我在《读者》上面看到一篇《窗边的小豆豆》节选文章，讲述的是小豆豆的学校运动会中设计的巧妙游戏，从那儿感受到一个教育者的智慧和灵性。所以我在路边的小书店偶尔看到这本书时如获至宝，一口气读完了它。梦想中的学校真的在这本书中存在过，而且有更好的创意：电车做的活动室，园子中间的每一个孩子拥有的大树，山的味道、海的味道的食物，从自己喜欢的东西开始自己的学习……

　　巴学园中的孩子是自由自在地学习着的，小豆豆是一个曾被退学的孩子，为什么在巴学园中却非常幸福和快乐，其实就是承认每一个人存在于这个世界都有他自己特有的优势。每一个孩子都是好孩子，当我们给孩子冠以这样的头衔以后，孩子自然而然就朝这个方向奔来了。由此我想到一个故事。一个小偷来到一位老奶奶家的菜园子里偷菜，刚刚拔了两棵菜时，恰巧老奶奶回家了，老奶奶看到这一切不慌不忙地说："你看我年纪大了，就来帮我，真的很谢谢你！我这儿菜很多，再拔一些将它们作为我给你的回报吧，可别拒绝我。"从此，这个小偷明白了一个道理：不偷，反而会得到许多。更重要的是，心里很快乐。这是至关重要的——快乐！而这个老奶奶宽容而善良的几句话就改变了一个人的一生。在巴学园里，老师想方设法地呵护着每一个孩子的心灵，哪怕是残疾的孩子，也能在这儿获得自信。回想起上一届大班激情澎湃的快乐的教育生活，在艺术活动中，每一个孩子都慢慢建立起属于自我的自信：调皮的、对学习不感兴趣的、娇气的……正像我想的那样，每一个孩子都朝着最适合自己的方向去发展，而不是一样的教学、一样的内容、一样的方式刻画出来的一个模子的人。这儿的老师才是在享受真正的教育生活。这儿的每一个人的那种纤柔、细腻的心灵牵动每个人内心深藏的那根爱之弦。其间弥漫的感恩也让我们的心灵渐渐荡涤澄清。这里充满了艺术、灵性、智慧，这儿春风化雨，爱意浓浓，真的希望能创办这样一个孩子的乐园，让我身边有这样智慧和爱的老师（这种智慧和爱有时候是与生俱来的）得到教育生活中应有的精神享受。但愿在梦中能寻到那美梦的接缝，采撷那接缝边一朵朵绚烂的花朵。

教育生活的每一天都精彩

2005 年 4 月 14 日　星期四

自从记教育日记以来，我发现自己的每一天原来都这么精彩，不动声色地精彩；我也发现自己天天有着源源不断的创意，自己在每一次活动中都有着灵机一动的地方；我还发现自己潜意识里善于揣摩教材，而且会根据揣摩的感觉自觉地调整教学难度、教学内容和教学进度。今天我去看了隔壁小四班的计算活动"分分、数数"。活动一开始是手指游戏"毛毛虫爬大树"（分别是 1～5 只毛毛虫），接着请孩子们吃草莓（分别是 1～5 个草莓），然后给草莓找点卡朋友（几个草莓就找几个点卡），最后请孩子们帮助小兔子回家（房子上有几个点就送几个小兔子回家）。总体上感觉孙老师的心理素质比我强，当时园长也临时来听课，她仍然从容不迫，这是我所不能及的。而且整个活动层次清楚，让人一目了然。但是也有一种感觉，就是整个活动中孩子们并不是全神贯注，那是因为 1～5 的数量含义感知已经进行一段时间了，而在这次活动中老师并没有提升难度。我在上次类似的活动中就已经通过快速出示手指头让孩子们通过辨认多少来训练对数的敏感性。第二次我进行了同样的活动，在从慢到快地训练视觉感知数量的同时，我急中生智将手藏在背后拍一拍，让孩子们通过听觉来感知多少，这又比视觉感知加深了难度：不仅需要孩子们听清楚，而且要在心里默数，然后还要说出总数。一开始孩子们全神贯注地听，还是有点儿难度，慢慢地，孩子们稍微熟练了，我见好就收，赞扬了孩子们的敏捷，"我们小三班的孩子比小四班的孩子眼睛亮、耳朵灵呢！"从孩子们坐得端正的样子中就能看得出他们的自豪。当然在孩子们操作卡片的时候，我依然什么也没有讲，孩子们的操作状况又比上次好多了：没有孩子乱涂乱画，没有正确的孩子开始有了一处、两处正确的地方，完全正确的孩子也明显增多了。我心里很是开心，相信一点，只要我们相信孩子们的能力，他们会通过一次一次的活动，慢慢纠错，慢慢发展的。我们不能为了一次的正确率而去"及时"辅导他们。

业务学习时听出去学习的老师介绍情况，我现在记起的已经寥寥无几，只是感觉到一点，一切要实在，把孩子当成人来尊重。听他们介绍的时候我有一种想法在脑海中闪现，那就是别人感受到的是无法用语言来描述的。我努力在脑海中想象他们所讲的场景，可硬是想象不出来。所以我就联想到我介绍曹老师看的《窗边的小豆豆》。我很想冲动地说，你们都来看一看这本书吧，体验它带给你的无限温柔、无限善良、无限乐趣的感觉吧！看了之后，也许在自己的教育生活中会多一点儿理解，多一点儿宽容，多一点儿教育机智……想到今天和曹老师的偶然碰面，一碰面她就兴奋地演绎书中的精彩，而我对这些也是了如指掌，我们一一对应、附和：书中的"旱田"老师，书中的小豆豆请得过小儿麻痹症的孩子爬自己的树，书中的小豆豆反复翻书桌的盖子……难得有这种聊书的幸福时刻！

理论的用处在哪里

2005 年 4 月 23 日　星期六

理论当然是和实践相依相存的，我们考究一下理论从何而来，理论肯定是热衷教育的人士（谁能肯定一开始他们就是专家呢）在不断的探索中发现、提炼、总结而来的。可见理论从实践中来。

为什么有的老师会在做中悟，有的老师会追随理论？这儿所说的理论就是大家眼中所指的理论，那么这个理论实质上指的是什么？那就是一代又一代教育前辈研究、积累下来的经验。在老师的眼里通常是大家论文里所想引用的某某之说。那么，老师追随理论的心理动机，真实、内在的动机又是什么？光说是为了提高自己是很空洞的（偏激之言请见谅）。不管是在做中悟还是追随理论，它都是和一个人在生活中所选择的价值观相关的，而这个潜意识中的价值观指引着自己的行为选择。这个还可以做个简单的调查：追随理论的是哪一部分群体，在做中悟的又是哪一部分群体？

我认为看书最重要的是一种体验、感受或观点的共鸣，在看书时能在脑海中再现文字所表达的景象或联想到自己生活中的场景，或把自己没有理清楚的想法淋漓尽致地表现出来。而常见的理论专著，大都是论述研究者的论点和观念，经过翻译、重编以后，难以揣摩它的用词含义，又不能从中看到研究的过程，体会不到研究者研究过程中的真实体验，就很难体验这个理论是如何建立的。无法体会理论的由来，就更无法体会深奥理论想要阐述的现实意义。人在思考的时候常常会不知不觉地在脑海中构建同样的共鸣体系。如果找不到这种共鸣，大脑会自动排斥。

　　看文学作品，每个人都有自己的爱好，看之后不一定记住什么，但是留下的是一种素质。看理论书也一样，长期积累下来，在通晓前辈已发现和论证的观念的同时，自己的学术语言会更加精练和丰富，富有总结性，就像许多作家从小受书的熏陶，不知不觉地就练就了一手好的文笔。我认为多看理论书，会磨炼自己在学术上的文笔，能将自己的观点更有逻辑地阐述出来。所以理论在我看来不仅仅是专家的理念，而且也包括所有在千锤百炼的实践中发现的真理。

　　在现实生活中，确实有人刻意去"啃"理论，但是用理论最终想做的是什么？无非是要指导自己的行为，知、情、意、行四个环节中最重要的还是行，没有行的话，一切皆空。

　　人看书需要体验和共鸣，有了这些，才会乐意看、想看。从快乐生活的角度来看，人有时是要为排除一些不愿意的或不良的情绪而努力，但长期如此，却是平凡人难以做到的。就像灵鹫宫的武功，没有一定功力的人不能随便看，虽然这是一个武侠小说中的戏说，但细细思量还是有一定道理的。直接去"啃"纯理论的书对于一线老师不现实。就像我买过约翰·布鲁德斯·华生的《行为主义》、威廉·麦独孤的《社会心理学导论》等学术专著，可至今它们还被我束之高阁。就像对待艺术，我轻易不去尝试看看不懂的艺术专著，以前总是看一些浅显易懂的、实例加分析的，如林菁菁的《和孩子一起享受艺术》，或艺术家的传记如亨利·马蒂斯的《画家笔记》、康定斯基的《康定斯基论点线面》，当后来看到康定斯基的学术论著《艺术中的精神》时，就不那么费劲了。就像哲学，生活中无处不在，可哲学书籍却晦涩难懂，但《苏菲的世界》却不同，它能引人入胜地让人明了其中的深意。所以我们在生活中应该多选择看一些人物简介、人物传记。自从看了蒙台梭利、卢梭、马斯洛等人的传记之后，我对他们观念的产生、形成就有了一定的了解，就容易参悟其间蕴含的理念，就容易和自己的想法产生互动，丰富、充实自己的想法，为形成自己的理念和教育特色带来益处。

　　当然，这只是一个方面，还有许多方式、方法，如体验式学习、实际参与式学习都是一线老师喜欢的学习方法。

　　有一种路必须走，那就是亲自去体验。

　　体验前人的经验是内化，内化前人的经验，通过自身的实践，体验自身的发现是创造。

感受老师的酸甜苦辣

2005 年 5 月 19 日　星期四

下班后我就想着到家先把日记记上，但刚刚走到家门口，就听见儿子大喊"妈妈"的声音，在儿子开门、拿鞋的殷勤服务中，我抱起儿子亲了亲。儿子搂住我的脖子说："好妈妈，好妈妈，去打电脑吧！"在儿子眼中的我就是这样的形象？愧疚的心理让我立刻打消了开电脑的念头，和儿子尽情地玩起来。

等到儿子睡着的时候，我悄悄打开电脑尽情倾诉起来。

这几天下午我们给孩子们排"六一"节目，课余想着服装的设计制作问题，道具、舞台的问题，磁带的剪接问题……今天还夹杂着给别班代课。三个人都很乏力。孩子们就瞅空闹腾起来：薛檬做操时倒在了地上；弹琴了，张钰还在地上打滚；上课了，栋杰还在大声地说着话……我看着他们，也没有劲儿训他们。于是，我拍着铃鼓挨个儿走到他们身边让他们安静下来。他们看着我疲惫、乏力的样子无动于衷，根本感受不出来。我开始说："唐乐就知道我心里在想什么！宇涵就知道体贴老师！越越就知道关心我！他们知道老师很累，没有劲儿说话。你们都想上大舞台去表演，可是你们不知道，你们漂亮的衣服是高老师和谢老师在你们回家吃饭、睡觉的时候在这儿想怎么做！还要去买布！许阿姨（当时当地称生活老师为阿姨）在你们每天走了以后给你们拖地、抹桌子！你们说辛苦不辛苦？"孩子们的表情开始温和、冷静下来。"有的小朋友看见老师很累，就静悄悄的，他是怕老师烦，怕老师嗓子会哑呢！"看着孩子们已经很懂事地安静下来，我说："今天的数学操作卡片很简单，老师也就不讲了，你们能不能自己看着做出来呢？"孩子们说："能。"我知道今天这个操作卡片形式的活动前面已经进行过几次，孩子们一看就会明白的。我今天只是静静地坐在放本子的柜子旁喊孩子来拿，孩子们也是静静地一个一个地来取。

和赵老师的谈话真是收获不小。专家研究的理念和一线的实际工作为什么总对不上号？赵老师一言以蔽之：那是因为一线工作者投入了自己的情感因素。在实际操作过程中状况是不断发生改变的，事情也是复杂多变的。而理论研究者研究的理念，可能并不全是从自己的实践中来的，缺乏情感因素，到实际工作中不具有可操作性。于是我联想到昨天孩子们玩大型玩具时，有一个孩子不小心将另一个孩子推了下来摔到土坑里了，但没事。看到组织活动的配班老师"激动"地对孩子们训话的神情，我虽然理解，但显得更理性。而上一次我组织孩子们玩时，有一个孩子从滑梯中间滑掉到地上，看到满身是土的孩子，我也是如此紧张地奔过去看有没有什么事。回到教室的我也是如此"激动"地和孩子们谈话。经常在一起的两个人尚不能切身体会那份"激动"，又何况局外人或不在一线的人？难怪有的人会说出"不能因为孩子多而懈怠，你们怎么会对那么可爱的孩子发火"的话，因为他们不可能体会到那一份"激动"。我和同事互相诉说的时候心中渐渐又舒畅起来。

下午骑车去幼儿园的时候忽然发现马路的边上多了一个废电池回收桶，我很开心，因为以后家里的废旧电池有去处了，不用再积在家里占地方了。

老师到底什么时候是甜的，什么时候是苦的呢？哎！人生的味道又怎么能用三言两语就能道得清呢！

下午我因为代课已没有力气再排节目，于是对孩子们说："以前我讲的都是快乐或高兴的故事，今天我们来讲一个难过的、悲伤的故事。"于是我给孩子们讲起了我印象中的《岩石上的小蝌蚪》。孩子们的神情随着我忧伤的语气慢慢愁郁起来，忧伤、难过的感觉弥漫了一教室。我告诉孩子们我们有的时候会难过，有的时候会伤心，难过、伤心的时候就会哭，想哭就哭吧。我给孩子们讲起了曾经看过的一部外国影片中一个孩子因为养的小金鱼死了而难过得哭了的故事情节，说起昨天薛檬戳手指时的哭，想哭就哭一会儿吧，没有关系，我们不能笑话他，这不是不勇敢。我真的希望孩子们能成为一个个性格坚强、内心却温柔的孩子。

融入生活的教育

2005 年 6 月 24 日　星期五

我很喜欢这句话：生活的上品，往往不着痕迹，将自己融入生活，将生活融入自然。因此我把它演绎成：教育的上品，往往不着痕迹，将自己融入教育，将教育融入自然。

艺术中如何欣赏作品的美，又如何欣赏孩子的作品而更有利于孩子艺术修养的提升，有助于引领孩子的艺术欣赏能力，或帮助孩子提高自己的绘画水平呢？

首先，我们成人在引导孩子欣赏作品时，更多的是依赖自身对艺术的感受。那么我们成人在欣赏作品时是什么样的一种体验呢？当然不同的艺术修养就有不同层次、不同水平的感受。当我们面对一幅作品时，我们最先感受到的是什么？就拿米罗有名的"星座"系列作品来说，我们看到它的感觉是什么呢？艺术的美体现在哪儿？艺术的美又是通过哪些元素来作用于我们的眼睛的？我们是不是能像《皇帝的新装》中的那个小孩，勇敢地说出自己心中的想法呢？一开始接触到的时候，我只是从作品中体验到一种精致和强烈的装饰美。我并不知道作品要表达的是什么，我也不知道为什么这些颜色放在一起，或这些线条这样的组合会让人感受到美。我因为不知道所以促使自己去了解米罗以及他创作的背景，这样对他作品的体验就更丰富和丰满了。那么成人要有爱美的能力，才能将这种爱美的品质感染给孩子。

其次，我们要来体察孩子的眼睛里能发现些什么。孩子的眼睛是能发现美的，他们看到出众的衣着会眼睛一亮，他们看到色彩艳丽的《向日葵》也会争相赞叹。但孩子对生活中许多平平常常的美却视而不见，尤其是他们看待自己作品的态度，觉得自己的作品乱七八糟。其实他们的作品中包含的艺术美是要用眼睛去挖掘的，我们就是通过挖掘让孩子拥有发现美的眼睛，了解美的元素，更重要的是拥有自信，那才是最美的。

我们如何能让孩子拥有一双发现美的眼睛？那就需要我们有艺术的火眼金睛，能看出孩子艺术作品的价值所在，能提升孩子的欣赏能力，也就是眼睛发现美的能力。这个年龄的孩子不知道该如何去评价自己的画，这正是老师给孩子对艺术作品的欣赏涂抹上第一笔的时候。在欣赏孩子的作品时，我依稀听见孩子的评价：瞎涂的、乱七八糟的……我会赶在孩子表达之前发表自己的意见，以老师的威信带领他们欣赏自己，了解自己作品的美在哪里。为什么我们有时候说孩子的作品在某种程度上跟大师的作品接近，就是因为孩子的作品蕴含艺术的精神，可是孩子自己并不知道这种艺术的感觉是从哪儿表现出来的，我们就要帮助孩子拥有这种发现美的眼睛。这种眼睛有时候包括艺术的一些原理，比如，优优作品中色彩的实和虚的对比，丁楠作品中亮色和暗色的对比。我们需要用浅显易懂的语言表述出来，让孩子明白自己的作品美在哪儿，价值体现在哪儿。这样帮助孩子了解美的元素，了解怎样发现作品的美，了解怎样才能创造美，让孩子知道美是可以自己创造出来的，帮助孩子拥有自信的同时，让孩子能更自由畅快地通过绘画这种艺术形式表达自己。

在整个过程中，我最想渗透的是让孩子拥有一种思想：大师和我们一样，他也是我们中的一员，我们也可能是大师。我希望我的孩子在思想和内心上能平视周围所有的人。

作为老师，我要做一个自然的人，让所有的东西融入自己的内质，成为生命的一部分。人的思想成熟有一个过程，先是生活中的自然人，再是边生活边思索的人，最后是思索过后的自然人。我希望自己是思索之后的自然人，当然还有待努力。

幼儿教师的价值定位

2005 年 6 月 26 日　　星期日

今天课题组的讨论让人畅快淋漓。我诉说着作为一线老师应有的地位和价值，以及专家与我们各自的定位，还有家长的维权意识。专家是什么？专家是从学校中学习各种理论成长起来的人，试看一下，他们大多数在大学学的是学前教育专业，选择这个专业之前说不定根本不了解这个专业是干什么的。我上函授时曾听圈外人说："学前？学前是不是正式学习前的复习、培训呀！"看来很多外行人根本不了解什么是学前教育，但是由于各种原因选择了这个专业，读了这个专业的书，然后又不得不搞这个专业的研究。他们的经验从何而来？书上的理论、生活中的感悟、一点点体察幼儿园生活后的感想。那么他们到底又是怎样定位自己的呢？指导教科研，指导一线的老师，他们是凭什么让一线老师信服的呢？不是他们的经验，而是他们读的那些让人望而生畏的看不懂的理论。一线老师跟在后面追呀追，始终追不上，于是佩服得很。由此，一线老师不敢说大白话，怕自己太落后；不敢说实话，怕自己跟不上理论的脚步。其实一线老师完全轻视了自己的位置，而理论工作者又高估了自己的位置，于是呈现出了一种上指导下的形势。这本身就是不科学的、没有真正平等的心理位置。

其实一线老师在一线工作中所得来的经验是珍贵的，更值得讨论、研究并提升，继而进行推广。那么理论工作者又该起什么作用呢？当然用平等的观念来说，理论工作者应负责将各种教育理论、教育观念进行阐述交流并推广，比如介绍国外的理论以供国内的一线工作者参考。

永远学习是一个不错的说法，但不只是针对一线老师，而且是针对每一个人，包括理论工作者。一个人工作多年以后，当然需要有接受新事物的心态，但是更多的是有了自己的风格和模式，如何在自己这种定性的模式中更成熟、更快乐地工作与生活，才是应该追求的目标。

对不自信的老师可以这样说："其实，你总是说不知道该如何搞科研，你是不是每天都让班上的孩子放任自流呢？不是！那么你和孩子如何相处，你觉得什么时候、做的什么事让你和孩子都感到特别的开心和高兴，这就是有价值的。"

课题从一线中来，让有志于创新课题的老师和理论工作者共同探究有价值的课题吧。

美妙的感受

2005 年 9 月 22 日　　星期四

早晨清清带了一根稻穗来，金灿灿的，闻一闻有一种久违的香味。

近来我一直在思考人工作的状态、工作的心情、工作的目的。周围的人总是说我是一个不知疲倦的人或是一个有毅力的人。可我常常自问或自我省察，并没有这种感觉，总觉得自己还没有做到自己所能做到的好。有时候看到别的老师额外地精心准备某个活动材料，我还是会发自内心地佩服；有时候看到别的老师别出心裁地自主（完全自我创意，没有要求）组织某个活动，我还是会发自内心地感动。但是省察自己的工作状态，发现常常喜欢一种状态，不管是布置环境、设计活动，还是组织中心活动，我总有一种唯美心理，喜欢尽可能地考虑周到，喜欢尽可能地设计完美，喜欢做就尽可能地做到自己能力范围内的最好。而为了追求这种唯美效果，我常常在做的时候，会不知疲劳地很兴奋地一直做。在这种状态中，我不会计较是不是自己的休息时间，只知道那是在创作，要体验这种快乐充实的感觉，要赶紧将脑中所想尽情地展现出来。我喜欢在这种状态中充分享受那份精致的感性享乐和理性思考的乐趣，那份突然而至的灵感的美妙与感动，还有创作（就权当创作吧）时空气中流动的炙热激情和热烈的气息，而这种感觉真的让人非常舒服，非常爽快。当处在这种状态中的时候，我真的希望自己身边的人也是这样富有热情、充满激情的人，那更是一种大快人心的想要跳起来的美妙感觉。

最畅快的是当自己做好后的成果放在眼前的时候，那种满足、那种收获是无与伦比的。我喜欢体验这样的心情，体验这样的状态，体验每一次的超越自我的快乐。所以我会将工作、将事情转化为自己喜欢的形态去做，然后让自己充分体验这种充实的状态。我喜欢体验这种工作本身带来的莫大乐趣。所以工作不是为了别人，不是为了检查，不是为了攀比，而是为了自己。当觉得所有的工作都是为了自己心灵的享受时，做事的状态、心情就会不同；当真正体验到这种工作本身所带来的充实享受时，就会迫不及待地去思考、去实践。

所以我常常觉得自己并没有付出太多，那都是自己喜欢的、感兴趣的，并不需要毅力、轻而易举就能做到的事情，又怎么能说我是一个不知疲倦的、有毅力的人呢？如果是有毅力的人就应该更进一步、更深一层地付出自己全力地探究下去，而我常常就做到此，虽然也不满足于此，但终究是一个没有毅力、恒心的人。我常常想，如果我能就这样的兴趣再加上一点儿努力和毅力该多好，可常常在满足于激情实践之后就懒于总结、疏于再验证了。

就像今天的数学活动，我和孩子们激情洋溢地快速目测数量，干脆利索地分发自制卡片，在感觉孩子们已经熟练感知 6 以内数量的基础上，我和孩子们玩起了更难的数学游戏：让孩子们从图片（如飞机、汽车、轮船）中选择自己喜欢的排成一排。孩子们有横着排的，有竖着排的，而我发明了排成圆圈，呵呵，不也是一排吗？在孩子们体验后发现不管怎么排都是六个时，我提出将之排成两排，哈哈，大多数孩子都排成了三三对等的两排，有上下两排的，也有左右两排的。是不是孩子们天生有一种对称的秩序感？我也和孩子们一起排，我排成这样：一排是两个，一排是四个。我问孩子们："我排的是几排呀？"孩子们定睛一看，哦？是两排呀！于是再排的时候就有了多种排法。这种激情互动的气氛常常会激起我更多的热情和灵感。

教育是日复一日的坚持

2005 年 10 月 24 日　星期一

教育不是一个偶尔的灵感顿生而成的论文，教育是一种行为日复一日的坚持。悟出这句话时，我正躺在床上看《读者》，像往常一样朗诵起第六页的诗歌。我以前不太爱朗诵的，但有了儿子后就学会了大声朗诵。我是有意但似无意，正在玩套筒宝宝的儿子慢慢地停下了手中的动作。我依然低头朗诵，慢慢地儿子又移了过来。我不知道儿子心里想的是什么，只看见他在关注、在倾听。等我朗诵完的时候，儿子竟然也像模像样地念道："我是一朵羊，我是一朵羊"，颇有抑扬顿挫的感觉。哈哈，原来书的上面有两只绵羊，他自作主张将云变成了羊。许多教育理念已经传承了多少年，但是仍然有人没有参透它的内涵，仍然没有将这种理念内化成日复一日的行为。许多人在工作中能参悟很多的教育理念，但理念与行为之间又有很多脱节，行为更是难以形成习惯，人们常常满足于一刹那的顿悟，却不知道教育的顿悟价值在于日复一日地运用。

今天的歌曲学唱活动是学歌曲《小树叶》。我是不善于边弹琴边唱歌的，倒不是因为我不会边弹边唱，而是我的声音放不开，总是被钢琴的声音盖住。所以一般情况下遇到会唱歌的老师，我总是不选择音乐活动的教学。这学期我还是想挑战自己，大概以前和曹老师在一起的时候，她激发了我这种歌唱的勇气吧。我也渐渐发现我擅长于清唱。每当我清唱的时候，孩子们都会默默地看着我，很专注的样子，应该是很好听的吧。今天当我的声音响起来的时候，"秋风起来啦，秋风起来啦，小树叶离开了妈妈，飘呀飘呀飘向哪里，心里可害怕。小树叶沙沙，沙沙沙沙沙，好像在勇敢地说话，春天春天我会回来，打扮树妈妈"，悠扬、温柔的曲调让孩子们不知不觉地晃起了脑袋。每次和孩子们学唱歌曲的时候，我常常纳闷，别人是怎样帮助孩子们一次一次地学唱的呢？孩子们一遍一遍地唱不是很枯燥吗？我每次总是绞尽脑汁，老师大声唱，孩子们轻声唱；老师小声唱，孩子们大声唱，可要是这时候孩子们还没有学会呢？活动前跟着录音机随便唱，可有时候觉得经常这样又缺少新鲜感。一种刺激频繁了以后就不再成为一种刺激。添上动作表演唱，分组唱，游戏中唱都要在学会歌曲的基础上进行。在进行歌曲教学时我不喜欢让孩子们学说歌词，总觉得失去了歌曲的一种味道。今天我让一个孩子来表演大树，请一个孩子或几个孩子来表演树叶，其余的孩子表演大家唱。请了一次再请一次，直到孩子们唱得很熟练，再请所有的孩子一起来表演。嗯！这种形式挺适合人数较多的班级的。孩子们在争取上台表演机会的过程中学会了歌曲，尤其是前面表演的孩子们动作越来越丰富。表演大树的孩子们，有的是高高伸出两只手，风来了左右摇摆；有的弯曲着手臂，手腕摇摆。表演树叶的孩子们，有的旋转着飘走了，有的像鸟儿一样飞走了，有的一只手飞；当唱到"可害怕"的时候，有的落到了地上，有的落到了房子上，有的落到了小河里……当"每片树叶"落下来的时候，一个个看着"妈妈"在勇敢地说话，最后回到"妈妈"的身边。一遍下来，我发现孩子们不仅熟悉了游戏的规则，而且在游戏中因为游戏的规则而对游戏更加感兴趣。

　　下午大班的孩子们进行早操比赛，于是我和孩子们在活动里用作废的信封做信封娃娃。孩子多的时候做手工的程序就很烦琐，剪刀、信封、装饰的彩纸、糨糊、彩笔等材料的准备和投放够你手忙脚乱的。想到许多老师在这个时候常常让孩子们处在看动画片的状态中，就挺为自己感动的。我只是在孩子们期待的眼神中讲解了怎样用剪刀在信封的两边剪两个半圆，就可以将大拇指和小拇指伸进去，然后请孩子们自己想自己想做的动物或人物。孩子们有的说做兔子，有的说做狗熊……开始做的时候，也有孩子束手无策，这时通过观察我不断拿起有创意的孩子的作品以赞扬的方式给那些孩子以暗示。慕桐的作品居然取了一个"时间兔"的名字，一唯做的老虎头上还有一个王字，怡然的作品中裙子的装饰很别致，月月的作品中（可能是动物）的四肢居然是折叠的，可以跳的……一个个有创意的作品真是让人有出乎意料的快乐和喜悦。

　　是呀，常常在示范和放手之间徘徊，可是当你真正打破那道防线，充分相信孩子们时，真的会有一片更广阔的天地。我常常喜欢体验这样一种弥漫在孩子们成功喜悦当中的肆意的自豪感。

怎样面对自己的内心

2005 年 11 月 11 日　星期五

　　近来看卢安克的《与孩子的天性合作》，间或看看铁皮鼓的教育随笔，今天又重看柯云路的《童话人格》，我忽然又把握不准人生活的意义、人受教育的意义了。人在社会中以一个个个体活着，而纵看已经成年的人们，每个人都生活在自己的生活圈子里，无论这个生活圈子是大还是小，在这个生活圈子里活得惬意、活得自信、活得有成就感，那么这个人眉目之间、神态之间也常常是满意的。不管是在工厂、在农村，还是在其他各种不同类型的圈子里，都是如此（很少有人能抗衡自己的生活圈子而活得成功，那是天才或大家）。没有受过文化教育的人依然在自己的生活圈子里备感幸福和自信。那么，培养孩子的最终目的不是让他们在社会中快乐而健康地活着，让他们在社会中能做自己喜欢的事情并努力将之做好，让他们有让自己生活得幸福的能力吗？那么在社会中生活得快乐而健康，难道不包括现在吗？那么现在孩子的感受是否健康而快乐是否重要呢？答案不言而喻。我们不仅仅要让孩子现在健康、快乐，还要为将来的健康和快乐做好准备。生活是一个过程，过程的每个阶段的体验都是切切实实的，应该在人生的每一个阶段都真真切切、快快乐乐地度过，哪怕是现在的成长阶段、学习阶段。我所理解的教育应该是孩子能发现自己独特的地方（清醒认识自我、把握自我），并能将之发挥到极致，有能力寻找生活的幸福，有能力品尝生活的酸甜苦辣，生活得自信快乐。

既然如此，我们再看幼儿教师，幼儿教师工作的价值何在？幼儿教师如何找到生活的价值？这将是幼儿教师将工作做得更好的前提所在。现在有许多培训幼儿教师的办法和途径，但是为什么工作依然照旧？关键是没有解决一个根本问题，就是幼儿教师在工作中找不到实实在在的价值感、成就感。所以好的教师培训机构要帮助幼儿教师找到自己工作的价值感、成就感，让教师从根本上对这个工作有一份使命感、责任感，尤其是对自己的生命的责任心。工作中有些人常常有这样一种感觉，也许他自己也说不清这是什么，但是却始终存在，并且常常出其不意地叮咛他、折磨他，这就是一种责任心，一种对自己、对他人、对社会、对人类的生命的责任心。懂得怎样对自己的生命负责是幼儿教师迫切需要清醒认识的命题，人只有学会对自己负责，自然才会对别人负责，这对教育者来说更重要。这样也许许多幼儿教师工作的状态就会改变。如果幼儿教师学会了真真切切地活着，就会说真真切切的话，做真真切切的事，就像卢安克、小林校长那样，教育才会有希望。

这时我忽然想到虽然和陆老师在教学中有许多分歧或不同的观点，但生活中我依然喜欢与之辩论、与之谈话，这是一种后台朋友间的对话，没有虚伪，没有掩饰，更是一种对工作的共同的责任。

理想与现实

2005 年 12 月 14 日　星期三

我只是听别人讲过杜威及杜威的儿童中心论，但从来没有接触过杜威的书，也没有试图去了解他的教育理念。今天我在《解放儿童》中看到他的教育理念是"教育即生长，教育即生活"。"教育即生长"的意思是说教育的本质、教育的目的与任务是保障和促进儿童的茁壮成长。"教育即生活"是要将教育看作让儿童过一种符合其本性的生活。我很早就将我的教育日记命名为"教育即生活"，里面是渗透着许多我对教育的感悟和体会的。人的工作与生活是不能截然分开的，教育就是人的生活，生活也是人的教育；教育可以当作生活一样随意、洒脱、享受，生活之中也处处是教育；如果人能够顺其本性地潇洒、睿智且自然地生活，那么教育的生活也一定主张顺应孩子本性，诱导孩子本性，让自己和孩子的教育生活呈现如智慧生活一样的状态；教育的生活和生活的教育是成人与孩子一起感悟、一起体会、一起思考、一起探究、一起发展的融合，大家一起在其中体验这种教育生活的快乐和乐趣，一起在阳光中成长。

对教育的感悟如此，在生活中也应尽量做到，但是想象和现实是有一定距离的。我想象中和孩子们一起来玩"智取玩具"，应该是我喜欢、孩子们也喜欢的事情。大家一起来试验，用窄口瓶子装进一粒豆子或石子，试试不用倒怎样才能拿到瓶中的东西。我想象自己和孩子们发现和试验的兴奋。但事实远非想象的那么有趣和顺利。最大的难题是不可能每个人都有实验工具与材料，孩子们只能看着我来做，看和亲自做是大不一样了。果然孩子们看到瓶子里的小豆子一下就想到，倒出来不就行了。等到我说出智取的规则以后，孩子们一下子联想到《乌鸦喝水》的故事，他们对这个碟片中播放的故事印象非常深刻，于是孩子们的思维被套在里面再也不好伸展了。大家一致认为只要在里面加水就行了，还有的孩子说往里面放石子。当我想用事实来说明放水和放石子不管用时，因为天气冷，许多家长已经来接孩子了。我真是一筹莫展，只有让孩子们自己回去和家长一起来试验，可我知道肯定有许多家长是不允许孩子玩水的，他们一般不太相信孩子的话，需要回家进行的活动一般是会泡汤的。如果每个孩子都能来尝试一番，需要有足够的材料（如勺子、筷子等），可一想到要准备五十几个孩子的材料我都觉得恐惧。事实上我离自己的要求真是太远了，我如何来超越自我，做到这一切呢？

生活中有许多美好的想象，当每一个想象变成现实的时候就像梦一样美，可环境与现实及自我常常会带给人许多的无奈。教育生活，有时无奈，有时又充满惊奇，有时平静如止水，有时又需要坚持于每个平凡的细节……或许无奈，或许平静，但又因遭遇惊奇与兴奋而获得坚持。

职业幸福感的追寻

2008 年 6 月 24 日　星期二

职业幸福感这个词语，常常和职业倦怠一起被一线幼儿教师或教育专家大量地讨论、分析。对于一线幼儿教师而言，职业幸福感意味着什么？不在一线的幼教工作者，又如何看待一线教师的职业幸福感？可以说，在每个人的内心深处所真正感知、感受到的零碎的、真实的点滴体会，才是真正有价值的，才是确实有助于寻找到真正的职业幸福感的。

在对职业幸福感的表达中，我常常觉得一线幼儿教师就像我们所教育的幼儿那样，要么词不达意，要么言不由衷。很多一线幼儿教师也会诉说自己的职业幸福感：有的是因为所面对的孩子的可爱和纯真；有的是因为孩子稚嫩的关怀和爱；有的是因为得到了家长的尊重、支持；有的是因为活动中的得心应手；有的是因为得到了同事和领导的肯定；有的是因为在各种竞赛中的频频获奖；有的是因为文章在各类杂志中的屡屡发表……但我们是否已经感受到一线教师在言称这些幸福感背后内心的那种无力感呢？有的教师是因为喜欢看天真无邪的幼儿而感到幸福，可现在的幼儿不见得个个都天真无邪并可爱，这种幸福感可能因为个别幼儿而瞬间产生，可能也会因为面对大多数幼儿而瞬间消失；有的教师是因为在劳顿或身体不舒服时来自幼儿的一句关怀而感到幸福，而这种关怀也只是一刹那的感动，感动过后身心会陷于更深的倦怠之中；有的教师是因为家长的尊重和支持而感到幸福，可不见得每位家长都会支持，自己的教育观念也不一定能够被每一位家长所了解并理解，所以可能会因为某位家长的微词而难受，也有可能会因为一向支持理解的家长突然的不理解而沉浸于更糟糕的情绪当中；有的教师因为某次活动的得心应手、偶尔的得奖、文章发表及由此带来的同事和领导的肯定而感到幸福，但很多教师更清楚活动中的用心交流是多么的难，很多教师也更清楚真正让一位家长或一个孩子有改变是多么不容易，很多教师还很清楚明智、英明的领导是多么可遇不可求。即使是拥有了大量的文章发表和活动获奖的人，也会感受到一种空虚和无聊，这又是为什么呢？

别看很多教师在书面或公众讨论职业幸福感的时候，有的会赋诗想象和孩子生活的美好，有的会描述教育生活中让自己感动的瞬间，可只要是身在一线，都明白自己内心真正的声音是什么。人真的能安于劳累？人真的能安于琐碎？人真的能安于平凡？如果真的能，那么是什么支撑着他们安于现状？很多分析过、思考过的人提供了很多增强职业幸福感的措施。比如，以欣赏的眼光看待幼儿，以享受的心态面对工作。可只有身在一线的教师知道这样的话无法帮助我们改变一切，日子马上就会回归到日复一日的琐碎和劳顿当中，刚刚被激起的享受感和审美心态也会消失得无影无踪。每个人心里都清楚，以享受的心态面对工作，以审美的方式去看待幼儿，实际上不能总是得到真实的认同和肯定，因为评价的内容和体系根本不包含这些。教师成就感的需求没有得到应有的满足。所谓"调整心态"并不能让教师真正获得职业幸福感。

我们得肯定一点，很多一线教师不是不想追求职业的幸福，谁又不想自己的工作和生活愉悦身心呢？正因为追求不到自己想要的，所以才倦怠，而更因为有时候连自己都不能明白自己想要的到底是什么，所以才更加倦怠！现在的教师开始觉醒，开始萌发追求的意识了，所以才会在现实和内心的矛盾中疲惫不堪。所以从某个角度来看，倦怠是不是也意味着一种进步呢？而每个人倦怠到自己所不能承受的地步时，自然会反抗或逃离。而反抗有对自我的反抗，有对周围的反抗，意味着必须改变；逃离有对自我的逃离，有对这个职业的逃离。不管是反抗还是逃离，都意味着这个职业的升华和进步。

我以为没有什么目标和追求的人无所谓懈怠，只有内心有追求的人才会因为现实和理想的矛盾而疲惫。（当然如果劳动量已经超越了人体所能承受的，那自然会疲惫至倒下的）。我也一直以为我只要躲在自己的教室里面，过自己理想中的教育生活，我可以凭借自己的真切去赢得家长的支持、孩子的用心。不过你马上就会发现，教室这个空间不是单独存在的，它连接着周围的环境，它需要周围环境的合作和支持才能如你理想那样地存在。因为你不可能自己购买孩子游戏或教育的各种材料；你不可能自己组织一场大型的活动而不需要别人的支持……人始终是合作的、群居而存在的。于是我们抱怨。我始终不觉得抱怨有什么不好，抱怨是自我觉醒的前奏，抱怨也是一种沟通和交流。抱怨的声音比那些赞扬赞美的声音更有分析的价值。所以我觉得获得职业幸福感的第一步，就是把自己心底最真实的声音勇敢地发出来，包括自己的抱怨、自己的缺陷、自己的长处……做一个真实的自己，并勇敢面对真实的自己。

但我们不能仅仅是抱怨，抱怨之后呢？我一直觉得个人最起码要有能力和孩子过心灵沟通的真实生活，而且我相信真实的与孩子心灵相通的生活不仅会让自己得到释放，也会得到同事们默默的承认。当然要克服追求那些外在的自己都觉得虚假的获奖和文章发表的心态是非常不容易的。我们从没有意识到自己的力量，我们一直将自己放在一个让人同情的弱小位置上。因为就是我们自己组成了这样的教育体制，"支持"了这样的教育体制，它才得以生存。所以我觉得一线教师获得职业幸福感的第二步，就是在抱怨之后，找到自己对这个工作的认识，发现问题，然后就具体的问题逐一分析解决，慢慢地，就体会到了将问题一个个攻破的喜悦，这种喜悦不来自孩子，不来自家长，不来自领导，而只是来自解决问题本身。解决问题才会让我们切实感觉到自己的力量（很多人的疲倦就是不知道自己的力量在哪里，什么时候、什么地方的什么事情都让我们无计可施、无法挣脱）。

解决教育生活中的问题，无疑会促使人去合作、去沟通。而人体验到解决问题的喜悦之后，无疑会迫切找人去分享、去交流。人自然而然地寻找同盟、寻找相知的人，于是有了相知的共同体。人在这样的共同体中得到交流、沟通的畅快，得到彼此肯定（人只有得到自己相知之人的肯定才最快乐，而得到自己从不认可之人的肯定不一定产生愉快的感觉）的成就感，相知的共同体就有了更强大的影响力。所以我觉得一线教师获得职业幸福感的第三步，就是让在学前教育工作中有追求、有梦想的人走到一起来，通过互相争论、交流，带动认识的提升，互相影响，互相成就。

我曾经看卢安克谈在德国和在中国的感受，很多人很疑惑他为什么会到最贫困的广西去。他说那里才需要他，这让我很受震撼。其实正因为现实中这样的现状，才更需要我们。而我们的思想也因为这样的现实状态才更容易破茧而出、有所作用。认识到这些，人在工作中自然就有了一种使命感和责任感，它们会促使着你去勇敢地表达、表现真实的自己。

开学前的这个时刻

2012 年 9 月 2 日　　星期日

此时此刻，我坐在新的教室里，体会自己的感受，想象着即将到来的生活，有着雀跃，也有着期待……

想象着明天孩子们到来的光景，想象着孩子们眼睛里有可能透露出来的惊喜，就为这一刹那的欣喜之情，我希望一切在尽可能的条件下尽善尽美。

上上下下，边边角角，里里外外，我将物品整理归类，将空间收拾整洁，仿佛心灵的洗礼和重生。

娃娃家被安置在了卧室最里面、最隐秘的地方，有颜色鲜嫩的绸布做成的门帘，门帘上有相同质地结成的蝴蝶结装饰，仿佛玛丽的秘密花园一般。

卧室里，就那样用油画棒在墙上轻轻地描了一层蓝色，缀上几朵白云，一弯金黄的长发飘逸地垂下眼帘的静静的月亮，还留有一只原来班级的蓝色的小鸟，顾自张望着……

我早就想着如果搬到这前面的教学楼，一定要把卧室和教室隔开，终于在这个学期达成了这个预想。蓝色展板拼成的隔断上，流线型的海上，一本翻开的如船般的书，驶向卧室与教室的门口，那里有着孩子们上学期"六一"表演非常熟悉的许愿星，还有孩子们熟悉的故事《和甘伯伯去游河》《许愿星》《德国，一群老鼠的童话》——将飞翔与远航等诸多元素融合在一起，体现出新教室"阅读的力量"——这个新学年的核心价值。由这个核心价值引出了孩子们在新学年需要体现出更多自主自发的教育目标，具体到眼前即将实施的课程内容——《小魔怪要上学》，乃至下学期"六一"故事专题的《图书馆狮子》，都将贯穿这样的教育核心理念。

坐在教室里，望着这一片静谧的蓝，随着蓝的延伸，视野会到达无垠的天边。成就它的过程非常美妙！在这翻开的书船上，要踏上征途的是我们班的每一个孩子，他们的未来，将由他们和我们老师在新的学期里共同勾勒。

教室里看书的地方不少，卧室里有一个秘密角落放着书，可以看书；明净的窗户下面，有一些原来班级留下的布袋子，扣在墙上，可以放书；布罩罩着的一排柜子零散地放着孩子们上学期喜欢的故事书，柜子下衬着软软的泡沫垫，孩子们可以跪着，可以趴着，可以坐着，在这里看书；当然也可以搬张小椅子到标有号码的桌子上去看……哦，说到号码，还没贴上呢，得尽快去打印、粘贴。

墙壁上孩子们够得着的地方，悬挂了一排孩子们钟爱的各色丝巾。

每个班总有几个喜欢搭建的男孩，所以有一片彩色的垫子留给他们。

紧挨着搭建积木的是一个可以放置花草的架子，我们搬来上学期寄放在门口传达室老师那里的绿色植物，教室里立刻有了生机。

也是受了网友的新教室的启发，不想径直丢弃原有班级的一切，我们留下了他们在窗子上的手工挂饰，以及门上的教室标记，还有他们存在床后的一块围棋板，这些都可以让我们感受他们留在这个教室里的气息，让我们感恩他们留下的一切，体会蕴含在物中的人与人之间的无形连接。

班上有几个孩子离开，是否留下他们的学号呢？我真是希望在生命里留下他们的痕迹，让孩子们体会到挂念和怀想。

对于新进来的孩子，我让他在开学的第二天来，因为第一天，孩子们需要适应新环境，我们没有太多的时间特别关注他。我希望他和我们班级的第一次相遇，能够感受到我们全体对他的特别关注。

天渐渐地黑了，窗外的树叶已经变得黝黑，还有什么需要做的呢？

我打印好一周活动计划，还有老师在筹划着桌椅的摆布，黑绿相配的精致的点点排列便于让孩子们找到椅子的定位；水粉泼墨的画面，让教室里的视野可以伸展……在我们这里，总是有着对教育无比痴情、对美无比执着的老师，让我们感受到更多温暖和慰藉。

我环望教室，那张小凳子还没有用即时贴包起来；前面张贴孩子们画的绳子和夹子还没有弄好；挂图书的布袋子，还有三个钉子需要打，等打钉的师傅来……真希望一切井然有序、准备齐全。

今天，我要将孩子们的观察记录表重新整理，又是一个体会孩子的过程。

打钉的师傅还没有来。

明天和孩子们聊暑假的事情，我要和他们分享什么呢？这个问题我早已经想过了，就和他们哼唱自己在暑假里多次吟唱的《春晓》或者《在水一方》，似乎后者更适合新教室"书海扬帆"的意境，并且现在的孩子们也已经能够领会到这样的美好了。

……

能见才有可能达！

2014 年 3 月 7 日　星期五

这段时间我一直和儿子读《叶嘉莹说陶渊明饮酒及拟古诗》，深切感受到陶渊明"暂""切""聊"等字眼里透露出的无奈和妥协，以及无奈和妥协后的某种坚定和宽待。人往往经历"纠结"和"挫折"才能有所"看见"，而因为这个生命磨合而来的"看见"才能导向"因见而达"。

是的，能见才可能达！在课程历程中，我内在整个的姿态慢慢和缓下来，没有非此不可的劲儿了。当然有自身身体状态不佳导致无力尽追的缘故，更是对课程所处人之环境、物之环境的洞见所致。对于很多教师来说，也得要真正看到才会达彻内心地有意识地想要去做，而这个"见"非得他们能够面对自我，才有可能做到。

时常说教育即生活，所以在生活中遭遇到违背孩子身心发展规律的事情，我有些时候不由自主地保持了沉默，时常总有某种自我愧疚之意，自责还是个教育工作者，却连解读、解说的勇气都没有。可不管如何，再遇到这种情况，我依然觉得无法表达出口。现在我明白了：没到时候而已。当事人未见，旁观者多言无用。我发现有两种情形：一是当事人事态严重到自身无法解决和面对，也就是遭遇外在困境，促使当事人去寻求"见"和"解"；二是当事人自身孜孜不倦地追求、探讨，自身敏感、敏锐，与自身、与环境易生内在困境，自主寻求"见"和"解"。

教育、生活，课程、生活，无非人和事，而人和事无非关系。叶嘉莹论人之关系时，借用孔子的话，言之三层："可与共学，未可与适道"；"可与适道，未可与立"；"可与立，未可与权"。我思考我的教育与生活中人、事和关系，未离左右。

我常想象，陶渊明在说"门庭日荒芜""而无车马喧"的时候，内心是悲伤的还是安宁的。

我领会到，所谓自由，就是能见才能有所自由。看不到就不能自由来去。就如同在某一个陌生的城市，又如何在路线之间自由行走？就如同在理解诗词之间，如果不像叶嘉莹那样通晓各家诗词，又如何在各大诗人之间自由贯通？就如同在开展课程之时，如果不通晓各人本身之限，又如何抱着宽待之心在课程进程中自由取舍、自由伸展？

在"你的家，我的家"主题课程中，第一周我们通过回顾中班兔奶奶一家过年的光景，经由讲述祥太一家过年的欢景，切入整个大班"家"的主题课程。活动通过祥太对自己家的印象来让孩子们感受对自己整个"家"的印象，并让孩子们通过模仿祥太对家的印象描述来表达自己的家。祥太对自己家的整体印象是动物园，如果我家也是动物园，那每个人都是什么？可以是像祥太那样做一本《我家是动物园》的书，也可以剪出一个自家的外形，然后分成若干块，来表现每一个家人。形式是内容的承载，所以可以是多样化的。紧接着，活动让孩子们通过祥太的口吻或者是孩子们自己的口吻，经由艺术方式，比如学习音乐《爸爸妈妈，我的家》、搭建印象中的家等方式，来表达自己对家的总体印象。

之前活动都是围绕着祥太的家进行的，孩子们以假设自己是祥太来感受家，最后到亲自来感受是必需的过程。所以逐渐，活动经由祥太对家的描述，过渡到祥太爸爸妈妈对家的描述，甚至过渡到老师对家的描述，最后到达孩子们自己对家的描述。而孩子们对家的描述最终还是归结到人的身上，人是家的根本，而不是那个建筑本身。

在显性上，孩子们通过歌曲、搭建、手工制作和诗歌表现了自己对家的感受；在隐性上，孩子们通过无意识的表达方式——画画《我的一家人》来表达对自己一家的印象。

到了第二周，我们就从祥太的家，来到了一个新型的家，那就是小螃蟹的家。从这家与家的区别开始了对"家"的探讨。祥太的家和小螃蟹的家有什么不同？如果说有朋友的地方都能够成为一个家，那么幼儿园也是一个家吗？我们所在的大三班也是一个家吗？为什么？根据对这些问题的厘清，我们尝试唱出自己的理解——《爸爸妈妈，我的家》《幼儿园，我的家》《大三班，我的家》，紧接着孩子们自主创编歌词《朋友，我的家》，并唱出来。在这些问题都厘清的情况下，我们感受到幼儿园这个家有一个具象的建筑，大三班这个家有一个具象的空间，那么朋友之家呢？没有，那么在班级中，哪些人是默认自主游戏活动中的朋友群体？孩子们自主自建朋友之家，先通过拼插雪花片来初步尝试，然后在家长的支持下用各种废旧材料建造一个实体朋友之家，取名，制作家庭成员牌，进行内外装饰，添置家居用品……

第三周，我们从祥太的家、小螃蟹的家，来到亚默的家，亚默所说的家是个怎样的家呢？如果说亚默的家是巴格曼村的话，那么我们的家是在哪里？如果你的家是在如皋，那么从哪里可以看出来？我们通过如皋地方童谣《马兰花儿开》来感受如皋人身份的象征语言——如皋话。

既然我们都是如皋人，那我们对自己的家了解吗？我们从如皋的特产、如皋的名胜古迹等方面来浅浅地了解我们的家。要谈对自己家乡的了解，有那种切入身心的把握，当然就需要实体实物的感受和领悟。以往的这种教育就落败在纸上谈兵之中，没有在家乡和孩子们之间，甚至和主持的大人之间发生关系，更没有从发生关系中触碰到心灵，所以往往是遭人排斥的。所以在这周，我们预备通过实物让孩子们充分探讨和对比，品尝和感受如皋特产；通过实地参观和回顾让孩子们充分观察和欣赏、感受和领会如皋名胜古迹。活动经由这种实物实地的感受经验，来触发孩子们关于上一周构造朋友之家的自主活动的经验，从而促进进一步的游戏主意的萌发，比如在朋友之家形成一个如同如皋东大街那样的街道等。

说到这点，不得不说到游戏高手绵绵不断的游戏主意。有些东西不是教出来的，要能够让孩子们自主萌发出各种游戏主意来，重要的就是一个生活氛围的营造。比如自建房屋的建造，孩子们如何由自主需要来建成一个街道甚至一个社区，需要的就是对这些地方实际地、深深地沟通和作用历程，留下的深刻印象，滋生的强烈情感，就自然通过自主活动喷涌出来了。

在越来越扎实的课程进展过程中，我也越来越感觉到课程自身所需要的情感，一切都似待更成熟时呼之欲出，就比如一个自由呼吸的时间结构。这种气息日益洋溢着。

在第三周的家乡活动中，我们让孩子们了解如皋特产，感受如皋的名胜古迹，形成了解、表达、感受、表达这样一个循环的过程，最后以介绍的形式来呈现自己的了解。我们兴之所至，想让大班各个班通过一定的文艺形式介绍如皋的某一个方面，比如特产。这样的大型介绍活动易于表演化，介绍者与被介绍者之间难以发生关系，并且大型的介绍活动更倾向于老师的策划和组织，孩子们无法驾驭这么大的一个群体，甚至包括制作邀请卡也成了一种形式。而小范围的介绍活动，可以让孩子们分组筹划，统筹安排各自需要介绍的内容，思考如何介绍才能让对方更能够感受到如皋的特色，为自己所在的家乡如皋而感到骄傲。然后让孩子们制作邀请卡请自己最想要向之介绍的对象，活动才有了脚踏实地的感觉。大型介绍活动有大型介绍活动的更大影响，小型介绍活动有小型介绍活动的自主深度。二者必选其一，那么从孩子发展角度来选的话，后者更合宜。

从整个"你的家，我的家"主题课程历程中，我体悟到，能见方有可能达，而如何能见，必定是亲身的践行。

随着一个又一个课程的进展，孩子们到底有了怎样外在和内在的变化，实难说出口。但今晨我跟孩子们谈了下面这段话。

"我为你们感到自豪和骄傲，从以下四个方面。第一点是从昨天的合作拼插中，可以看到你们越来越厉害的合作能力。日常都是你们自由分组进行合作，而昨天是自然按照座位四人一组，你们不仅和自己非常要好的朋友能够合作，而且跟其他任何人也能够进行合作。体现在合作时能够互相商量谁负责拼插什么部分，而每个负责拼插的人都有能力负责拼插完成。比如其睿一组鸿楠拼插的大树，比如家瑞一组馨匀拼插的房子……而且除了有一组没有完成合作作品之外，其他组都非常完整地组合成了拼插的有树有桥的花园房子。第二点是早晨上楼梯时我感觉到的你们身上慢慢有的文明，看到其他班级的孩子都是乱糟糟地上楼，而你们基本都能够靠边走。因为你们明白中间是留给那些有急事的人走的。第三点是你们身上敢于挑战，不怕失败的本领。大家都知道今天操场上有了一些新的玩具，有些玩具难度还比较高，我看到有些孩子那样长时间的尝试，失败后再尝试（这一点有一些夸大，就是拓展人群范围的夸大，但可起到暗示作用）。第四点不是我自己感受到的，而是大六班的老师告诉我的，不过因为她的告诉，我细想想，也感受到了这点。她说我们班的小朋友看周五介绍如皋的活动，那样专注和投入。我想想也真是如此。不过她不仅说了我们对节目的好奇和专注，文明和理解，而且还说了我们班表演的节目。不过说表演的节目不是大六班老师说的，而是他们班小朋友说的。"在这里我是用大六班老师和孩子们的对话再现的，大致意思是说我们班的节目把不同的家唱了出来，唱出了不同的家的感觉，表演得最好。

  我也曾经徘徊，孩子们的成长变化有多少是可见的？有多少是可以考量的？如此根植于他们的内在成长，而他们甚至他们的家人并不能自知，于我们又如何？而如今，我通过践行才知道，一切身在其中时自感、自知、自生力量，而自己生出了力量，则无顾念也可。

第二部分

淡淡的野菊花

——我的日常教育生活

　　我坐在阳光里给野菊花剪枝，一朵朵金灿灿的花朵从手头飘落，阵阵幽香从手指间不经意飘过，生活原本就这样悠悠然悄悄滑过。和孩子们在一起的生活有时喜悦，有时忧愁，有时烦躁，有时激动，但我安于和孩子们之间的这种琐碎生活，乐于这种琐碎生活中不经意的惊喜。

一天生活扫描

2005 年 3 月 25 日　　星期五

谈心：我在晨间活动时常常表扬那些进步的孩子。小雨做事比以前积极了，状态不同了，做事很用心；优优一下子比以前懂事了，思维跟着老师转了；苏闵这学期从以前的上课和别人说话或者摸东西到现在可以一下子坐得很端正了；荣捷也从一个不懂事的孩子变得会和老师、小朋友交流了；还有缪沁、小畅、栋杰……尤其他们在活动中的表现不一样了。小朋友们，你们看！他们的样子的确很专注，很认真！在表扬有进步的孩子时，我常常在不知不觉中激励那些游离于活动之外的孩子，可是又常常看着那些一直很好的孩子，看着他们期待的目光似乎觉得冷落了他们，想一个个地表扬，可又知道时间不够，有时候常常会很快地点出他们的名字说他们一直很好。今天我问他们，小朋友们表现积极是为了谁呢？（现在孩子们都知道是为了自己，不是为了老师，也不是为了别的小朋友）是为了老师和爸爸妈妈的表扬吗？（思考之余，孩子们懵懵懂懂地感觉到不是为了表扬，老师的批评、小朋友的提醒是为了自己）老师觉得有的小朋友能坚持一直很好，真的很了不起，但老师不一定用说话来表示，有时候你看老师的眼睛你就知道了，老师看你的眼睛是不一样的。（这时我用自己的眼睛开始看那些一直不错的孩子，他们感受到了我眼神的不一样了吗？从他们嘴角的笑意里我觉得他们感受到了）

改变：像往常一样在准备活动的时候，我给孩子们弹起了律动音乐《拍手点头》，发现孩子们依然没有记住每一段该是什么动作。第一段是拍手点头，第二段是拍手叉腰，第三段是拍手拍腿，第四段是拍手打气。孩子们也分不清哪儿是乐段的开始和结束。记得以前带过的孩子总是在几遍律动之后一听到音乐就能做动作。现在这种情况的原因是多方面的。一是现在的家长比以前更娇宠孩子，孩子没有自己动手动脑的机会，长此以往，孩子的头脑开始懒惰了，没有主动记忆的能力了。二是跟老师的传授方式有关：现在的老师不但在第一次传授律动时给孩子示范，而且在以后每一次的律动时都在每一段乐段开始给予提醒和示范，就像孩子吃饭一样，依然每次嚼好喂给孩子吃。这样老师也变相地成了孩子的"妈妈"，孩子就失去了锻炼记忆能力、思维能力的机会。其实孩子是有这些能力的。我又弹起了律动音乐《生活模仿动作》，孩子们对有情节的律动内容还记得清楚，可是没有仔细辨认乐段的开始和结束，所以在生活的一点一滴中我们都要关注这些随时随地的教育资源。这也关系到老师本身的素质：思维的逻辑性、计划性、层次性，挖掘事情内在联系和资源的能力。

讨论：集中时，大家又开始讨论随堂听课的事。其实大家都想在平时听一些自己想听的课，但就是怕给别的老师造成压力。其实只要平时怎样就怎样就行了。因为听课的次数少，所以一次的听课就关系到这个老师的形象，因为往往这一课就给别人留下了长时间的印象，不容易抹掉。但如果大家都有一种教研的精神，平时经常互相听课，那就不会因为一节课而担心给别人留下什么不好的印象了。但一旦随堂听课变成一种任务，那又失去了它本来该有的意义了。还有随堂听课的形式和方式也至关重要，如果是自己选择适合自己的课，又变相地成为"公开课"。三三两两的老师同时进行一种活动，更有助于教研，有助于老师揣摩别人的思路，分析别人的做法，融合别人的经验，发现自己的优点，改进自己的做法，所以我提议大家共同选择一节活动，一节具体的活动（有简单的方案），让大家自己去备详案，进行活动，大家共同研讨，这是很有价值的。但由于没有一个决策和积极的倡导、附议，所以又流产了，一切又不了了之。

思考：我常常在生活中发现一种交往怪圈，因为提倡互相帮助，常常有孩子汇报："他不帮助我""他不把他的东西借给我""他的东西不借给我玩"……这个时候常常会有许多人去要求那个人帮助别人，或要求那个人将自己的东西让给别人。可是这违背了什么？当 A 借钱给了 B，A 要求 B 归还的时候，B 还可以理所当然地理论："你怎么可以这样斤斤计较呢？"成人的生活中常常充满了这样的逻辑现象，难免会影响到孩子的生活。我们可以要求别人一定要帮助自己吗？别人不帮助自己就说明他自私吗？现在的人包括孩子常常会利用这样的逻辑来满足自己的私欲、自己的需求，常常忽略了别人有权利不帮助你，忽略了别人的需要。这常常维护了一种（可以有也可以没有，因为这是自发的，不是强求的）道德——互相帮助，却破坏了另一个每个人都需要的基本权利——公平。

渴望有个整理箱

2005 年 4 月 22 日　星期五

特殊的情况、特殊的背景往往造就特殊的行为方式。幼儿园特定的实际情况就造就了老师特别的教育教学方式和方法。比如数学活动中孩子们排队等待老师批改作业；吃副餐时孩子们等待大家一起吃；活动时孩子们分批轮着活动；老师对孩子们的观察有一定的粗放性，甚至不知不觉地就被忽视掉……因为老师对那么多的孩子不可能"精耕细作"。我们常常在感受文字给视觉带来的美好感觉时，也不能忽视实际生活中的实际感受。

班上的小小鱼读书俱乐部终于以失败而告终。我刚开始设想的时候，觉得很有创意，在瓷砖墙上用水粉画了七条彩色的热带鱼，在每条热带鱼的轮廓线上贴了八只粘钩，七八五十六，正好和班上孩子的人数相等。远远望去的时候，只看见颜色绚烂的热带鱼在绿色的水草间、蓝色的水浪中游弋。常常有老师从窗外走过时赞叹它的漂亮。而它实际的作用是每一个粘钩上都有一个孩子的标记，方便一一对应挂上每个孩子的图书，孩子们在自由活动的时候可以自取自放，看够以后还可以自己更换新的图书。以此来培养孩子们看书的习惯。当然我们还为孩子们设计了一定的辅助措施。我们在家长园地张贴了"让童年弥漫书香"的宣传内容（包括看书的好处、孩子看书的特点、培养看书习惯的途径、看书的注意事项……）；我们还做了广告：你想当阅读明星吗？列出了成为阅读明星的方法：能看书讲故事，能爱护图书，能与父母共同讲完一个故事……如果你成为阅读明星就能把自己的照片、名字以及介绍同时张贴于活动室外的葡萄藤下。

总有几个孩子喜欢看了书后乱挂。一开始我们还经常帮助孩子们将书一一对应放好，再耐心地将那些孩子一一喊来帮助他们认识自己的标记。最心烦的是一到阴雨天气，粘钩一个个从墙上剥落，书也就一一掉下，我们只有等到太阳出来之后再重新粘上挂钩。孩子一多就费事！时间一长就疲了！这时候又想到每一个孩子的水彩笔、油画棒，还有他们脱下的衣服，放的时候麻烦，找的时候更麻烦。多想每个孩子有一个整理箱呀！那样孩子们自己的东西就可以自己放在整理箱里，这一次活动需要什么就自己去拿好放在身边准备着，用好之后自己放回去并整理好。既方便了老师，节省了发放的时间，又培养了孩子们的自理能力，多好呀！

琐碎的生活

2005 年 5 月 11 日　星期三

早晨，我穿着橘黄色的连衣裙迎着有点儿凉飕飕的风向幼儿园赶去，路边的柳树越发浓厚地绿了。大概穿了裙子的缘故，我的动作也变得轻快起来。

我一走进活动室就发现怡然在大哭："妈妈来不来接我呀！"晨间谈话的时候她依然在哭，我问孩子们："小朋友，爸爸妈妈能不能不要你呀？（不能）不要你，他们不就没有孩子吗？有时候可能是妈妈说气话吓你的。"针对怡然的哭我如是说。晓晓低眉说："我妈妈说爱我。"我说："对呀！每个孩子的爸爸妈妈都非常爱自己的孩子。他们怎么可能不要你呢？去用毛巾擦一擦脸。"擦完脸回来的怡然不再哭闹了。

自由活动的时候我发现晓晓来拍我的屁股，拍完他就快速地走远了。我没有反对也没有积极反应。大概有了这默默无言的支持，在音乐活动的时候，坐在前面第二个的他居然很大胆地走到前面来拍了一下我的屁股。我依然没有看他，好似没有反应。到了下午活动课大家在对唱的时候，三个老师都一前一后地站着，他居然很频繁地上前面来拍。早晨他这样做的时候，我就在想怎么说才不至于将他的积极情绪给扼杀。看他要来的时候我故意走到别的孩子身边，离他远一点儿，他退回去了。过了一会儿，他又迅速地跑来。待他回座位后我轻轻说："我喜欢坐在自己座位上的小男孩，有个孩子可不能离开座位了。"他对我有安全感和信任感了，我是该考虑如何利用这种信任让他遵守一定的常规或促进他更好地发展了。

早晨我就开始计划今天要做的事。1. 今天一定将这学期的歌曲连谱带词整理一下，正好通过这个过程看能不能启发自己将音乐剧的音乐和剧情构思出来。曲子是幼儿熟悉的，歌词我拟好，启发幼儿说出我的歌词并唱出来就好了。2. 这学期由于天天只顾着写教育日记，忽略了书面形式"爱心家园"的设计，要将有关睡觉习惯、形式问题的"爱心家园"设计出来了。3. 要将锦州之行的旅记整理出来，不然有些珍贵的交谈就要淡忘了。

今天我的活动是音乐活动"蔬果在哪里"，配乐用的是《拇指歌》的曲，词是重新填的："大苹果，大苹果，你在哪里？我在这里，我在这里，哈哈哈哈！"活动方案上要给每个孩子都做一套蔬果指偶，唱到什么就出示什么。这想起来都让人头皮发麻。当然没有人听课，活动就直接开始了。天性"智慧"的我当然也不会就这么枯燥地学唱歌曲了。我拿过一支红笔，开始神奇地给孩子们变蔬果。我经常和孩子们玩这种大家都喜欢的魔术游戏。我一一问"你想变什么"，孩子们在我温和的提问中（当然我还是蹲着的，为了好在孩子们的大拇指上画上他们想变的东西）开始回答我，我也开始一个一个给他们画，并提醒孩子们跷起自己的大拇指。孩子们在我不懈地询问中一一作答，有的很迅速地回答，有的看着我的眼睛回答，有的愣了一会儿羞涩地回答，有的很完整地回答……我心里得意于这无形中培养了孩子们的语言表达能力并提供了让每个孩子大胆接近老师、和老师交谈的机会。我一边画一边说："要是你能想出高老师也不会画的东西，嗯！那可了不得呢！"于是，孩子们很得意地想呀！唐乐有点儿与众不同，内向的她特地想出了阳桃。我真的想了又想才给她变了出来。变完之后我开始用清唱和孩子们对歌。

师：小朋友，小朋友，你在哪里？

幼：我在这里，我在这里，哈哈哈哈！

师：小男孩，小男孩，你在哪里？

男孩：我在这里，我在这里，哈哈哈哈！

师：小女孩，小女孩，你在哪里？

女孩：我在这里，我在这里，哈哈哈哈！

师：大苹果，大苹果，你在哪里？

变成苹果的孩子们竖起大拇指：我在这里，我在这里，哈哈哈哈！

师：大西瓜，大西瓜，你在哪里？

变成西瓜的孩子们竖起大拇指：我在这里，我在这里，哈哈哈哈！

……

孩子们一直很兴奋、很快乐地不知不觉地对唱了这首歌。有灵感的好课，和孩子们有积极情绪交流的活动，我的心里也特别舒畅！下午活动课依然是快乐地师生对唱。

绿色的雨

2005 年 5 月 21 日　星期六

昨天下班后我陪孩子去安定广场玩，晓晓在很远的地方就看见我了，大老远地奔过来，就像孩子奔向妈妈的怀抱。奔到眼前的时候，他停下了脚步，我知道他又害羞了。他不时地追随在我身后，我们来到开得正艳的月季面前。哎呀，落了一地的花瓣雨，我和孩子们拾起了花瓣，一起来下花瓣雨。我们开始追逐着玩，他开始趁我不注意拍我的屁股，就像在幼儿园一样，我也开始调皮地去拍他。看得出，对于我的到来，他有意外的惊喜。一会儿他妈妈来接他，可他怎么也不愿意走，他妈妈说："明天还来的。"我看着他，知道他的意思。我说："我也走了，再见吧。"他仍然不肯，他妈妈说："明天还能看见小朋友的。"有一个班上的小朋友在，他妈妈看着我："以前每次来，都能看见浩楠和欣欣的。"他妈妈会错了他的意思了。他其实是担心我明天不会来了。我心里幸福得跟蜜糖似的。

我喜欢看蓝蓝的天空，一碧如洗，几丝云朵像撕开的柔柔的棉絮，也喜欢让孩子们来感受这种纯净的美。今天在孩子们"开火车"去草地的时候，我让孩子们抬起头看天，他们惊讶于头顶上还有这么漂亮的地方。我不知道他们小脑袋瓜里痴痴地在想着什么，只记得小时候的我也喜欢浮想联翩。突然有个孩子搂住了我的脖子，温暖的感觉由外而内，会是谁呢？我微微侧头用眼睛的余光（怕惊扰了他）一看居然是至凯。我（老师也是有自己喜好的，也是一个凡人）内心总是认为他有一些问题：爱攻击别人，当别的孩子很理解的时候，他却好像一无所知地东张西望。他也会这么热情吗？我再看他的时候眼里多了一份宽容。此时，我耳边又传来几个女孩聊天的声音："高老师还和我笑呢！""我还看见高老师了呢！"……

主题活动好像已一团糟，今天安排表上没有活动安排，于是我将一些孩子带来的有关春天的图片一一展示给孩子们看：蓝天白云（回忆早上观天的情形）、樱花（回忆上次在烈士陵园看的樱花，介绍日本的樱花和富士山为什么说是粉红色的）、蝴蝶花、紫藤……孩子们看的时候吴寒大喊："有蝴蝶，有蝴蝶。"不是所有的活动都是从孩子的发现中生成的，也不是所有的生成活动都是有利于孩子发展的。我说："你们知道蝴蝶为什么会来吗？"孩子们很好奇。我接着说："早上你们不知道有一只蝴蝶飞呀飞，它看见一个小朋友做操很漂亮，情不自禁地停在他的头上和他一起做操呢！这会儿可能就是来看看哪个小朋友上课的时候最会动脑筋、最专心，明天它就会飞到他的头上和他一起做操呢！让我来看看，谁做得最好！"带着期望，孩子们又开始了活动。

这几天孩子们显得有点儿不耐烦，大概动画片看得多了的缘故吧。我和阿姨商量我们带孩子们出去吧。我交代要求："我们一起出去看看蓝蓝的天，再听听风的声音，等会儿我们闭上眼睛感受风吹在脸上的时候是什么感觉。"孩子们排好队来到幼儿园里，抬头看看天，看看绿绿的银杏树，看看阿姨种的花生、玉米、芋头，闭上眼睛感受吹来的风……来到小道上的孩子们在我的惊呼中低头看爬动的蚂蚁，找蚂蚁的家。一个个低头认真寻找的模样是这几天来最动人的场景。我发现路边的雀舌黄杨刚刚被工人修剪过，修剪过的叶子散落在树根下面。想起昨天和晓晓、柔柔下的粉红色的花瓣雨，我拾起零落的叶子对孩子们说："你们快看呀！这儿有许多修剪下的叶子，我们来下雨吧！"我往高处用力一撒，哇！有孩子说："绿色的雨！"我说："小朋友，我们都来下绿色的雨吧！"孩子们兴高采烈地拾起了叶子，下起了绿色的雨。看见我拾的叶子很少，开始有孩子将自己拾的叶子放在我的手里一起下一场绿色的大雨。渐渐地，我用铃鼓装着孩子们送的越来越多的叶子，高高地举起，让片片绿色的雨滴向孩子们的头上飘去。孩子们在绿色的雨叶中兴奋地欢呼。

累

2005 年 5 月 25 日　星期三

我实在不想记住糟糕的生活，这种生活枯燥得像流水账。早操过后，扮演草莓、西瓜、菠萝的女孩去排简单动作——中午电视台录制音乐——下午所有的女孩跟着录制好的音乐排练——放学后女孩们的家长来园缝制草莓、西瓜、菠萝衣服的亮片和叶子。

枯燥的生活中只是偶尔冒出一点儿温暖的东西。

不知是谁带来的用雪碧瓶做的绿色的眼镜，坐在钢琴前弹奏律动音乐的我戴起了它，神气地走了一圈。孩子们都艳羡地看着我。我说："戴上这个眼镜我就变成了绿色精灵了，我向谁一点谁就变成小白兔，再向谁一点谁就变成石头……"许多在"翻动"着的孩子渐渐地转向了这边，我继续变着你，变着他。我说："嗯，我今天没有穿隐形衣服呢，要是穿了隐形衣服，你们就看不到我了。"看着他们一个个的眼神，我得意极了。在扮演草莓、西瓜、菠萝的女孩去排练之后我继续神奇地给男孩们讲起了爱丽丝漫游的故事，男孩们丝毫没有注意我手上在做的纸花（节目要用的），而完全沉浸到奇妙的故事当中去了。

我嗓子很累的时候，孩子们也见缝插针地闹起来，我只有慢悠悠地和孩子们玩起了碰鼻子的游戏。哎呀，许多男孩子还没有和老师这么接近过呢！霖欣很不好意思地拖着脚步走过来很快地碰了一下，又慢悠悠地走了。

我第一次问孩子们"老师喜欢你吗"，哎呀呀！我看着他们的眼睛，有的羞涩地点点头，有的呢喃"喜欢"。调皮的浩楠也说老师喜欢他，看他的眼神好像亮闪闪的。被点名很多的张钰也说喜欢，看他的眼神有一丝狡黠的目光。哈哈，我知道他是深知老师问题的内涵，而有心讨老师喜欢呢！只有慕桐说不喜欢，再看他的眼神，我知道老师昨天刚刚批评他说谎（他一向午睡很好，居然和妈妈说没有睡，老师叫他出去，也不知目的是什么）的错事，他也心知自己是错的。

中午一个人值班，在我无精打采的指挥下，张钰很快地收好了碗、勺子，丁楠居然抹起了桌子，浩楠还像模像样地扫起了地，宇睿给我捶起了背。我捂住肚子坐在那儿看着孩子们忙碌的身影，远处有几个孩子在玩卖书的游戏。只听见宇睿在说："你们就别卖了，老师嫌烦的。"也不知谁在帮腔："老师肚子疼，你捏肩膀吧。"

下午家长来帮忙，一个劲儿地说："老师真是全才呀！""老师的手真巧呀！"他们三个一群、两个一伙地聊着、忙着。看来偶尔让他们来帮忙，好像一次聚会呢！

感觉真累呀！真累！

悠闲的生活

2005 年 6 月 11 日　星期六

早晨起来，外面居然在下雨，等待多天的雨终于来了。空气不再闷热，我想让孩子也来体验一下闷热之后的清凉，便和配班老师各带了二十七八个孩子来到外面，迎面一股凉气袭来，真舒服。哎呀！我以为雨已经停了呢，谁知还有蒙蒙的毛毛雨在飘着。我仰起头让丝丝细雨飘落在脸上，孩子们纷纷效仿，一个个小脸迎着雨："呀，雨落到我脸上了。""雨落到我鼻子上了。""雨落到我嘴巴里了。"……"小朋友们，你们看，银杏树变绿了。""草上有水。""叶子上有水，变干净了。"……园子里没有多少花，带孩子们看了栀子花、广玉兰，我说："上面还有一个牌子呢！牌子告诉我们这是赵老师和大班的小朋友一起种的。如果你们也想种，高老师也会陪你们一起种的。"看见草丛里的喇叭花，我说："你们会唱喇叭花的歌吗？"随口吟起"我家那个小篱笆，如今爬上牵牛花，风一吹来它一摆，好像那美丽的小喇叭，轻轻地摘下一朵来，放在嘴边吹吹它，嘀嘀……哒……"走着走着，我发现唐乐还在"踩水塘"呢！我笑了笑又开始往前走。我们来到往常看蚂蚁的地方。我问："今天蚂蚁会在哪儿呢？"孩子们听了我的疑问后纷纷蹲下寻找起来："这儿有一只蚂蚁，躲在叶子底下。""蚂蚁到洞里去了。"……

今天孩子们喝牛奶的时候，已经能很熟练地从袋子的一角咬个小口吸着喝了。我让孩子们收好袋子，并告诉他们，我将会把没有用的吸管发给他们，并和他们玩一个好玩的游戏。当我告诉孩子们要玩水时，他们一个个兴奋得尖叫。但我问孩子们："能不能在厕所里玩水呢?"孩子们想了想说："不能。"我继续问："为什么呢?"孩子们七嘴八舌地回答："因为厕所里湿了,就容易滑倒,容易跌跟头。""身上湿了,妈妈要骂的。""要感冒的。"……"许阿姨已经用大盆将水送到操场上去了。我们到外面玩水要注意什么呢?"我问孩子们。孩子们答道:"不能弄在身上。""要注意安全。"我说:"哎呀!我们小三班的孩子真会动脑筋!都知道在外面玩水的时候要注意什么,还不用老师说呢!"

我请孩子们排队拿自己的茶杯,然后带着孩子们轻轻地来到操场上,他们按惯例排在绿色的圆圈上。我让拿到吸管的孩子去用杯子盛水,这样就避免了拥挤。

孩子们玩水的时候并没有想象中那么闹腾,有东西研究就不会吵闹。渐渐地有孩子来告诉我他是怎么玩的:郭丽说他用水变了个鲨鱼,拉我去看,他用水泼的痕迹真像鲨鱼;哲说他用吸管画了一条小鱼;宇涵在我面前用力地吹泡泡……我看见一个孩子在水迹上走,也跟在后面用鞋底沾了水,哈哈,印出了许多印子。许多孩子都跟在我后面印鞋印玩。别看宇睿平时很调皮,但是在玩水的时候却是最放得开的一个,只见她用杯子装好水,很随意地往地上一泼,就泼出了一块湿地,然后她会告诉你她变出了什么。看孩子们玩得很畅快的神情,我心里特别高兴。我兴奋地告诉孩子们,如果他们平时上课都认真听讲的话,还会带他们再玩水的。

没有计划的日子

2005 年 6 月 20 日　星期一

从这个星期开始就没有活动安排了,说句心里话,我一遇到没有内容的课就会茫然不知所措,不知道和孩子们说些什么,不知道如何和孩子们复习以前所学的内容。看书吧,看书虽然是件好事,可一本一本地看过去,人多嘴杂,不是看书读内容的声音大,而是拿着书说话的声音大;拿以前的活动方案给孩子们说一说,除了儿歌可以复述以外,其他的无法用三言两语说清楚,又成了家长所期盼的那样——我孩子还会说儿歌呢。上午配班老师已经和孩子们复习了主题活动幼儿用书《汽车叭叭叭》的前半部分,下午我得接下去。和孩子们说了一会儿我星期五布置回家的作业——找自己的优点,我说:"每个孩子都有自己的优点,不过,有的孩子的优点他没有拿出来,而是把优点藏了起来。慢慢地,这个优点可能就真的走了。

比如张钰（很调皮的孩子，不过有时候回答问题的思路清晰，反应也快）的爱动脑筋的优点就已经很长时间没有出来了。还比如……"

我打开画册，和孩子们唱了《大嘴车》《下雨车》和《汽车叭叭叭》，并说起了会旅行的种子，孩子们忆起了在幼儿园里散步的时候我摘蒲公英和他们一起吹的情景。我又和孩子聊起了我小时候走路时裤腿上粘上苍耳，苍耳怎样旅行的事情。孩子们看着我一边说一边表演的样子都很入神。于是我介绍起了我小时候看到过的鸡公车："你们说汽车有几个轮子呀？我看到的那种车只有一个轮子，两只手这样一提，然后向前推着走。有一个老爷爷用剪纸把它剪了下来。"我又自然说到了书上的剪纸——鸡公车。我顺势也剪起了简单的纸艺——蝴蝶、金鱼。孩子们看到我就这么剪了几下，就出来了蝴蝶、金鱼，眼神里满是惊奇。其实我就会这么多，呵呵。围绕这个主题我们玩起了游戏，请一些孩子来扮演各种车，他们边唱《汽车叭叭叭》边开车，当停下的时候就走到一个小朋友面前说："请上车。"

我害怕带孩子们去大型玩具那边玩，又不想让孩子们看动画片，只有和孩子们玩起了"我的火车就要开"。孩子们问："开到哪里去？""开到……去。""开到……去找谁？""去找×××小朋友。"孩子们居然也玩得很高兴，只是我的嗓子太累了。

虽然我仍积极地和孩子们以游戏的方式复习，但在心里却没有分析、没有感慨，只是一句话：幼儿园不应该安排复习课，不应该没有活动安排，这根本不适合幼儿园阶段的孩子。老师们都在感慨：怎么孩子们也知道要放假了，整天疯得不行？不是，是孩子们没有活动，无所事事，对一遍又一遍的枯燥形式和同样的内容毫无兴趣。谁都知道这个原因，但好像总要找一个"时机"才好变化，对于性急的我来说却有点不可思议。生活并不是每天都那么精致和优秀的，文字往往摒除了美好以外的大多数东西。

颓废的心境
——今天我发火了

2005 年 10 月 9 日　星期日

这学期我好像一直都在奔跑着，仿佛没有停下休憩的空隙，却又觉得心头空落落的，没有一点儿踏实的感觉。开学初，《生活体验研究》这本书已经到了身边，我一直尝试读，却又静不下心来细品，因为没有在头脑中留下些什么，所以常常读到后面又要从头再来。

　　大概好久都没有望天了，今天我突然地抬头，发现深秋的天空无比的明净，看见那几朵云白得纯净，天空蓝得彻底。远观自然常常会给人注入一种力量，人的心气儿会突然升腾。于是和孩子们一起进行认识数字9和10的活动时，我想着如何改变惯例的方式以更新鲜的形式吸引孩子们有兴趣地认识。因为从认识数字1到10，我们常常就是出示教具让幼儿点数，然后告诉他们可以用数字几来表示；或者出示数字让孩子们摆出这个数量的东西；或者让他们排列并感受无论怎样排数量都一样多。多次的操作、多次的排列，一般准备的教具会重复使用，孩子们见得多了，教具对他们的吸引力也就小了。所以在数学活动中我不仅尝试着在教具上变化，尝试着在内容呈现方式上变化，更尝试着在思维松紧度、速度的变化中，引起孩子们思维高度兴奋和紧张来激起他们快速思考的一种速度愉悦感和互相挑战的愉悦感。今天的数学活动我没有像往常一样出示许多实物教具，而是伸出两只手，用兴奋的语气问孩子们："看你们上次的卡片都做得那么好，我还有点儿不相信呢。今天让我来考考你们吧！"于是我很快地说出数字让孩子们伸出同样数量的手指，他们伸完手指后我也会跟着伸，但我伸的方式不同。比如4，我是右手伸两个，左手伸两个，但我没有说出来，而是继续说数字让孩子们来伸手指。孩子们对比较简单的数都能伸摆正确时，我故意很快地说出"6"，许多孩子都是用一只手的大拇指和小拇指来表示的。我大笑："你们都错了"。孩子们看看我，再看看自己的手，一愣："怎么会错？"其实我有意想让孩子们摒除习惯思维，希望激活孩子们的思维。我说："呵呵，是几个手指呢？"孩子们愣过之后，恍然："是两个，是两个。"于是我又将"6"和"8"这两个孩子们容易用惯例方式来表示的数字穿插在其他数字当中，让孩子们快速伸手指表示。终于有一个孩子发现我伸的方法和他们不一样，他们在伸5以内的数的时候常常习惯先用一只手上的手指来表示，只有在伸5以上的数字时才想起用两只手。而我不是，我是表示所有的数字都尽量用两只手，而每次每只手表示的数量还不一样。果然孩子们也开始希望别具一格，个个都在想怎样和别人伸的不一样。比如数字"5"，有孩子右手伸4个，左手伸1个；有孩子右手伸2个，左手伸3个；有孩子右手伸3个，左手伸2个……看来孩子们的思维在不知不觉中已被激活。只是今天因为练操拖延了时间，孩子们没有来得及完成操作卡片。

　　第二节活动，孩子们和阿姨一起捏橡皮泥，我去给准备赛课的老师放录音兼听课。中午放学时我想起昨天掐别人脖子的孩子的事情还没有和家长沟通，却遇到要在园里午餐的一位孩子的爸爸因为一点点事情闹着要和会计打架。我是一听到这些事情就很恐惧，怕得浑身会发抖的。冷静下来的我知道得赶紧平和地解释并冷却对方的冲动。我不记得自己是怎么说的，反正他最后好像是笑着走了，不过走时还叫我带一句话："你告诉他，在这儿，谁不认识我姓×的。我听你的不去找他，但要让他知道我能把他打趴在地上。"哦，天哪！好在领导都能支持我们，我心里才觉得踏实了许多。

不知道是因为下午和孩子们练操的缘故，还是早上的事情还在心里留有余悸，还是一个人在班上太累，下午练操后我看到孩子们飞快地向楼梯口奔去（平时孩子们是知道我们班是从哪边一个挨着一个上楼的），来到教室也没看到平时回教室时的安静，心里的火气真的一下子蹿起来。教室里开始安静下来，孩子们看着我，我一句一句地问："你们知不知道怎么上楼？你们知不知道靠哪边走？"说过之后我自己忽然又颓丧起来，一屁股坐在椅子上，看着孩子们。孩子们也静静地看着我，看孩子们的眼神他们大概也知道我为什么着急吧？我想孩子们是知道的。

这一天是亦喜亦悲的，生活的滋味总要让你尝个遍。

乐在其中

2005 年 10 月 25 日　　星期二

早晨在孩子们搭积木的时候，我弹着《爱的纪念》。时间一长，弹琴的手难免会有些生疏，可今天我弹得很流畅，忽然发现一个人有感受美、领悟美的能力，那么他看到世界万物就会油然而生一种爱意，滋生一种呵护的欲望。人应该常常能体验到一种美，感受体验的舒畅，就像弹奏乐曲时的悠扬，就像绘画时的投入……教育就是一种思想的"侵入"，一种精神的"渲染"。我想起了苏格拉底，能从人的内心拉出人的"善念"，诱出藏在人内心的智慧。

虽然在弹琴，但我还是时时注意观察孩子，大多数孩子都在井然有序地搭着积木。这几天孩子们都着迷于将这种火箭状积木搭成圆桶状，可以当帽子，可以在里面装东西，可以当成房子，一个个竞相模仿。自从我上个星期偶尔看见浩宇在隔壁卧室看书很认真的样子，在晨间活动时予以着重表扬以后（主要是为了让他在孩子们心目中也有一定的位置，让所有的孩子都知道，每个人都有自己长于别人的地方），这几天浩宇一来就在图书区域看书。今天又有好几个人在那儿认真看书。我要求搭积木的孩子不能到隔壁卧室里去，因为那儿是看书的地方，需要安静。喜欢跑来跑去的沐捷、调皮的雨凡居然也一声不吭地在那儿看书，今天的晨间活动时我又着重地表扬了他们。我希望从侧面让我们班形成爱看书的氛围，更重要的是让孩子们知道老师随时都在关注他们，及时发现他们的优点，也有助于老师在孩子们心目中建立良好的威信。

今天的数学活动包含集体动物拼图、个别作业拼图、玩具卡拼图，活动内容的量太大。家有孩子的人都知道，两两拼图对这么大的孩子来说已经是"小儿科"了。将一个动物剪成两半，不用猜就知道孩子一定能拼好。于是我取消了集体动物拼图，一开始就让孩子们进行作业拼图。作业拼图也很简单，脚对鞋，红色的脚卡片对红色的鞋卡片，脚的形状对鞋的形状，两张要拼的图片有这么多的参考元素帮助孩子们拼。最简单的是看颜色，一看就知道谁和谁连线，还可以看物体的作用，最难的应该是看物体的形状。如果每个孩子都能认真思考，有良好作业习惯的孩子一定很快就能将作业做好。不出所料，许多孩子很快就将作业做好了。我统计了一下，只有 7 个孩子没有做对，看其作业情况，就知道他们根本没有看图，只是乱拼一气，而如果这些孩子回到家中，有父母站在一旁，这个作业一定能做得又快又好。那么这些孩子身上少的东西比这个知识本身要重要得多。

中午骑车回家的路上，我忽然看到桥头有麦芽糖（小时候吃过的饴糖），买了一点儿，听着那个小砍刀敲打的声音仿佛又回到了从前。一个白发老奶奶凑上来看，一脸快乐地说："哦，这还是我小时候吃过的东西了。"有一种很特别的情绪从心底升起，我赶紧拿了两块放在老奶奶的手中，想让她和我一起体会一下过去的感觉。她连忙摆摆手后又欣然接过，一边说着："多神谢谢（土语）。"我想起小时候常常要凑齐许多废旧东西才能换得那么一小块麦芽糖，突然有一个人和自己有同样的感受，我兴奋、快乐得无法形容。

我们中三班的 QQ 群在我的倡导和月月妈妈的创建下成立了，第一天大家交流的感觉很好。

淡淡的野菊花

2005 年 11 月 22 日　星期二

同学托人给我捎来了一篮子野菊花，并电话吩咐我："用盐水洗净后晒干，给孩子做个枕头，安神用。"

中午我坐在阳光里给野菊花剪枝，一朵朵金灿灿的花朵从手头飘落。儿子很耐心地帮我找来了袋子装剪下的花枝，还不断提醒我："小心，不要掉在地上哟。"我安于和同学之间的这种默默的关怀，虽不常见面，也没有什么人情往来，倒是多少年都没有淡忘。彼此之间淡淡的、浅浅的一个电话问候、一个嘱咐、一个捎信……却也快有二十年了。我看着儿子耐心地等我剪的花枝，想着不远处的朋友，觉得自己很幸福。

今天的数学活动是"星期几"，活动通过星期一到星期日的卡片认识星期一到星期日及其顺序，然后通过童谣"星期一，猴子穿新衣；星期二，猴子肚子饿；星期三，猴子去爬山；星期四，猴子去考试；星期五，猴子去跳舞；星期六，猴子去遛遛；星期日，猴子过生日"的记忆将之与文字的星期几相连。感觉到来自孩子们本身的对这种有知识含量的内容的兴趣，我通过"今天是星期几？"的提问自然导入活动，再用"昨天是星期几？明天会是星期几？后天是星期几？"引出其他的日子；同时出示早上刚刚写好的卡片，帮助孩子们初步认识文字星期一到星期日，然后通过我手中卡片的排序了解星期一到星期日的顺序。在这个过程中，我发现孩子们对于星期一到星期六都能根据数字的印象而感到熟悉，而对于星期日却感觉陌生，于是通过游戏"快速认识星期几"（我抽出卡片，孩子们快速认出来），高频率地出现星期日，帮助孩子们认识。

我通过提问"你还在什么地方看到过星期几"引领孩子们尝试运用生活中的挂历或日历来协助自己了解星期，这时我发现孩子们对于这个问题并不是很了解，但又渴望了解。当我出示挂历的时候，孩子们一开始并不能从细小、繁多的数字当中找出哪个表示星期几，许多孩子常常将几号误认为是星期几。于是我引导孩子们发现几号与星期几的区别，而这个认识立刻转变成活动的重点。我知道活动的这个知识点如果深入下去的话，今天方案中的操作一定是来不及做了。但是活动似乎是浑然天成发展到现在这个层次、这个状态的。孩子们发现了几号与星期几的区别后，还发现星期六与星期日的颜色与其他日子的颜色不一样，而且还发现他们的排队并不是像我们一开始排的那样"从星期一到星期日"而是从"星期日到星期六"。（后来发现如果在此丰富孩子们有关星期日到星期六排列顺序的由来也是应当时之需的）

今天的操作活动被我临时改成在挂历中找星期几，在十二张桌子的每张桌子上放一张挂历，让孩子们一起寻找我所说的星期几。我说"星期六"，他们找出星期六；我说"星期三"，他们找出星期三。在活动中我发现如果哪一张桌子上有一个孩子先找到，那么其他孩子就能很快找到其他的星期几；如果一张桌子上没有孩子能够找出，那么可能大家在下一次的找寻之中还是不能很快找出，孩子们已经在进行同伴学习了，而且同伴能够影响孩子们对知识的把握和消化。（原因有很多，有一点大概是孩子多，老师的引导可能没有相邻孩子的影响来得更深刻）

操作卡片中的作业就放在活动时间来进行了，这次的操作作业需要孩子们先记住童谣才能顺利地操作。那些在活动中注意力不集中的孩子（有的操作作业可以凭着头脑灵活操作完成），这次操作作业的完成就不那么顺利了。

这些天这几个问题总在我脑海里转悠：有哪些因素影响老师对课程的主动把握、整合意识与开发的自由度？什么是老师个性化的教学风格？什么样的备课形式、活动形式才能更好地发挥老师的个性化教学？

我怎样为自己狡辩

2005 年 11 月 24 日　　星期四

今天有数学活动"上下，前后"，对于中班的孩子来说这些内容不难。孩子们果然对于谁在上面、谁在下面、谁在前面、谁在后面了如指掌。活动中我有意先请了两个孩子，再请了三个孩子，到越来越多的孩子，而提问不是"谁在最前面，谁在最后面？"这么简单的问题，也不是"谁在我前面，谁在我后面？"的问题，而是增加了问题的维度和难度，如以隔着几个人的两个孩子为题发问："谁在谁的哪儿？"哈哈，孩子们果然傻眼了，没有那么好回答了。不是以我为中心说前后，也不是以简单的两个人说前后，而是以有一定空间距离的或有间隔的两个人之间说前后，他们还必须看清小朋友的朝向才知道哪儿是前，哪儿是后。于是他们一个个仔细观察起来。我常常乐意如此地"难"住孩子们，以激起他们好胜、好奇进而认真观察的心情。

今天有孩子带了一只螃蟹到幼儿园来，大概是昨天的美术活动画螃蟹的延伸。一只螃蟹引得孩子们在活动室里尖叫，整个活动室里吵闹声沸腾得简直没法待了。我几次提醒无效，轻呵几个中心人物，等孩子们的声音略轻以后我随口而出："把螃蟹扔到外面去。"孩子们终于静了下来，我想他们一定在想扔了螃蟹多可怕。我接着说："我是要把螃蟹扔到外面去，你们看你们多吵呀！"转念一想，我给大家讲了一个故事，一个《狐狸与乌龟》的故事。狐狸说："我要用石头将你的壳敲碎，吃掉你。"乌龟说："我不怕，不过我最怕别人将我扔到河里去。"狐狸哈哈大笑："我就将你扔到河里去。"可是乌龟一到河里就笑了。小朋友们一愣，一下子没有转过弯来："哦，我知道了，乌龟是会游水的，所以它喜欢在水里呀。"我又接着说："你们刚才那么吵，不仅对你们的大脑、耳朵不好，螃蟹也不喜欢，我还不如把它扔到外面的河里去呀。"哈哈，孩子们上当了："螃蟹喜欢在水里。""螃蟹喜欢和它的螃蟹朋友在一起。"我灵机一动又想到"爱动物就要远离动物"这句话，于是说道："是呀，就像老虎就喜欢和它的老虎朋友在一起，它喜欢不喜欢和你们生活在一起呢？"孩子们说："不喜欢。"我说："是呀，有人说老虎吃人，是不是老虎爱吃人呢？"孩子们想了想："不是，是因为人要去碰它，它以为人要去伤害它。"我说："是呀，有的孩子说，好呀，老虎不吃人，我就去摸摸它，行不行？"孩子们说："不行，老虎不喜欢，它不喜欢和我们生活在一起，它喜欢生活在森林里。"我又说："对呀！就像你们喜不喜欢生活在森林里？"孩子们齐声说："不。"我说："你们喜欢和爸爸妈妈生活在一起，和小朋友生活在一起。"孩子们懂得了动物们喜欢和自己的同类生活在一起。我又和孩子们讲了老虎吃兔子，如果没有老虎吃兔子，兔子会越来越多，而兔子越来越多又会怎样的故事。虽然老虎吃兔子，可是老虎年纪大了，死了以后会化成肥料滋养小草，而小草又会被兔子吃，孩子们还记得辛巴爸爸的这句话呢。哈哈，我就这样为自己狡辩，而不会让孩子们认为我说了过头的话。

我感冒的症状越来越轻，早晨开始活动时，还听见坐在第一排的小畅说："你今天真漂亮。"我看看自己与往常没有什么两样呀。以前因为他与小朋友的敌意交往或者是因为他活动中的好强或占有欲，常常会提醒他或批评他吧，我是感受到了他对我的"远离"心理的。对于孩子们，我总有一种"征服"的心理，我想我一定会让你认识我的，你一定会感受到来自我的好意，因为我是公平的、公正的。今天我终于品尝到这种幸福的滋味了。

我给孩子过生日

2005 年 12 月 12 日　星期一

人天生是有一种保护欲的，包括孩子。当遇到孩子跌下来的时候，当孩子要打针的时候，当孩子遇到难题的时候，我们总是习惯于说："你真勇敢。""不要怕。"我们习惯以一种我强你弱，我能做到而你需要帮助的心态去帮助孩子、保护孩子、教导孩子。今天我在窗边一边晒着太阳，一边看着远处的孩子，一边和身边的孩子随意说着。"老师，我打针不怕，我不哭。""老师，我也不怕，我很勇敢。""哦，是吗？我可不是，我小时候最怕打针了。"孩子们"哈哈"地看着我。"呵呵，我长大了还是怕打针，怕疼，打针是不是疼呀？""一点儿也不疼的。""是吗？不疼？不会吧？"有孩子想了想："疼的，但是不要怕，一会儿就好了。""生了病不看可不好的。"其实我心里知道孩子们说"我勇敢，我不怕"是一种调节心理的方式，当我把问题交给他们，把自己变成一个害怕打针的人时，他们的角色也立即变了，变成了安慰和劝导你的角色。或许有时候我们可以尝试着在孩子面前做个弱者，以激发孩子做个强者。

今天是郭丽的生日，一大早他的妈妈就来询问要买多大的蛋糕才够班上的孩子吃。下午他妈妈就带来了一个很大的蛋糕，我表现得很淡然，常常觉得这样的庆贺方式并不是很妥当。为了给带蛋糕的孩子过生日，大家不仅会为过生日的孩子唱生日歌，也常常会在这一天不自觉地对他忽略一些常规要求，还会请他分发蛋糕。对于过生日的孩子来说，难免产生一种优越感，或者会对老师的态度产生不明朗的感受，而其他孩子难免会产生"我也想这样，我下次过生日也要到幼儿园里来过"的想法。事实上有许多孩子正是这样要求父母后才在幼儿园过生日的。孩子们产生这样的攀比心理，对于那些父母不能满足自己在幼儿园过生日的孩子来说又容易产生自卑或其他不好的心理。

轻轻地唱着《生日快乐》的歌，我问孩子们："你们知道我们这首歌是唱给谁的吗？"坐在郭丽旁边的小朋友大声说："今天是郭丽的生日，是唱给他听的。""这首歌是唱给所有今天过生日的孩子的，你们猜除了郭丽小朋友过生日以外，还会有谁过生日，还会有哪些地方的小朋友今天过生日呢。"我说，"还会有其他班的孩子，还会有其他幼儿园的孩子，还会有如皋其他地方的孩子。"孩子们接着说："还会有南通的孩子。""还会有南京的孩子。""还会有上海的孩子。"……我接着说："还会有外国的孩子，会有美国的孩子。"孩子们接着说："会有英国的孩子。""会有澳大利亚的孩子。"……我说："那么我们来为所有今天过生日的孩子唱一首《生日快乐》吧。"孩子们大概已经淡化了对应该是主角的郭丽的羡慕吧，郭丽大概也已经淡化了过生日的那种得意或者优越感吧。大家就像平时吃点心那样分发蛋糕，享受蛋糕。我看着郭丽静静地等待着自己那一份，就让他过一个淡淡的生日吧。我也没有请他这个主角来给孩子们分发蛋糕，因为我希望每个人都是主角，包括我。

兴宇忽然抱住我："我喜欢你。"哦，我还不太习惯这么热烈的表示，我也常常小心翼翼地面对和回应。我怕孩子们只因为我是老师才说喜欢我，我渴望得到一些平等的爱。可我能够感受到来自身体与神色的一种有生气的真诚与热烈。忽然，一股甜甜的掺杂点儿兴奋的暖流倏地淌过，我和孩子们激动地唱起了音乐中正播放的《三只猴子》。咦！元旦歌唱比赛的时候就可以用这首歌呀，三个孩子表演猴子唱前面的句子，妈妈们唱后面的"赶快下来别再跳"，爸爸们扮演医生唱第四段歌词。一个很好的表演唱节目就在脑海中酝酿成了，人激动的时候思维的火花也常常会乱蹦。

和阿姨的聊天

2006 年 1 月 6 日　星期五

前一晚屋檐上留下了一层薄薄的雪，今天早晨却给我们带来了阳光。天气特别冷，孩子们也来得晚了，中午我和许阿姨坐在门口的阳光里聊天。我和许阿姨一说话总是在说孩子，说起每个孩子的个性，说起每个孩子的发展情况。两个人无意中提起那个星期天在小区里玩冰的事，还记得那天我们是带着孩子们到那儿的一个亲子园去看看，谁知道看到那个小区里有一条人工小河，因为它很浅而变成了一条冰河。获得意外惊喜的我们立刻就奔到那条冰河里去了，摔冰、滑冰、扔冰……正玩得开心的我们遇到了荣捷和她的妈妈，原来她们住在这个小区，她们热情地想请我们去她们家玩。看孩子们刚玩得起劲儿，我们就说一起在这儿玩会儿吧。大概不好意思回绝我们，荣捷的妈妈就让她来和我们一起玩，其实看荣捷的眼神就知道她的心早已经飞到冰那边去了。荣捷一开始玩，我就发现她妈妈唠叨个没完，一会儿那儿不能走，一会儿那个不能拿；一会儿衣服要湿的，一会儿嫌冷说你别去……我说："其实她的妈妈是不赞同孩子去玩的，只是不好意思反对我们。"许阿姨说："是的。"我说："她其实还想等我们一起去她们家坐坐，又没有想到我们真的让孩子玩。"许阿姨笑了："本来她不想那么明显地表示反对我们这样做的，可是看到我们对孩子那样放肆地玩冰没有反应，实在看不过去，连最起码的礼貌打个招呼都忘了就走了。"我说："她大概认为我们是怪物，怎么连孩子都不管呢？不屑于和我们同流合污。"

　　许阿姨又说到今天宇婷奶奶特地来帮助起床的宇婷穿衣服的事情，当时我委婉地对她说："宇婷挺懂事的，她自己会穿衣服呢！"听了我的话，宇婷自己拿过要穿的裤子要自己穿，可是她奶奶仍然要帮她穿，她就开始感到不好意思了。我说："会穿衣服的孩子手才巧，多动手头脑也会变得灵活。"旁边的两个小朋友也跟着附和："自己的事情自己做。""会主动穿衣服的孩子才会主动学习呢。"许阿姨跟我说："你走后她奶奶说，'学习有什么用，我三个孩子都是初中水平，不都混得很好吗！房子很大，钱也不少，反正一辈子用的都够了'。"我们两个人叹息这样的家长该怎样去转变他们的观念呢？他们能够包办孩子的一辈子吗？他们什么时候才能明白呢？或许他们一辈子也不能明白，因为他们感受不到孩子可能会遭遇的心情和心境。

　　我现在正着手写评语，这样的孩子评语该怎么写呢？突然意识到孩子并不认识字，我们所写的评语还是面对家长的。许阿姨说："是的，还是给家长看的，大多是一些好话。"我和许阿姨你一句我一句地讨论起来。"是呀，看后就放下了，没有什么影响。这样的评语还是一种形式主义。""评语就应该好的方面、不好的方面都写，这样家长对孩子的情况才能全面了解。""写好听的大家都开心呀。咦！你说评语改成写给家长的一封信，比如对孩子的教育有什么建议，或者写写孩子的发展对策什么的是不是更受欢迎？""是的，这样家长就能从中知道一些教育方法。""而且是有针对性的，针对他孩子的。""这样就不叫评语了，叫什么好呢？"谈话总是有许多收获，如果评语变成这样，或许更能发挥其效果。

感慨"惩罚孩子收玩具"

2006 年 1 月 20 日　星期五

　　不知什么时候我发现了这样的现象：有些调皮的孩子将玩具玩得一地都是。如果你遵循谁弄的就请谁整理干净的规则，罚他在这儿将玩具整理干净，过了一会儿你就会发现，你们在进行活动，他在一旁有滋有味地慢慢收拾，并不着急收拾好，甚至收拾一些，再玩一会儿。或许这时候你会异常生气，说他一句，然后再继续你的活动，过了一会儿你会发现依然如此。你完全猜测不到现在孩子的心理，和你早先想的已经完全不一致了。最后你会不得已请个乖巧的孩子快点收拾以便快点继续活动而结束你的惩罚。

教育中是不是有这样的烦恼：现在的孩子到底怎么了？让人不能理解了？想想我们小时候或十年前的孩子是多么单纯哪。不同时代的孩子心理也有了变化，用以前的眼光和教育措施来对待他们已经不管用了，可是我们老师学习的教材依然还是以前的，幼儿心理学、幼儿教育学依然还是那一套，这该谁来研究呢？

　　仔细分析可能也不仅仅是孩子方面的原因，造成这种现象的因素有很多。"说明孩子玩玩具的时间、空间还不足够呀。""那就让他尽情地玩吧，玩中不也能学吗？""让他们尽情玩的话，整体活动又怎么能进行？如果鼓励玩，其他孩子肯定也要玩，大家都想玩，是不是集体活动就不进行了？""不就可以生成玩玩具的活动吗？这是顺应孩子的兴趣点嘛。""那么计划的活动该怎么处理？""这样单调地玩玩具有意思吗？""那么就引导孩子来玩呀！""可是老师一引导，孩子对玩具的兴趣似乎就被泼了冷水一样。""就这样什么都顺着孩子的意愿，对孩子过分自我有没有影响，会不会容易造成孩子任性？遵循孩子的意愿是不是也要看在哪方面或者是不是也要有个适当的度？""遵循孩子的意愿是不是也要看整个社会、家庭的教育背景？像我们现在社会普遍对孩子比较顺从、迁就的情况下，是否需要调整对孩子遵循的度？"……很多声音在争辩，结论只有一点：这样的现象是环境的产物。孩子多、玩具少、个人空间不足、自由选择机会缺乏或更多家庭、社会环境影响等复杂的原因造成了孩子这样的一种心理状态。

　　事实上在生活中我还得继续必需的计划活动，我通晓孩子这样的心理，总是让他回座位准备活动，让动作更利索的孩子来收拾以方便我更快地进行准备活动。我不知道用个人的力量如何改变这种状况，所以下次遇到这样的现象我依然会如此，哪怕我心里在渴望着改变。

对话、工作、价值

2008 年 8 月 31 日　星期日

　　一样东西在每个人的生命中都有着不同的价值定位，比如工作。工作和生活哪有那么多界限？我当然不主张什么奉献，更认为工作时间必须有确定的长度、应该有彼此确定的职责分工。但这只是对于管理和制度而言，对于自身而言，工作不是这么冷冰冰的，它应该是温暖的、有弹性的、可以享受的。工作本就是人生活的一部分。

　　每次开学，不管是忙着搬教室、收拾整理教室，还是忙着接待家长和孩子交费注册，我时常感觉到周围每个人对于工作的不同态度。

有些人对于搬教室、收拾整理教室是恨不得立刻做好的，对于教室里的东西，脑海中大概早有了层次分明的分类、放置位置，于是巴不得快些搬运整理到位，快些享受整理完那一刻的畅快感受，或者快些可以安静下来，带着希望和欣喜的心情思考新学期自己的设想和计划。这些人可能到了下班时间仍然没走，但绝不是想奉献，相对于那些不管事情做完没做完一到下班时间就走的人来说，这些人过得更自我、生活得更主动，或者从感受上来说更愉快。因为他们可能是在享受或者至少有一部分在享受，甚至连抱怨也是有种味道的。还有些人总是心猿意马地做着手中的事情，或者张望着什么时候到时间可以走。这种感觉里面绝没有一点儿享受，大多是在遭罪，生活由此而疲惫起来。每次看到前一种人，我总有一种由衷的感动，哪怕是搬运整理也成了一项有成就的工作。遇到这样的人，生活都变得更阳光起来。

被动生活和主动生活着的滋味完全是不同的，哪怕遭遇的是同样的事情。

接待交费注册的孩子和家长的时候也是如此。有些人总是能及时用眼睛的余光关注到自己班上的家长和孩子，哪怕是在空闲做其他事情或者聊天的时候。他们或轻盈地走过去，脖颈和脊背之间有种不卑不亢的姿态，但前倾的姿势却有一种接纳和包容；他们或轻轻地示意家长和孩子坐下，微笑中一只手不自觉地去拉拉孩子，里面有一种久不见的想念和亲切。不管是在什么时候，他们总是在积极地回应着自己班上的或将是自己班上的孩子和家长们。这种回应带来的是一种温暖和接纳，但不是迁就和顺从。每次我无意中看到某个老师这样的神情和动作，内心充盈的总是感激，生活因此多了一些美好。

环境布置的时候也是这样。如果纯粹是装饰性的环境布置，我觉得这并不是幼儿教师必备的一个技能。但当条件不具备时，老师自己布置环境的过程，也可以是一种主动创作的过程，不管是否擅长美术。因为即使不擅长美术，也可以通过多种途径寻找现图，而寻找的过程不也是欣赏、判断的过程吗？在将这一切用各种材料呈现在自己面前的时候，当然也可以享受那完成的喜悦。

对我来说，最好的享受就是流通的、积极的对话和交流，这会带来完全的精神上的足够的愉悦体验。相对于陌生的、不熟悉彼此的朋友来说，能和身边熟悉的、了解的相知朋友对话和交流，更能切于真实和真相，所以才能带来更欢愉的情绪。

我更愿意将工作或其他事情当作一种自我的创作，享受那种过程中的静谧的甜蜜感受。我更愿意和乐于这样工作的朋友在创作的过程中对话和交流，享受那种对话时空气中弥漫开来的痛快和舒畅。这不仅仅是一种希望，更是一种渴望。

环境布置的背后

2010 年 9 月 5 日　星期日

每年到开学，我面临的必然是环境的重新创设。环境的创设有幼儿园的大环境和教室的小环境，因没有充分的思考和准备，每学期的开学总显得仓促而不是从容。

总难免有某种求全的心，我总觉得要有充分的预知和准备，才有从容的开始。

再次面临环境布置，我觉得形式上的美似乎不那么重要了，更在意形式之下环境所应彰显的文化内涵。

当然色调、造型上的和谐之美是必需的，但似乎历年来从没有考虑到环境所真正承载的意义。

即使是形象的塑造也是可以和孩子的内心相呼应的，所以布置中的更多形象要讲究饱满，讲究圆润，体现出可爱和稚拙，就如许多绘本作家创作的绘本形象那样。

圆滚滚、胖嘟嘟是孩子的象征，更能让孩子认同。所以环境布置中的形象也需要具有这样的特点。我们画上圆滚滚、胖嘟嘟的鱼，进行黑白节奏的装饰，写上可爱字体的儿童诗，让更多的老师和家长了解更多的适宜3～6岁孩子的诗歌，期盼通过环境让穿梭于其中的家长和孩子不知不觉地被浸润。

一年级的儿子没人带，跟在布置环境的我们后面，他看着我们画鱼，在胖嘟嘟的鱼身体上写诗，突然"诗兴大发"："妈妈，鱼把这些字都吃掉了，把肚子吃得饱饱的！"于是就有了一首《好吃的字》：有一条鱼/发现了一堆好吃的字/它吃啊吃啊/怎么也吃不完/它把朋友全喊来了/一起吃/终于吃掉了/把肚子吃得饱饱的/游不动了。"所以就留在了我们幼儿园！"我给诗加了最后一句。

这样的诗可以拿来做儿童诗的解读，带领更多的孩子来创作属于这个年龄阶段的诗。

我们不再纠缠于形式，而是关注形式之下的内容。

我不断预设我的教室：它必须要有安慰的功能。对于刚入园的孩子，一定要有孩子家庭的熟悉物或者家人照片，成立倾诉区域；要有建构的地方，没有孩子是不喜欢建构的；要有扮家家的地方，刚从家里来的孩子没有不熟悉家庭生活的，他们正是处于模仿家庭生活的时候，在这里他们可以展现他们已有的生活经验；环境里的形象需要符合这个年龄段的儿童形象，能够与孩子相融；环境里还必须考虑进对新生家长的指导和引领……

一切亲力亲为，只会使自己的思考日渐清晰。

对于3～6岁的孩子来说，更能引起他们认同的应该还是具有象征性特征的诗，比如斯蒂文森的《积木城》、米尔恩的《坐椅子》、绘本《提姆与莎兰去野餐》……

我想起瑞吉欧课程的理性偏向，艺术感动兴发的缺失，尤其是文学艺术感受体悟的缺失，那么在我的主题活动里，是否可以专门有"象征性诗歌"的感受、触发的想象和联想？比如《坐椅子》，如果你有这样一把椅子，你会变成什么？

那么象征性诗歌，引发的必将是象征性游戏的开展。那么自发的游戏旅程或许私下里在孩子的群体之间开展得更加充分。（尽管现有的条件没有开展游戏的条件，但孩子真正的游戏还是在自发开展着，只是情节发展无法拓展而已——观察中一班娃娃家区域感受。）

那么进行此类诗歌和绘本的归类整理，是必要的。

3～6岁孩子体现的最主要的特征就是象征，只要把握了这个秘诀，那么不管是哪个领域的活动，只要融入了象征性游戏，没有不能轻松、自然、自发、自由地进行的。

自由与规则之间

2011 年 11 月 6 日　星期日

何是自由？何是放纵？何是必需规则？何是强权控制？何是孩子内在的秩序所需？何是成人内心的控制所求？何是秩序之下自然衍生的威信？何是强权之中人为需要的威严？……

"度"，在孔子看来"过犹不及"。可又如何把握实际细节行为的"度"呢？

细思之下，对于我这个偏于"理性"的人来说，我觉得"度"的把握还是依赖于人对事物、现象之真相的洞察程度！

从上个星期起，每天早晨，昊然都会以自己的方式缠住送他来的妈妈。他在园午餐，头一个星期都相安无事，他的妈妈很高兴。因为他在家吃饭、午睡都是问题。后一个星期，他感冒咳嗽，休息两天后来园，每天妈妈都是在他吃完饭后带他回家吃药。再后来，他每天早晨来，就开始和妈妈纠缠了。他想吃完饭让妈妈接回家。

从我们大人的角度看来，这孩子，回家吃饭尝着甜头了，于是想通过任性来继续自己的这个诉求了。他的妈妈也是一个理性的妈妈，所以每天早晨都和孩子在楼下长谈一番，不肯妥协，哪怕孩子哭着也会决然离开。这是以往老师们最想看到的父母对教育的支持方式。

进了教室，看似不哭的他，却一改以往上课活动时凝神静听的状态，呈现躁动不安的状态。

只不过，他每天早晨的纠缠开始不断升级。这不是个糊弄、哄骗就可以了事的大男孩。他头脑清晰、冷静，思维敏锐、灵活，平日里是个秩序感相当强的孩子，上课对规则很敏感，操作活动中的操作也显现出他的思维条理清晰。

那天，妈妈一走，他大哭不止，如何也不肯停下，但似乎不是那种痛彻心扉的哭，有更多闹的成分。我看着他，让他停下哭来。他看看我，仰头继续。我说："你得让我知道你心里想的是什么。"他又看看我，继续哭。我说："你得告诉我你心里想的，然后我才可以和你妈妈谈一谈。"他终于停下来，听我说。

有时候，我们大人太聪明，对孩子的心思心知肚明，所以就偏偏不给孩子诉说自己要求的机会。是不是他们就以这样那样的方式来表示抗议？

我问："你不想上幼儿园？"他摇头。

我又问："你不想在这里吃饭？"他又摇头。

"那是什么？"我反问。"我不想在这里睡觉。"他很清楚自己心里要的是什么。

"我可以和你妈妈谈谈，但我只能谈一谈，不能保证她会同意你不在这里睡觉。"我说。说实话，这会让孩子安心，他回到教室里去上课了。

其实，我的心里也在思索：让孩子不在这里睡觉，就是放纵孩子吗？一定有许多老师会这么认为。孩子中午非得睡觉？这成人的认定就是科学的？就昊然来看，他在学校里并没有显现任何任性的行为，他为何要在这件事情上纠缠？大人能不能创造条件让中午不想睡觉的孩子得到满足？中午不想睡觉的孩子是不是不听话、任性的孩子？

而凯又是个和昊然完全不同的孩子，他月龄相对小一些，也是班级最后来的几个孩子之一。每次婆婆送到这里，他都要那样哭上几声。每次同班老师都会迎上去拉住他的手，过了一会儿，你就会看到他游走于教室的各处去了。有时，生活老师从婆婆手里接上他的手，他就会喊着要打电话给婆婆，呵！婆婆还在旁边哪。生活老师哄着他："好，马上打电话!"止住哭的他，就会一如既往走开了。

他啊，在上课的时候，很少会朝向老师，他还都是转过去逗别的孩子呢。仔细看他的眼神，其实是有一点儿"狡猾"的。你让他转过来，他就转过来，可没过多会儿，他会依旧如此。

那天，他又是如此哭着进了教室，那边老师开始上课了。我拉着他的手进了卧室，眼睛看着他的眼睛，很轻声，但很认真和严肃地说："你知道你婆婆过会儿会来接你。"哎？这个态度引起了他的好奇，他停下哭声看看我，想想，开始了比刚才更响一点儿地哭。好吧！我等着，他哭着吐痰，我拍拍他的背。见我没声响，（他一定是听惯了哄骗。谁见孩子哭不烦呢？所以都会想用哄骗快点儿结束它）他声音轻了下来。我继续以确定的语气说："你知道你婆婆过会儿会来接你，所以不用打电话。下午来，也不用哭了。知道吗？"

他看看我，不哭了，点点头。下午我注意到，他来的时候并没有哭。

人终究是复杂的，孩子也是。每个孩子的哭，每个孩子的闹，每个孩子所谓的听话……都有着其各自不同的缘由和心理动态。凯哭，可能是在家中引起大人注意，或显现自己掌控大人的某种力量。这样一种错误的行为应对模式，给予其一点儿严肃、冷静的指令，会协助其提升对自我的认识，清晰地调控自己的状态。

而昊然，在他和妈妈纠缠的行为神态中，鲜有任性之流露。相对内敛的他本来自身的适应期就相对长一些，他已经在努力控制自己，不想在园睡觉的态度很是坚定。他不是稚轩那样的小女孩，哄骗着就睡了，醒来照样开心地参与活动。

那天，妈妈决定在昊然吃饭后接他回家，妈妈说："他开心得跟什么似的！但一定不是那种任性得逞后的开心。"

小睿，完全是因为过分包办代替导致的自身能力滞后，不想在园就餐和午睡，他可以一个中午就那样坐在那里。他实际年龄并不小，但心智绝对很小。他每天早晨哭着，忘了，再哭……每天拿着自己的橡皮泥桶，就那样跟随班级的孩子到这里，到那里。他的这种表现，完全是家庭教养方式所导致的，是教师暂时无法改变的。这个星期，他暂时中午回家吃饭，整个人的状态洋溢着喜悦，甚至会在自由活动的时候，来和老师唠叨几句口齿不清的话。只不过，他朝向美好事物的状态还需要漫长时间的转变。

他和幼年时候就待在托儿所长大的楠不同。楠只是缺乏真正的关注和爱，只要老师在自主活动时耐心地回应他的话茬儿，多给他一些温柔就足够去改变他游走和游离的状态。的确，和同班老师一起以这样温和、关注的态度对待他，他如今上课的状态已好很多，时常还回应老师的问题，时常吵着要听老师讲故事。前几周，他总是叫老师来帮他连接雪花片拼插的火车，我想他这种行为背后更多的是想要获得某种温暖和接近。这个周一，他拿着很长的雪花片火车来问："这是谁拼插的火车？"我看看，表示疑惑。他接着很自豪地说："我——楠（他的名字）！"

周四，他大声地说："我家里有好东西！"我说："太响了。"他转而轻轻地朝过来："巧克力。"我睁大眼睛望着他："真的？"他说："真的！"一派天真。

我时常在孩子的天性和孩子需要遵守的班级规则之间游走。

我努力去观察和体悟孩子，试图洞见他们行为之处的真实，然后决定自己与他们之行为的态度。

的确涵动嘴咬的行为模式是偏差的、错误的。老师需要表明的就是对这种行为的厌恶。老师无须掩饰自己内心对这种行为的真实感受，因为这不是对孩子的，而是对这种行为的态度。

"我是超级奥特曼！"他朝向我。

"奥特曼去弄点儿吃的东西。"我表示不喜欢奥特曼，似乎对他并没有什么效用，他是浑头浑脑的小龄孩子。所以改变方式只能是——"和平演变"。

过了一会儿，他果然煮了一条鱼来，我表示很喜欢。

周四，他愣头愣脑地跑来："我不打你，我保护你呀。"你和他能着什么急呢？他啥也不容易进入大脑。他就是个愣头青。要说，这种所谓的义气和英雄情结，到了青春期没有好的引导，是成问题的。我心中常有无奈之感，但活动中还是得要"正面教导"他。嗯！是的，我从他的言辞中间，已经找到他平日里和家中大人之间的言语应对模式，他对正面教导很有反应。比如说："你要做好孩子哟。"他会点头，还会坐好。

小诚，上次同班老师对他的好朋友对老师打枪表示很不喜欢之后，波及了他。虽然老师没有针对他，但他却不再拿枪对着老师。周四那天，他拿着一把雪花片拼插的枪，说："我不'砰'就不是打你的。"我笑笑。他对规则其实是很敏锐的。事实上，自那之后，他再也没拿枪对着大人。那为什么上课的时候，会不专注倾听呢？有可能就是需要老师严肃、分明的态度。

小美，一个好强好胜的姑娘，一直在幼儿园要做得最好，安静的时候要表示自己最安静，心中总是要想做到那个最好。从她的行为处就感觉到了她的累来。她发现这样并不能获取更多的个人关注，这里还有那么多孩子。她表现出了她内心的不高兴，不情愿。她表示不想来幼儿园了，这里没意思，她开始黏着妈妈。周四那天，她不肯妈妈走，于是耐心的妈妈陪了她半天。她其实有吸引大人注意、以自我为中心的心理状态，其中还包含着她的任性。她还是一个极有自尊心的孩子。下午，她依旧，但最后表示要妈妈和舅舅一起来接。她还是在努力调适自己的心理，提出了一个要求来缓解自己的心理。

我时常想起《夏山学校》里的尼尔先生，我会问自己：我能像他那样忍受孩子的嘈杂和哄闹吗？

我的答案是：我不能。我不能掩饰我内心的真实感受和真实态度。我喜欢宁静。我喜欢孩子能够宁静专注地感受、享受美好的事物。我喜欢课堂里孩子朝向美好事物的专注眼神，以及眼神里流露出来的无声回应。

但是，我不要那种控制之下的安静。这些孩子们，他们自己已经有各自家庭环境的浸染，而家庭教养所形成的各种各样的行为应对模式，在这个新的班级群体里，要遭遇一个磨合和重建的过程。

我试图这样描述：有的孩子因为家庭对孩子秩序的遵循，所以自有规则意识，会自觉地感知教室规则。而更多的孩子身上有着包办代替、祖辈溺爱、父母认知要求过于严格等原因造成的各种行为和状态问题。那么他们同在一个群体里生活，就必然要遵循一个群体生活的必需规则，底线是不能伤害他人，继而是不能影响他人。每个教室，因每个老师，都会有自己的教室价值观，通过老师的肯定与否定，它必然会去影响孩子的朝向。很多老师往往容易陷入佐藤学所说的"儿童主体性神话"当中，认为孩子的一切都是天性，认为一切天性都是好的。

教育是什么？教育就是教师对孩子的人格审美影响。所以在我的理想目标里，孩子在这个放松的环境里，首先需要的是信任和安全；其次需要的是放松，彰显本来的我，哪怕是那个已经在家庭里宠坏了的任性自我；最后需要的是，慢慢朝向教室里的那个美好，回归孩子真实的天性所在——秩序。

就如我们每天排队一样，孩子并不是经由拉衣服机械地朝前，慢慢形成一种惯性动作——排成整齐的队伍。他们身体自由地朝前，然后自主感知排队的规则，控制身体方向、逐步掌控自我，排成一条队伍下楼做操。结果看似一样，过程完全不同。

在自由和规则之间，同行问我，我班上有规则吗？人天性中有秩序，班级哪能没有规则。

早晨入园的时候，孩子可以自主选择自己想要进行的活动。我希望我能在这个时候和孩子一样做自己想做的事情——专注弹奏钢琴，或者看点儿要读的书；不时记录孩子自主活动的情况。只是小班孩子，还有一些没有专注于事物的能力，还有待慢慢形成。每个活动区有每个活动区的规则。比如积木区：最低限不能扔积木，专注的是搭建，扔者取消搭建资格。但老师不事先强调，对有此行为者个别交代。有很多规则，不需要老师聪明地事先教导，只需要行为出现时进行纠偏。

接下来，下去晨间活动，需要孩子先如厕，然后来整队下楼。我们时常会在这个时候提醒孩子：靠边下楼。这周，我们把提醒换成了：集合做操时指令只有一次。

因为孩子众多，为了安全，一般玩大型玩具时，孩子已经认定需要老师摸头才去。有时候规则不是刻意制定的，而是一开始就这样约定的。

集合指令后，孩子自行形成一排队伍，做早操。早操后亦是如此。

上楼时，堵住楼梯者，请从后面走。

听老师钢琴声在座位上坐好。

上课的底线是不能影响他人聆听，要不然就会被提醒。

就餐时，不说话，不喧哗。这是公共场合，我们不能影响他人进餐。

离园时，人多，请在座位上保持安静，等待点名离园。

其实重要的不是这些规则，而是如何形成一个教室里的规则。这是在生活中逐步形成的群体生活秩序。并且这些规则的最终目的不是规则本身，而是为了朝向美好事物本身。所以，有的时候，规则甚至是流动的，是因生活、活动中的问题形成了新的规则，丢弃了旧的规则。也就是说，规则不是一成不变的，它是服务于教室生活的。

而每个孩子在遭遇违反规则的时候，会有不同的态度去面对。这不是一个刻板规定。有的孩子或许会忽略他的违反规则，而有的孩子或许就会严肃对待。这全然取决于每个孩子不同的性格和状态。规则在那里，但还有人的情感和个别对待。

关键是，一个老师要不断地审视自己的内心，我自己的内心是不是足够安全和信任？我是不是只是想控制孩子，想省点儿心？即使是严厉批评，我也并没有放弃他？真实的心意很重要，批评后的解释很重要，行为进步时的真诚肯定也很重要。那样即使是最严厉的批评，也没关系，孩子都能够承受。孩子并没有我们想象的那般脆弱。

很多崇尚自由的老师连批评孩子都不敢了。难怪孩子的心更多的是不堪承受的玻璃心了。就事论事，真诚、真实面对，肯定做得好的那件事情，否定做得错误的那个行为，这是帮助孩子形成是非分明概念的重要途径。而生活交往时，我们依然要敞开、接纳和亲近孩子。

你带着你的孩子朝向什么

——说说孩子们之间的交往

2011 年 11 月 13 日　星期日

这个星期的周二立冬了。

孩子们进入幼儿园也已经有两个多月了。每个孩子都已经熟悉并适应了幼儿园的一日生活。孩子们开始离开自我情绪、关注身边的其他小朋友，并尝试和其他小朋友沟通、交往、建立关系。

这不是个容易的过程，在家都是以自己为中心、好东西都给自己、习惯被别人照顾的孩子们，在这个公共的群体生活里，喜欢别人手里的玩具怎么办？我玩的东西不想给别人怎么办？排队后面的人挤着我了怎么办？别人玩的时候碰着我了怎么办？别人抢我正在玩的玩具怎么办？别人抢我正在看的书怎么办？……

问题从来都不是单个地出现的，时常是几个伴随着一起出现的。比如一个孩子走着走着，不小心把另一个孩子正搭着的玩具弄倒了，于是另一个孩子抗议，而往往很多孩子不了解抗议这个行为，误认为是吵架，于是事端继续，我打你一下，你打我一下，矛盾就出现了。

也有的孩子习惯了和成人一起玩耍，孩子在成人那里调皮捣蛋，成人时常会觉得好玩。于是孩子在和其他同伴一起的时候，运用了和成人一起玩的模式，你搭了个楼房，我去给你推倒；你拿着橡皮泥，我拿一块就跑……孩子以为他在闹着玩呢，可其他的孩子还这样以为吗？

也有的孩子，日常在家，不管做什么事情，大人都给事先预知了难度或危险并给予了下意识的排除，或者大人都随时预备着给孩子去除所有行动的"障碍"，于是孩子习惯了"惰思"。而到了幼儿园，与其他孩子沟通、交往、建立关系，都需要孩子自己独立感受、体会同伴的反应，主动做出分析和判断，并做出采取什么适宜行为的决断。包括孩子们思考问题、自主活动等时候，都需要孩子主动对自己的内心进行体会和感受，决定自己能做的、想做的、可以做的、不可以做的事情。

作为父母，你是否有这样的纠结：我的孩子被欺负了，怎么办？同时，你是否开始徘徊，如果让孩子还击，那么孩子就将陷入矛盾打斗的恶性循环中；而如果一味忍让，就觉得老受欺负，不甘心？

我时常在脑海中感受着班上的四十一个孩子，对于父母来说，其他四十个孩子都会被归为"其他孩子""人家孩子"。但对于老师来说，却是不同。他们都是"班上的孩子"，都是"每个父母宠爱的孩子"，都是有着"自己特点的孩子"。所以当孩子们之间发生矛盾的时候，老师的站位就和父母的站位完全不同了。老师面对的是两个班上的孩子，得顾全两个孩子的感受，更考虑的是两个孩子如何就这个事情都能得到发展，如何能够就这个事情帮助两个孩子都能学到交往和沟通的技能。所以老师往往不仅会告诉孩子们错在哪里，还会告诉他们可以怎么做。

今天 L 抢 J 手里的面包了，她是想吃面包呢？还是纯粹的某种行为模式的惯性？请她去给 J 道歉，她却回到自己的座位，表示逃避。我拉着她的手，和她一起去道歉，她清晰地说："不！"我说："你如果想吃面包，可以来跟老师说。请跟他说'对不起！我不拿你的面包了'。"她道了歉，J 不好意思地说"嗯"表示了原谅。

很多时候，孩子们时常会感受到语言的力量。"你玩好给我玩好吗？"这句话过后，还没一会儿，对方就会把玩具给自己玩了。"对不起！"当这句话响起的时候，对方的神色就会缓和并不好意思地表示接纳了。

事实上，作为老师眼里的孩子们，每一个都有着自己的个性特点，他们身上在交往过程中呈现出来的现象，往往都是他们家庭交往方式的体现。

很多父母，每当孩子和同伴出现了矛盾，或者在上课或其他时候出现了行为问题，一般都是当场教导，每天上学前教导，或者日常生活中不断叮咛嘱咐。我总是觉得这样的方式并不太适合这么大的孩子。孩子们为什么会这样做，总有着更深层的根本原因，往往最后总是会在我们大人身上找到。

或许作为大人，我们自身对外界充满着不信任，出现矛盾，第一反应就是刺猬式的自我保护。于是孩子和同伴一有接触，就会呈现自我保护式的攻击性行为。

或许作为大人，我们从没有聆听过孩子内心的需要，而是帮助孩子思考一切，做好一切，于是孩子也就失去了感知他人情绪和反应的基本能力。于是当别人表示很不愿意或很不喜欢他的行为的时候，他还继续自己的行为，于是招致攻击。

或许作为大人，我们从没有耐心蹲下来看着孩子的眼睛和孩子进行交流过，于是孩子也就没有交往的基本语言和技能的模仿学习。没有语言的沟通，和同伴的交往就成了障碍，要么孩子就是一个人待着，要么就是用其他别人不愿意接受或不懂的方式沟通，如动手拍。

……

其实众多的情况，可归结为：孩子们迫切需要学习和别人交往的基本语言和技能方法。而这不是"口头教导"就能有成效的，这需要我们大人在和孩子们交往的过程中，通过我们自身的语言行为来让孩子们模仿。比如，我们大人不能把批评说成"骂"，不能把孩子们交往中的不当行为称为"故意打人"，首先得从语言上改变我们的思维方式，体现出对孩子们交往行为的理解；其次就是改善我们自己和孩子们之间的交往方式，并通过我们和孩子们的交往让孩子学习语言沟通的方法。

作为老师，我总是希望教室里发生的每一件事情，都能成为孩子们学习和成长的过程。处理孩子们之间的事情，重要的是双方都能收到成长的益处。孩子们也是有心眼儿的，他们平常会注意到我们大人总是倾向于批评有攻击性行为的孩子，或者最担忧的是哭的那个孩子，而不是纠察事情背后的真相。有的孩子会通过率先的哇哇大哭，让成人最先注意到自己是否被攻击，而不是自己有可能的错误；有的孩子会甘受攻击，待其他孩子被批评，他来体会自身的这种掌控感；有的孩子会率先告状，让忙于杂事的大人敷衍批评对方，他体会告状的快乐……所以，要做个有洞见的大人也不容易。你必须能够体察孩子们的心思，探寻事情发生的事实经过，做出合宜的分析和判断，该忽略的忽略，该就事批评的批评。

解决孩子们之间的问题，还有一个最重要的标准，那就是你能否在调解的过程中，让孩子们对他正在做的探索和学习方面的事情更加感兴趣。

很多人都以为，问题解决了不就好了？可往往问题解决了，孩子们正在学习的或正在探索的事情也被打断了，无法继续下去了。我们大人不能把注意的焦点仅仅放在孩子们问题的解决上，而是要放得长远一点儿，既要解决问题，更要让孩子们正在做的事情能够延续下去。

所以解决问题的根本不是谁对谁错，而是弄清楚根本原因是什么。

"他把我的积木弄倒了！"

"你搭的是什么来的？"大人如此问会把孩子的注意转移到他正在做的事情上。

"你看他搭了×××，好不容易搭起来的。你可以帮助他重建。"大人可以这样给推倒者建议。

"那你需不需要他帮你一起重建呢？"不管他需不需要，这样都把孩子的注意力转移到继续搭建玩具上了。

有时候，在不同个性的孩子那里，在有着不一样任性的孩子那里，只有有韧性的、温和的但严肃的坚持，才会慢慢去转变孩子们的行为，养成孩子好的行为习惯。

在一个教室里，更重要的是，孩子们是否能够慢慢地专注做好一件事情，是否对美好的东西，比如阅读、听故事、搭建积木等开始感兴趣。当我们无法引导孩子们在交往的矛盾中更加关注学习的时候，我们就会身陷在交往矛盾中，无法自拔。

小稀总是大叫："我才不喜欢听故事呢！"其实除了娃娃家，她没什么喜欢的活动。也有的孩子虽然没有像她那样大胆表达自己内心的想法，但在更多的活动中也表现出了自己的游离、无聊状态。仔细看来，他们的家庭生活中，少有阅读生活，所以他们脑海中没有这样的喜好结构。要想让他们进入学习中来，需要一个漫长的艰难的熏染过程。小稀这样大声表达已经好长时间了。这个星期，我想了又想还是告诉她实话："你知道，只有脑子里没有知识的孩子才会不喜欢。"对于要引人注意的小稀，加上不断的常规要求，这之后，从一开始不得不坐到座位上上课，也慢慢地感受起上课的内容来，并因为有时的回答问题体会到被欣赏的美好滋味了。

要说改变最大的还是洪洁，原本看起来对什么也不感兴趣的她，这个星期时常能出现在图书区里了，上课的时候她的眼睛也能够不时看老师了。

要说那个任性的小姑娘昕昕，上个星期一周没来。周一来的时候，她看到我下巴上涂的一点儿牙膏就问："你这儿怎么了？"还是那样的率性，她一星期没来，一屁股坐在人家的座位上。我告诉她，请她回到自己的座位，她不乐意。我继续告诉她，她一边回到自己的座位，一边说道："我下次就不来幼儿园了！"

下午，同班老师上课的时候，请她将椅子转过来，她一边很快地站起来转椅子，一边说着："我下次不来上幼儿园了！"

呵！规则就是这样慢慢被接纳的。

"小海螺，小海螺！"明哲拿着一本《小海螺和大鲸鱼》，很是激动。这可是我们上课时讲述过的图画书啊。

"是我找到的！"他一脸得意和自豪。今天我就空余时间给孩子们讲了这本芋羽带来的图画书。

对呢。芋羽脸上也透着一丝高兴呢。她现在能够主动和我们用语言交流了。周一，在积木区的其睿告诉我："我搭了一座桥。"旁边的她也大声地说："我搭的电脑。"

她不是个能主动和老师打招呼的小姑娘。不过，有时候啊，父母可以提醒孩子们和老师打招呼，但不要太刻意。我们还是要给予孩子们自己和老师接触的方式的自由。我总是觉得，很多孩子在大人的教导下学舌，慢慢就失去了自我思考、自我反应的能力。在这个教室里，老师和孩子们之间的招呼应该是非常的放松、随意和自由的，重要的是让孩子们在这个过程中，有自己表示的机会，这往往需要等待，老师不会介意。

早晨，时常有几个孩子会帮所有的孩子放下架在桌子上的小椅子，如家瑞、陈奕、禹季、天天。这样的事情当然值得肯定。孩子们当然也要谢谢他们。天天似乎在这件事情中找到了自我的力量。每天早晨来的时候，他总是主动积极地放下小椅子；离园时，他也总是很主动积极地为小朋友架起小椅子。这个时候的他，总是很认真、执着的样子，和课堂上的他稍稍不一样。

课堂上，小三班教室里的气息慢慢地宁静了下来。稚轩这个看起来粗粗的小姑娘，可是很积极地跟着老师的问题反应呢。她有可能是受到了旁边其睿的影响。其睿的身心也慢慢地稳定下来，而思维却越发活跃了。

这个星期，不可思议的是俪静对课堂那样的专注和投入。是不是她也受了后面稼禾的影响？也指不定。

慢慢地，我需要让这个教室里，朝向美好事物的眼神越来越多。

但是，这需要我们大人有对美好事物的敏锐。就比如在孩子们的纠纷之间，我们能否把孩子们带向他们真正的正在做的事情本身，让这件事情持续下去。

就比如，当我们陶醉于某首歌曲和音乐的时候，我们会发现孩子们也会不知不觉地受到感染去聆听。那天，我放了一首儿童歌曲《亲爱的，谢谢你》，就发现早晨已入园的好几个孩子都在凝神倾听着呢。

就比如，当我在教室里弹奏钢琴曲的时候，会感觉到孩子那一刹那的侧耳过来的姿态。

……

我们大人对好的事物敏感、敏锐了，也就不断熏染、影响了孩子。

我越来越发现，我们大人有什么，我们的孩子才会有什么。

又是开学第一天

2014 年 9 月 1 日　星期一

啊！走在香樟林荫里啊！

今天可是开学第一天啊！也不知道是因为有过三年那般投入的历程，还是因为历经三年之后的从容，我的心如此安静，没有那般的期待、迫切和紧张，只是安静。突然一声那样熟悉而亲切的"高老师"，不是尚宸还能有谁？就是他和他妈妈啊！

"你在哪个班？"我迫不及待地问。

"我在一（2）班。"他稳重地回答。我脑海中情不自禁地浮现三年前的这一天，他出现在教室门口的那踟蹰忐忑的脸庞，紧紧依着蹲在他一旁的笑眯眯的妈妈。那时候，他可是传闻任性刁蛮得吓人的啊。

"你现在在哪个班？"他的妈妈忙问。

"我在小二班。"我说。

"啊！我们都在二班啊！"哦，尚宸那样的欢欣雀跃着。天虽然阴着，可我心里的天空却突然这般的明媚起来了。

前面迎来的是朱浩敬畏中却带着雀跃的招呼声。

我走到十字路口的时候，刚过红绿灯，对面马路边，传来了招呼我的声音，探声看去，哦！是家瑞那双热切却又稳重的目光，那里的热切还真就刹那融化了我的心啊！我就那样身子前倾着等待着绿灯的到来，边过马路边说起了话。三年前的这一天，他用雪花片拼插摩托车，以及坐在北侧窗户边侧着脸看着我的那双眼睛里的眼神，就仿佛还在眼前。如今他如此稳重、自信和思辨，万般自豪由心而生。对面是鸿楠的招呼声，哦，这熟悉的一切啊！怎不让人留恋？我又如何把心那般快地投入另外一片园地？我还真的很担心和害怕啊！

今天晨起匆忙，所以我就去了惯常去的早点店。哦？那里是谁？那不是天佑吗？那个三年前白白胖胖、总是很不好意思、手心里总是拿着一小块儿橡皮泥的男孩子啊！天佑妈妈诚恳地站起招呼，要请我吃早饭。我没有像以往那样果断拒绝。我有一些欣然地接受了。我感受到了她的诚恳，真的享受到了作为一个老师来自心底真实的幸福。天佑先是吃完，站起，背好书包，跟我再见，然后催促不好意思就这样和我很快再见的妈妈。哦，我心里真是高兴，这恰恰是责任感的体现啊！

我走进那座二十年前就有的教学楼，昨儿个已经在教室外面贴上了一些可以让上得楼梯来的父母和孩子们观察并学说的话语。"我是个子最高的孙老师，我说，我喜欢吃苹果，你呢？可以告诉我吗？""我是辫子最长的高老师，我说，我喜欢小兔子，你呢？你可以进来告诉我哟！""我是最爱笑的刘老师，我说，你知道我们班的厕所在哪里吗？你可以来问我哟！""爸爸妈妈永远在那里爱着你，老师们永远在这里欢迎你！"

哦！我还真不习惯到了二楼就拐弯进入教室呢。多年来我不是在三班就是在六班，基本都是在三楼的。可我突然忆起，二十年前那个刚刚毕业的小姑娘就是在这个教室里待了一年的啊。我这是回到了二十年前啊！

教室里，周围贴满了孩子们的全家福，带着蓝色的相框；墙壁上有一只拉着妈妈耳朵的小兔子，和那样充满爱意地看着小兔子的大兔子；卧室里的娃娃家挂上了粉色的纱帐，有各式炊具、餐具，还有孩子们喜爱的娃娃……

第一个进教室的是一位男孩，一身新疆的味道，在妈妈后面，眼睛到处看着。

第二个来的男孩，背着背包，朝教室里面走去，他的家人并没有跟在后面，他踟蹰着朝里走去，虽时不时回头。

一个奶奶拉着两个一模一样的小姑娘进来，我对她们的名字有印象，应该是涵宁和涵远。我试图问："哪个是涵宁啊？"话语还未结束，奶奶立刻就帮着催促问孩子，让她们回答我，我立刻止住了声。桌面上早放了一些桌面搭建玩具，当奶奶提醒坐在椅子上四处张望的孩子快玩桌面玩具的时候，我忍不住提醒了奶奶，这样是没关系的，这样才是正常的。这位奶奶可真是通情达理的奶奶，她立刻坐在了远远一旁的凳子上只是看着。过了一会儿，两个姐妹就一起搭建起玩具来。

孩子们陆续进来了，那两个小姑娘用木头积木搭建了一排的建筑。

哦！或许有三年前的对比吧，我不知道。今天的爸爸妈妈们、爷爷奶奶们少了一点儿从容和淡定。我没有看到更多的家长们蹲在孩子们身旁率先静静地和老师打招呼，向孩子们介绍教室里的一切。和我想象的有些不同，我甚至可以感觉到，更多的家长们甚至忽视了教室外侧墙上昨儿个所做的那些话语，并没有蹲在那里和孩子们一一地静读，让孩子们感受到那份安全和接纳。

是不是爸爸妈妈们更年轻了？不，一定是发放给家长的第一封信和开家长会之间的时间太短了，只是上午到下午的间隔啊！哦！孙老师说一定是那张填写的表格淹没了一同发出的信。哦！我想是不是还有现在的传单多了，所以更多的父母用惯常的方式对待了那封特殊的信件……因为我都可以感受得到，家长们并没有因为入园的紧张和焦虑而万般好奇地去读那封特殊的入园指导信。我还记得，三年前的那封信后，我立刻收到了一些家长介绍自己孩子的信，都可以感受到彼此心灵的震动。或许，还是我自身的缘故吧，是不是不够投入呢？

教室里的气息少了一丝从容和安静，孩子们的身形之间也是。家长们不断干扰孩子们可能观望的姿态，要么让他们像别人一样拿橡皮泥玩，要么让他们像别的孩子一样搭建……大概也是社会氛围的影响吧。我的精力、注意力恰恰因此几乎都放在不断对家长的指导上了。是啊，我没有更多的时间，也没有一个相对安静的气氛让我有机会去一个一个接触孩子们。

我注意到最多的还是离我最近的韦彦。起先，他仿佛啜泣着，没有声响。我注意到送他到座位后的奶奶不在视线范围里。大概他的目光也是因找不到奶奶而焦虑，却又因陌生而极力控制自己的情绪。我注意到他奶奶是去贴全家福却没有跟他说清楚。孩子总是这样的，他们总是一如既往地关注细节，所以我们总是要求大人们坐在固定的位置，能够让孩子随时看到，如果有事要离开，一定跟孩子说清楚。我伸出手，表示我可以带他去找奶奶，他转过去表示不愿意。哦，这是一个非常懂得自我保护的孩子，多好。对他来说，我当然是陌生的。

我就坐在那里，指给他看奶奶的方向。他只是好奇地看着我，几次指定之后，他顺着我的手看向了奶奶，眼神中稍稍有了一丝异样的光芒。

如此，他开始万般好奇地望着我，不管我看向他还是不看向他的时候，我都感觉到他那弱弱却一直投来的目光。

当孙老师第一声钢琴声响起的时候，我看到那么多好奇的眼睛一一循声而来。我依然是唱那些孩子们可能熟悉的歌曲，家长们也是一如既往地下意识地对自己的孩子有各种要求，教室里万般嘈杂，当然哼唱的摇篮曲，就被这嘈杂淹没了很多很多。我费力地在歌唱中去和每一个孩子的目光触碰，找寻连接，为稍后的"找朋友"活动做好准备。

"找找找，找朋友，找到一个好朋友，敬个礼，握握手，你是我的好朋友。"我轻轻走到和自己有对视的孩子身旁，望着他的眼睛，伸出手。如果他们有意伸出手来，我们就轻轻地握一握；如果没意，我就用手指轻轻地点点他的手表示握握手，然后点点他的心口，然后点点自己，表示"你是我的好朋友"。

好几个孩子不好意思却表示接纳地笑了，尤其是韦彦。

当然我也注意到了，一些孩子在玩玩具中的正常冲突，因为家长加入后的升级；一些孩子和家长之间通过哭闹表示自己想法的回应方式；一些家长对孩子强烈的依恋……

我们在教室外面贴上了根据上午情况对家长们的具体指导。午后，我还是加强了对家长们的指导，得时时提醒他们。家长们开始挪移到了教室的南侧和北侧，中间不再坐着家长，保持着家长不动，孩子们随时可走动的状态。当孙老师给孩子们讲述猫头鹰宝宝故事的时候，教室里那一刻安静了好多。

人总是世界上最最复杂的动物，随着社会文化背景的变化而变化。哪怕有再细致再全面的预设，也不可能预料到未曾发生的一切可能。我突然忆起了三年前的开学第一天，更多的父母抽出了对于孩子来说这人生的第一天，用自己全部的心意来陪同孩子入园，所以脑海里才总是出现他们蹲在孩子身旁和老师轻声招呼，然后轻声介绍这个教室的情景。

眼前的妈妈和奶奶们，因为自身情感的依赖和掌控，因为自身盈满的知识或教育意识，总是给予孩子太多的要求，总是给予孩子太多的帮助，以至于孩子失去了自己慢慢感受和观察这个陌生世界的机会。不过比起过去的爸爸妈妈们，她们更开放，更善于改变自己，所以当我们开始对她们提出要求的时候，她们中的大多数是很快做到的；却又让人感觉到她们缺乏柔韧性，当老师提出和孩子商量后可以坐到教室两侧去的时候，她们把这又变成了一种要求，体现在她们和孩子商量的语言之中。看起来她们是在和孩子商量，其实是在和孩子提要求；看起来她们很快和老师站在了同一条战线里，想要帮助孩子更快地适应这里的生活，可往往家长自身强烈的内在要求就那样传递给了孩子，孩子失去了感受自身力量的机会，于是孩子配合着家长"演绎"着不适应陌生生活的故事。

教室里的家长实在太多了，家长的固着思维力量太大了，是老师无能为力的。所以教室里的我们两个老师商量着明天让一部分能够坐到外面去的家长坐到教室外面去，强调的还是要学会感受自己孩子的心。

理解孩子不是件容易的事情，哪怕身为父母，身为亲人。

此时此刻，我的QQ头像闪烁着，我打开一看，是明哲爸爸发来的明哲一年级的照片，他那样认真地告诉我，明哲在哪个学校哪个班级，就是带着学生和老师汇报情况的那种敬畏气息。三年前的今天，明哲在教室前面和外面跑来转去、无法自制的样子还仿佛就在眼前。可眼前照片中的他，目光那样凝神、慎重和柔和，不管如何，他感受到什么是爱了。这一定会在他未来的路上有很深很深的影响。

我先安睡，明天继续。

早操时的浮想联翩

2017 年 4 月 20 日　星期四

（一）

早操的最后是一段转圈邀请舞，每天在这个互动的环节中，都因每个孩子的不同，以及每个孩子不同之下不同的举动而上演精彩的互动剧，仿佛此时此刻这里就是一个"池塘生春草"的蓬勃之态。

那个咋咋呼呼的小姑娘，其实内心焦灼得很。每每与她的双手相碰，你甭想让每一个节奏落在音乐点上，她总是急匆匆地做每一个动作，却又仿佛每一个动作都没有做完，就去赶下一个动作。我想要用自己的动作导引着她，也没办法让她慢下来。那个胖乎乎的小男孩和那个瞅准老师待在哪个方向开始邀请舞的小女孩，相持不下。两个人都要待在和老师相对的方向。那个小心思，一瞅就知道。那个瘦瘦的小姑娘，默默数着握手交换的人数，第一个，第二个，第三个，嗯！正好！那个小心思情不自禁地从嘴角溢出来。我说："怎么这么巧？"她跳得更得劲儿，咧着嘴不好意思看你。你偏偏瞄着看她，她的目光也温柔地直视过来。天就是那么的蓝，那么的蓝。

就是这样清澈的目光，让我想到班上来的那几个实习的年轻姑娘。我想起自己曾经的实习生涯，比起她们来，被要求得更严谨、更精微。实习就是正经的实习，备一日活动中包括课程集体活动在内的所有环节。我还记得连早上几点到，开窗通气，坐在哪个方位看孩子，几点开始做什么……事无巨细，前一天必定在脑海中过电影般进行演练，第二天全然就是一个班都给你的那种担当式实习。不过也恰恰是那时的严谨、精微给予了我日后工作的根本性力量——自我秩序、自我肯定。

我们这里的实习相对而言是"自由"的，没有整体的规划，没有具体的目标，更没有细致的实施详案。因为所谓实习也就在于各自的"要"还是"不要"了。

在这样"自由"的状态下，我一般会先问小姑娘们一句话：以后会做幼儿园老师吗？之后，我会告诉小姑娘们几个可以去做的事情：喜欢观察孩子、了解孩子，就可以每天观察一个孩子，观察他的所言所行；也有的目标所向是公开课的展示，那么就好好去观察老师的活动，做好记录，提出问题；也有的对专业性的学术阅读(小赵姑娘，这是因为想到你了，所以就说到这一项了)有兴趣，那么也可以请老师给予推荐……最后我会总结一句：你做了，我们就会每天花一定时间给你分析、解疑兼解读，做不做，做多少，全在自己，重点是"你要，我们就给"。

并且这是一个在互动中互助的平等历程。其中班级老师对实习老师的帮助是不言而喻的。那么实习老师呢，每天观察一个孩子，必定对孩子的细节行为观察更为精微化，那么就会对班级老师的整体把握有一个补足；记录课堂、研讨课程，或者探讨读什么书，更是如此。

今天是她们来的第四天了，我注意到小周姑娘的善感灵透来。她对宁姑娘接连几天来的细致观察，疑惑带着好奇，好奇导引着观察，观察带来我们辅助的分析印证。她居然是再进一步地观察，有那种构建关系的意识，这必定会引起宁姑娘的好奇。因为在这人世间，这样细腻持续追随、深入敏锐觉知他人的大人是非常稀有的。这种观察的目光我非常熟悉，就在每天早操过后的邀请舞中，我的目光每每是追随着某一个特定的人的。这种追随不是每回都会引起注意和回应，但总是会等到注意和回应。就像小周姑娘一样，她恰恰遇到了有着丰富内心、善感细腻的宁姑娘。这种目光的连接时刻，非常美妙。

（二）

远处，孩子们的植物一株株立在特别安置的地方懒懒地晒着太阳；近处，竹林丛中的笋尖钻出硬硬的泥土表层，亲密接触了阳光。邀请舞的音乐在这嘈杂的时空里卖力波动着，和孩子们的声响抢占着流动的频道。

小陈姑娘迈着轻盈的脚步踏着音乐的节奏前行，小朱姑娘也是，我也是喜欢任由自己的手和脚跟随着这音乐的旋律，就仿佛在音乐的河流里随波荡漾。耳边传来一些跟随音乐的"走、走、走、握握手"之类跟随节奏的提醒的语言，我就想起了函授期间深深影响了我的许卓娅老师。如果不是看到她对音乐的那种融入骨血的姿态，我大概是永远也不会对音乐有踏入其中的兴趣的。要说，我可是在实习期间连音乐课都不敢上也从来没有上过音乐课的人。木讷、寡言也是根本原因之一。可就是许卓娅老师那种浑身洋溢着的音乐细胞，深深感染了我，那种随乐而动，仿佛把你身体里的每一个细胞都牵拉着舞起来，那是一种自由的感觉。我喜欢。

于是我深深记得，老师所讲的协助音乐欣赏的各种图谱。语言图谱，就是用像上面那"走、走、走、握握手"之类的语言来把握音乐节奏和旋律；动作图谱，就是设计一定的身体律动动作，经由动作来感受音乐；故事图谱，就是用故事的情节来体现音乐；乐器图谱，就是用打击乐来感知音乐……

不过，所有图谱的功能就仿佛是一个桥梁，就是为了渡过河去徜徉在那绿意葱茏的乐流里；就如同是一个套接的工具，就是为了最终卸掉它，沉在音乐本身的节奏和旋律里。

可往往在实际教育生活中，很多时候，我们恰恰下意识地把音乐丢在了脑后，却是不断地教导语言图谱、动作图谱或故事图谱等图谱来。所以也就造成了早操之后的那个圆圈邀请舞中，耳边每天都会传来那一声声的"走、走、走、握握手"之类的听不清到底是什么的咕哝之语。这于孩子们对音乐的节奏和旋律知觉是一种消解，是一种遮蔽。

由此，我突然想到，让孩子们经由图谱深入感知音乐的节奏和旋律，那么又如何把这桥梁慢慢地撤去？每一种不同的图谱与音乐的密切协同度有怎样的不同呢？因为我感觉到语言图谱比起动作、乐器图谱来，就离音乐远一些，而故事图谱亦是如此。

那么，是不是那语言图谱随着孩子们对音乐的熟识，要慢慢地退去？最终让身体或意识流如同动画电影《悬崖上的金鱼姬》里波妞的母亲那样和海洋融为一体，随之摇曳？我想就是这样的一种感觉，身入音乐，心入音乐，天人合一之感。

（三）

我蹲在地上，看镜头中的每一对孩子，蓝天映衬，充满活力。捣蛋的男孩子故意扯拉着邀请对象的手，用力地拍；爱臭美的小姑娘会对不得不面对的对跳者透着一脸嫌弃；情投意合的孩子们会故意错开一个握手，刻意碰到对方一起对跳；对音乐有着敏感的孩子身心徜徉在音乐之中，随着音乐的节奏前行停顿，不在乎遇到的是谁……

音乐是一种让你的心能够飞扬起来的介质，浏览许卓娅老师的音舞中心，我心中总是涌动起许多许多想要进入音乐的冲动来。

孩子们是最能感受这种美好的。一如我们歌唱《每当我啊种下一朵小花》，我们跟随着歌曲的旋律，仿佛那美丽的图画就在我们眼前浮现，仿佛那白色云霞就真的从我们眼前缓缓升起……

帮助孩子们进入这样的意境世界，最初就是让孩子们能够把音乐、故事等各种文本在脑海中形成一个画面，进而让这个画面逐渐丰富、立体，继而从这直观的画面世界，进入抽象的意象世界，人从此就有了精神世界。

那么，就像到了今天这样一个谷雨的日子，园前柳絮纷飞，樱正绿肥红瘦，孩子们才会浮想联翩，才会在脑海中涌现"池塘生春草，园柳变鸣禽"的意象来。

游戏中的"死亡"

2017 年 4 月 24 日　星期一

"我来做死人。"

我下意识扭头去看，轩正就地躺下。另一个小伙子拉着一条长长的丝巾，一直从轩的脚盖到头顶。只见彦拿着一叠乱蓬蓬的彩纸在轩身上到处点着。嗯！用"点"也不合适，是一种"引"的动作，这唤起了我幼年时奶奶过世时的一些场景，那动作之间，颇有一番那种味道。

我突然发现，一切是从那叠乱蓬蓬的彩纸唤起的——

我看到走廊里的樱花树，樱花越加繁盛。这种美，以及更繁盛的时候更加的美，往往能够激发起孩子们继续制作更多樱花的冲动，于是课余的时间里，我们又自然聚在一起制作那粉嘟嘟的樱花了。

小雨小伙子一直很慵懒。我常常觉察到这种慵懒根生到那骨髓里，一种一切都无所谓的无意义之感。这是一种深层的失望，不再有激情扬起的失望，这是现代孩子无法有全能自恋期满足的行为外显。大概很多人得好奇了，这个社会，大家物质条件优厚了，孩子想要啥就有啥，怎么会有全能自恋不满足的现象？这就是物虽然是情的基础，但却永远不能替代情。现代孩子缺乏的是成人对他们感受的觉察和关注。在我的幼年时代，正因为成人无法满足孩子的物质需求，成人总是处在生存的操劳当中，于是孩子就有了对大人爱的幻想，幻想如果没有操劳就会有关注。幻想的心理其实也是对大人操劳的理解和担当。而现在的孩子却无从有幻想的背景了。我想幻想大人对我关注对我爱呢，可是大人们却并不在忙啊，他可能在电脑前，他可能在手机上。抑或大人忙是忙呢，他都在忙着围着这个"我"转，却不知道这个"我"的感受啊。我又如何去幻想他能懂得我的感受、只不过因操劳而不得空呢？

小雨小伙子正因很聪明，才会生了深深的失望、透透的悲凉。而那隔壁的小伙子，对人、对事没有足够的敏感和觉察，不懂得自舔心伤，所以还一直在苦苦地拼命努力着，哭啊，闹啊，缠啊……大概什么方法都在尝试着，尝试和大人构建一丝丝关系。可他没有小雨小伙子的聪慧，所以不懂得大人的冷、大人的烦、大人的厌倦，所以还那么有活力地蹦跶着，如秋后的蚂蚱。我心里想说，小伙子你有一天会懂的，只是懂得的那一天，我不知道你会做些什么。

我看着眼前的小雨小伙子，正愁想着，偶然头一抬就看到不远处的彦。咦，他拿的是啥？他不在剪制樱花。我再细细一看，他在收集其他孩子剪制樱花丢弃下的那些边角料。这边角料还真是有些特别，正方形的，中间有剪去花瓣形的空白。我看得出来，他手上已经有厚厚的一叠，而每一张边角料都是被码齐了后叠在一起的。这是要干什么？码齐的动作还显得那般用心。

这不，我才恍然，这码齐的边角料，就是那叠乱蓬蓬的彩纸，在彦的脑海里是一种什么图景的象征？那是一种丧葬用品的替代。

孩子们并不像大人那么忌讳观察和觉察死亡。孩子们总是对生命、对死亡有深深的惧怕以及惧怕产生的敬畏，并且会把这种惧怕和敬畏毫无顾忌地呈现出来。大人们选择的是逃避，孩子们则是赤裸裸地面对。男孩子对巨大动物或拥有无穷力量的动画人物的崇拜也无非来源于此。我在故事文本的讲述中，尤其能够体会到这一点。但凡涉及死亡现象的，你都会感觉到气息的那么一收一凝一聚。

或许就是因为这教室里的某种自由和民主气息，他们倒是"肆无忌惮"地做起死亡游戏来了。要知道，孩子们总是能觉察的，觉察大人的逃避和忌讳。所以他们时常是躲避大人来做这一切的，就像很多七十年代出生于农村的孩子，总是会用泥土去玩"堆坟"的游戏一样，知道被大人撞见了一定是要挨骂的。

大人的身份毕竟就是大人的身份，代表着包括忌谈死亡的所有大人的意象，不只是那个站在一旁观察他们的我。

孩子们兴奋中有些犹疑。我猜测兴奋是因为这死亡游戏的刺激，引起的诸多无法见光的经验，终于可以在这里流泻出来而致的兴奋；犹疑的是，这边有一个大人，觉察到可能在她面前可以直抒自己的意象经验在这类游戏中，但她终究是大人，意念里会不会像其他大人一样会说些啥婉转的话阻止我们呢？

我并没有表态，只是看着。

果然孩子们总是有些不自在，兴奋着的同时，就把游戏场挪到卧室里去了。此时已经换了另一个小伙子来做死人，同样的一番程序。虽然我是在卧室的外面静听着，可孩子们还是意识到我在外面。于是有孩子发出了一种"忌谈死亡"带来的兴奋怪叫。那团用边角料叠成的丧葬纸花一如刚才那样被拿着在倒地的小伙子身上"引"着。

轩很敏锐我在观察，他更是敏锐觉察到那个兴奋尖叫声音中的某种气息。于是他以非常镇定的语气说道："我们是在拍电影。"

这敏锐的家伙，感觉到了文化的力量啊！是啊，文化不就是生活的缩影吗？

"我们是在拍电影。"仿佛让所有人都松了一口气。

"我们是在拍电影。"为所有人都找到了一种可以凭借的解释。

一切游戏都是孩子们自我独特的经验在偶发的情境下自主滋生的，并且随着这个最初主意的生发，凭借着孩子们当下的思维特质和水平，和那时那刻留在脑海中的经验搅和及作用，再加上群体中其他孩子由此唤起的各种经验，呈现纵横交错的作用，形成可持续发展下去的一系列活动。这就是最初的文化创作现象。

啊！我突然又有所贯通地领悟，晨读杜威《哲学的改造》第一章，杜威阐释变化中的哲学概念时，回溯了文化发展的源头。啊！这也恰恰印证了这点啊！

我们很自然地记得我们感兴趣的东西，因为它们有趣。我们不是为了过去而回忆过去，而是因为回忆过去有助于今天。因此记忆的本原是情感的，而不是智力的和实践的。野蛮人回忆昨天与野兽的搏斗，不是为了以科学的方法研究动物的特质或考虑明天如何更好地搏斗，而是用回到昨天的兴奋的方式来排解今天的无聊。记忆有战斗的兴奋，却无战斗的危险和焦虑。沉醉于这种记忆给目前时刻增加了新的意义，一种与目前实际或过去均不同的意义。记忆是一种替代性的经验，有实际经验的情感价值，却没有其紧张、盛衰和麻烦。同胜利那一刻相比，战斗的胜利在回忆战斗的舞蹈中要更生动；在篝火旁猎人们谈论、表演狩猎时，自觉的、真正合乎人情的狩猎经验才产生。在当时，注意力集中在实际的细节和不安的紧张上。只有在后来，细节才形成一个故事，融合为一个有意义的整体。在实际经验之时，人存在于一个又一个时刻之中，专注于那一时刻的任务。只有当他在思想中再审视所有的时刻时，一场戏剧才展现出来，从开始直至成功或失败的高潮。①

我的天，这不就是孩子们游戏产生的整个过程吗？孩子们是人之最初的阶段，而杜威描述的也正是人类最初的阶段，这最初的阶段都有着某种类似性。这不就是游戏的本质吗？人类的文化如此形成，孩子们的游戏也如此形成，因为游戏就是文化的最初阶段。这也正是温尼科特在《游戏与现实》中所论述的游戏与文化之间的关系。

这是一种当下存在和后来创作的关系，创作在幼年体现为游戏，在成年体现为戏剧。而当下和后来的关系，王国维在《人间词话》中就苏轼的悼亡词和纳兰性德的悼亡词也做过论述。当无知的空间一点点注入这些觉知的时候，生命的某种充盈感、满足感就这样慢慢充溢心胸，就仿佛你的源泉和那个人的源泉，潺潺而流来，一切就这样融会贯通了起来。

我不得不怀疑当下的幼儿园更多的实验有着怎样的意义，尤其是关于游

---

① ［美］约翰·杜威：《哲学的改造》，张颖译，邹铁军审校，2页，西安，陕西人民出版社，2006。

戏。到底是怎样的物,才足够唤起孩子们那时的情、那时的感,唤起当下的创造、当下的游戏……我冥冥感觉到一切材料必须回到最为原始、本真的状态。这是为什么当我在幼儿园内第一个投入丝巾这种材料,最终会推广开来的根本原因。这就是一种显现原初特质、体现流动形态、可随意塑形的材料。

不管是从孩子们经验(记忆和回顾才造就经验)的形成,还是从经验与孩子们的原始事件体验当下的关系,来看游戏中的物,越真实越失其唤起作用。这是长久以来,孩子们偏偏不会如你意去玩各种类似医院、饭店等职业性的我们狭隘理解下的幻想之游戏图景的原因。

所谓支持,大概就是成人不托大,而是允许孩子们自己的感受在那原始的物中被唤起,被筑造,生成过程情节,构成故事,最终形成文化。

于是在这情节里,在这故事中,在这文化里,我们可以去体察在这人生最初阶段里的人之天性、生之本质、活之意义。在这点上,我真是如此庆幸能够在这无法拘于形、束于分制的幼儿园工作。

也恰恰是因为对孩子们的觉察,就在今天,我又突然体悟到一点,人总是想要为官的根由,不仅仅是官本位思想的根深蒂固,更是人不想被奴役的意欲所致。其实每个人的最初阶段,都是朝向对伟大事物的探究好奇的,只是在历经中,不得不面对关系建立的焦灼,逐渐形成了要么被控制、要么控制的非此即彼的内在关系模式。于是生命不再流动,故事不再发展,意义变得枯竭,即文化的消亡。当一切(包括文化本身)成了巩固地位或利益的手段时,文化就消失了。所谓诗意的栖居不复存在。

游戏的本质不是体验,而是河合隼雄在《童话心理学》中引用荣格的那句"瞬间即神灵,即太阳不是神灵,太阳升起来的整个过程才是神灵"。这就是文化的本质,一如轩说的"我们是在拍电影"。

今天我被采访了

2017 年 4 月 27 日　星期四

(一)

我起身后,再回温暖的被窝,摸手机,一看,还没到五点。

我睁开眼睛,窗帘外已经微亮。四下里静得很。幼儿园老师都有一个职业病,喜欢静。静可以说是一种圆润的美,我不知道哪里来的这种感觉,反正就是这样的。一连串啁啾的婉转起调就这样传进了耳朵,绵延不尽。一样的叽叽不停,为何这样的叽叽不停却不惹人烦躁呢?睡意似乎没有那么浓，我干脆就躺在这清灵的声音里，不知何时竟又睡去。

我再醒时，天已大亮。想起睡眼惺忪的那时那刻，我就想到孩子们的躁动大多来自别人无法看见自己的感受。我有深刻的体会，当我的感受不被看见的时候，就会不由自主、没有来由地陷入烦躁状态。对于无法表达的孩子们来说，更是如此。想到这里，我就想起和小立言、小立言妈妈三个人一起待在阳光里聊天的静谧了。那真是让我感受到了一种奇妙的气息，即使是婴儿也能够体会到静静聆听的感觉，那是一种被懂得的气息，因为被懂得，所以静静聆听；因为够满足，所以静静聆听；因为感觉到自己被融入对话，所以静静聆听。好多天里，我常常沉迷于这种聊天时刻的咀嚼回味，非要找到其中究竟不可的心思。人不常是这样吗？当有美好产生的时候，我们才因看到美好，然后想去探寻美好的源头或形成机制。我又发现一点，那就是大人的独立。首先，因为独立，大人才不依赖孩子。依赖孩子的表现就是，这是我的孩子啊，我一定要爱她，我一定要把所有的时间都给她，当我的时间有可能被分配的时候我的心中就有给得不够的感觉。大人自己依赖"给予孩子"才得以存在，这同时也是因为自己内心的小孩不能满足的表现。其次，正因为独立，大人才能够在给予孩子的时间里，心意全然倾注，满满地给予，心不会漂移。而当你的心无法沉住、有所漂移的时候，孩子就会跟你闹、跟你躁。最后，正因为独立，独立的大人和大人之间，足够真实，都会安排好自己，不期求对方来安排自己，能够以自己内心真实的状态彼此呈现。自然，就有了足够笃定沉淀的气息。这样的气息，就足够其中的每一个人安宁。

所以，我总是在试图影响一个孩子走向独立。

（二）

小楠也是吧。

呵护满满，敏感、脆弱。就是连个拒绝，现在的她，都要克制再克制才能有所接受。更不用说之前了。

"我想采访你一下。"一个红色的话筒，哦，不，是乐高方块拼接而成的，前面是一个大一些的方形乐高，就这样成了话筒。它正在小楠的手中被举着伸向我。

"好啊！"我说。

"你为什么想当发明家啊？"她问。

啊？我一愣，转而立刻意会到，啊！那是我五年级的理想啊，我问：

"是说我小时候吗？"

"是的。"她说。

"嗯。"我脑海里想起跟他们叨叨的那些小时候各种异想天开的事儿，"嗯，小时候就觉得很有趣，很好玩。总是想要变出没有看见过的东西，总是想变出自己非常想要的东西。"

"那你都发明了什么？"她问。

啊！这个问题好难回答，我这么一个落入平凡的人，会有什么发明？脑海里一下子蹦出的当然是下意识中那些世界闻名的大发明。这个问题让我的思绪一下子从小时候被拉到了眼前。我说："嗯，你们个人才艺表演不就是我发明的啊！你们唱的歌，你们不是总也在网上搜不到吗？那也是我发明的啊！"

第一拨儿采访就这样结束了。没想到居然又来了第二拨儿。

"你为什么后来做了老师啊？"她继续问。

啊！啊！啊！我要如何回答？这可一下子无法把实情就那样流露出来，要如何向一个孩子诉说成长中的偶然、理想和现实的接洽、随波逐流的漠然、生存的无奈……

"那都是因为恰巧上了做老师的学校，没有上做发明家的学校啊！"巧舌如簧就是我吧。

"嗯，你为什么叫高美霞啊？"她接着问。

"这你不是知道吗？"我这样回的此时此刻，就明显感觉到来自她表情的细微变化。

"那是因为那是天上的晚霞——"当旁边的小睿小伙子试图要给我的名字以解释的时候，她立刻感觉到了她想要营造的和我的关系遭到了拦腰截断，更是不自在了。

"我又不是采访你，我是采访她。"她极力抗议。小睿小伙子有些莫名之感，东张张西望望就走开了。

天！要是再这么采访下去，我可招架不住了。不是对问题招架不住，是对那情。我脑海里时常出现毕业之后她的心境，这样的她要想内心真正适应新的环境、新的人，可不是件容易的事情。我的忧虑多过备受默默注目的高兴。我有时候只能把心逃开。这也算是我走向独立的表现吧。我不再依赖孩子而存在，不依赖孩子才能真正为孩子。我又一次想起了电视剧《女王的教室》里的女王。

（三）

就像面对煊，我也是忧虑多过建立关系的愉悦。

中午，孩子们一个个已经埋头于碗中扒拉饭粒。我就那样轻轻地坐在他的对面。因为在孩子们的就餐时刻，我总是要找个孩子的对面坐下来的。他早已在密切注意我的走向，在意我要在哪里坐下来，内心似乎有一丝笃定我要在他那里坐下来，却又不敢那么确定。最终我在他对面的椅子上落定。那一刹那，他不再是像以前那样有一丝笑意闪过，而是收敛了。因为这份确定越来越明朗，越来越沉淀，如果不细微感觉，是感觉不到他的变化的。他用勺子舀饭的动作变得更加刻意地均匀有力，一勺一勺，显得那么认真。不细看他的眼皮儿，也是看不到其不自然的。那眼皮儿虽然没有抬起，看似在看碗中，却是左右转动着的，足可感觉到那是在试图用余光去接触对面目光里的温柔。

你说要如何形容这此时此刻的气息呢？我从没有机会和他的父母沟通过，哪怕写过那般长那般发自肺腑的评语之后，唯有在更多的行为冲突中经由酸甜苦辣的磨合，心中放下期待，才好不容易走到今天，走到当下彼此能够有一丝心领神会。要说"只待当下，不求两不挂念，任凭相忘于江湖"是多么不容易，人总是因为更多冲突的磨合才走过相交的瓶颈，走到宽阔地带，才稍稍领略到一丝关系的美好。人与人之间，有多少能够走到这一步，要走到这一步，需要有勇气经历多少实实在在的冲突困境？我心中真是滋味杂陈，不知该如何形容。哪里能够像小狐狸那样轻松地和小王子说再见，说自己有麦子的颜色就足够了？

有过严厉的批评，有过果断停止一次游戏的惩罚，有过误解之后的理解，有过温柔时刻的对视，有过肯定刹那的领会……不管是什么时候，他都能够理解你对他的真情实意，不会因严厉而远离你，不会因惩罚而误解你，因为关系有了深层的信赖啊！

就像这些天，他总是喜欢待在摆放大型木头积木的地方。自从去年开始，只要他手里有积木，筹划的都是关于烧烤的游戏。只是昨天，接连两三次，总是有装着很多积木的盒子从玩具架子上轰隆隆掉下。回头去看，必定也会遭逢到他的目光，我知道那目光里是有做错的意思。毕竟那么大的声响，还不是一次，教室里的总体规则就是要相对安静游戏的，才不至于有过高的噪声，影响生活的质量，这他们知道。

"这不是要收拾在墙角下的吗？"我问。我们平常收拾的惯例就是把所有木头积木装进盒子，然后一一排在墙角。我的意思是为何要把它们放在这两边都开放的架子上呢，这样当然容易掉。可我看着那架子上所有装着积木的盒子，那排开的秩序，让我也隐隐感觉到是有情节在里面的，毕竟他们是烧烤店。

"你刚才是不是自己也吓一跳？"我还是严厉喊他来，但是却禁不住拉住他的双手。他点头。我又问："你是不是担心这样会被批评？"他还是点头。我继续说："的确是太响了，但我猜那积木盒子放在上面是不是有用的？"

"是摆的货，卖的。"他终于出声回答。

"我知道你们的烧烤店一直玩得不错，一直有新的主意。我还记得去年你们用毛笔和雪花片穿成的肉串，也是很不错的主意。货架的主意也很不错，不过是不是搬运货物的时候需要小心一些？是不是在这里玩的时候，比如那个长积木，要想好如何分配，而不是争抢，或者敲打别人？"我的语气是越来越有着一股力量的，不过我还是感觉到了他的释然，以及释然之后的一丝诚恳接受。我不敢保证有更多，只能是一丝，谁能知道要是遇到特殊的情境，又会出现怎样的新冲突呢？只是当下，他诚恳接受了。也许，无数个这样的当下，总会积淀一个新的他吧。谁知道呢？对于这样的他，要能够在新的环境里舒服地待着，也不容易。

（四）

人啊，唯有诚恳、真实，才能走向批评，而唯有能够走向批评的关系，才是构建真正关系的开始。

恰恰一起共读的中班小伙伴们，正在就从小猪的视角写的《三只小猪》和从大野狼的视角写的《三只小猪的真实故事》进行热火朝天的辩论。我说无论站在狼的一边，还是站在猪的一边，都可以做胜利者。为何？因为当你能够认识自己，能够真实面对，能够诚恳认错，就会在辩论中立于不败之地。

往大了说，你接受了整个世界，整个世界也就接受了你。

第三部分

眼神中的意味

——我和孩子的沟通、交流

　　早上从孩子一入园，我就开始了和孩子的眼神交流。有时和孩子互问"你早""你好"；有时和打招呼的孩子摆摆手；有时眉毛提起，微笑地看着孩子点点头，孩子总能心领神会，我再努努嘴，他就知道该到哪儿去活动了。面对内向的孩子，我大多时候会迎上去默默地抚摸着他的头，用温和的眼神送他去活动；面对不爱倾听别人说话的孩子，我可能会让他等待一会儿，然后假装惊讶地说"哎呀，你好哇"；面对那些不遵守规则、大声说话的不文明的孩子，我会嘟起嘴巴，神情严肃又有点可爱地对他摇摇头。当你学会细心、耐心地守望，时间总会不期然地给予你微笑。

老师不同于妈妈

2005 年 3 月 24 日　星期四

早晨唐乐的爸爸来送她的时候，我正站在门口接待孩子。我笑着看着唐乐，她爸爸站在那儿看着我接待孩子，好像有什么事情。抽空隙的时间，她爸爸问我唐乐近来怎么样。我说："这孩子的学习你不用担心，虽然她内向、不开口，可是每次我都发现她其实最关注老师的一言一行，老师的眼神、话语她都知道。看她每次的操作卡片都留有认真思考、细心对待的痕迹。"然后我说了昨天她吃副餐的事（是她没有发现后边的孩子，拿了两个）。她对奶奶说是因为她没有洗手，所以老师没有发给她呢。其实对于自觉性很高的她，老师一般不会在意她偶尔一次的"犯规"，甚至希望她这样呢（皆大笑）。我和她爸爸说的时候，唐乐已经在自己的小椅子上了，不过我知道她在看着我们交谈。于是我一边说，一边对她笑着。她一定揣摩我们在说她，我不时地对她笑，让她感觉我在说有关她好的事情。她在远处也笑了。我继续跟她爸爸说着有关内向可以怎样改善的问题。

晓晓将帽子拉下，我有意将头低下，假装在找的模样。他突然地拉上，调皮地笑，如此反复，我知道我已藏在他的心里。

我对唐乐会心地笑，她也会心地对我一笑。下课时我常常不经意地发现她在我的眼前，看来那一次吹口琴并没有让她对我有什么看法和意见，我们之间的默契依然如故。那一次我从家里带来了口琴，是因为正好那一周的音乐歌曲《我的好妈妈》是孩子们会唱的，我想用口琴为他们伴奏，改变经常用钢琴伴奏的单调，给孩子们一个新鲜的刺激，也让孩子们接触一种新乐器。我吹了以后，孩子们都很激动，也想试一试。于是我提出了一个要求——举手才可以来试。很多孩子都大胆地举了手。我早就发现唐乐坐得很直。我知道她很想来，因为她很内向，我常常不经意地"照顾"她。她也感受到了这份关爱。这一次大概她也想我不知不觉地"照顾"她吧。我忍了又忍，冥冥之中想她也要受点儿挫折，因为不可能谁都会发现、照顾她柔嫩的心。于是我又歪着头，调皮地笑着说："真的，今天真的要举手才可以来试哟！"并在每一次说的时候都用眼睛望着她。她依然没有举手。已经下课了，我在想她是否会因为这个而有所反应呢。看来今天没有。

老师的爱有时是柔嫩的、细腻的，但更是理性的、平等的。在引导孩子时我们常常注重表面的东西，而忽视深层的内在。

"早上入园时，在妈妈的提醒下，唯唯向老师问好。可老师正忙着和小朋友谈心，好像没听到。唯唯涨红了脸，不好意思地转过去，藏在妈妈身后，好久才走进教室。一连几天，唯唯入园时都不愿意跟老师打招呼了。

能和老师打招呼了，说明唯唯已开始尝试和人主动交往了，这是一个可喜的开始。但对于从小被保护得过于严实的唯唯来说，成人的一时大意给敏感的他带来了伤害。因为一直在温室里长大，他更是受不了拒绝，受不了挫折。所以，事后我把他搂在怀里，向他承认了老师的失误，希望得到他的谅解；同时，教给他一定的技巧：'如果老师正在忙，你就过去拉拉我们的衣服，我们就听见啦！'唯唯点点头，开心地笑了。"

——一位老师的随笔

老师不同于妈妈，老师对孩子的爱要来得更理智。我们对孩子的爱既不能是俯视的，也不能是仰视的，而应该是平等的。孩子和老师打招呼，如果老师由于各种原因没有听见，老师该做的不是对孩子道歉，这样只会使孩子在内心养成对别人的行为的斤斤计较，而缺少了宽容之心。老师要做的是对孩子耐心地引导和疏导。我们要相信孩子的理解能力，孩子对这种理性的爱是能感受到的，孩子能感受到你对他的真正的态度，即使在你批评他的时候，他也能感受到。因为交往是双方的，你发出的信号没有让别人接收到，就谈不上呼应。我们要做的是耐心引导孩子明白简单交往的技能和具体方法。如："今天，你已经能大声地叫老师了吗？可我为什么没听见呢？""其实你只要轻轻地走过来，轻轻地拍拍我，我一定会知道的，对不对呀？我相信你一定是会的，对不对？"我们要先赞同了他的行为，让他得到肯定，然后耐心的引导会让他体验到老师对他的关注和关心，又教给了他一些交往技能；同时进一步引导他慢慢懂得自己这次初步交往失败的原因。

我们再在以后慢慢观察、引导的过程中让他知道，别人在交谈的时候，我们要等别人说完后，再表达自己的意思，这样才是礼貌和文明的。孩子需要这样的爱，这样的爱才会长久。我们老师的爱是理性的，有教育意义的，能长久产生深远影响的爱。

眼神中的意味

2005 年 4 月 8 日　星期五

早上从孩子一入园，我就开始了和孩子的眼神交流。有时和孩子互问"你早""你好"；有时和打招呼的孩子摆摆手；有时眉毛提起，微笑地看着孩子点点头，孩子总能心领神会，我再努努嘴，他就知道该到哪儿去活动了。面对内向的孩子，我大多时候会迎上去默默地抚摸着他的头，用温和的眼神送他去活动；面对不爱倾听别人说话的孩子，我可能会让他等待一会儿，然后假装惊讶地说"哎呀，你好哇"；面对那些不遵守规则、大声说话的不文明的孩子，我会嘟起嘴巴，神情严肃又有点儿可爱地对他摇摇头。

今天做操的时候，唐乐又像往常一样在孩子们都站起来向前靠拢时仍然坐在小椅子上。我笑着歪着头对她招招手，她没有动。我照旧慢慢地走过去，摸摸她的头，拉着她的手，她会很乖地放好小椅子来排队。（有一次上课的时候我特地表扬了她离开座位就放好小椅子，所以每一次她离开座位就放好小椅子。这说明她是一个特别敏感、用心的孩子）我和许阿姨会心地一笑，因为昨天是许阿姨这样牵着她的。孩子们来到外面兴奋地和其他小朋友一起跳起早操，不亦乐乎！在做早操的时候，我依然会看着每一个孩子。看着浩宇，我会憨憨地笑着点点头；看着往常调皮的孩子认真地做操，我会在动作的间隙很快地竖起大拇指；我会盯着每一个孩子的眼睛笑着看过去；对走动顽皮的孩子我就会神情严肃地摇摇头；看到不做操的孩子我就会更高兴、更有劲儿地跳给他看，让他感受跳着是开心的……回到教室的时候，我也是经常没有声音地笑着看着安静的孩子，而当我笑着看他们甚至悄悄为他们竖起大拇指的时候，其他乱哄哄的孩子会渐渐安静下来，等待我的晨间谈话。

这几天薛檬上课的时候不再交头接耳了，我及时表扬了他，一直等到他坚持了一段时间后我才告诉他的妈妈（以前他妈妈来接孩子时是不太开心的，因为看到自己的孩子不太认真听讲，很调皮），他妈妈将信将疑地笑了。我看着薛檬的眼睛："是不是呀？"他点点头，他妈妈宽慰地笑了。今天在马路上又遇到了薛檬妈妈正送他去幼儿园，我又笑着说了这段时间薛檬的进步情况，薛檬也不好意思地笑了，他为能控制住自己并且得到赞扬而高兴呢。我说："薛檬，做得好的时候我们心里开心，你心里开心不开心呀？"（经常受到赞扬，不管是孩子还是大人都会很开心的）他第一次羞涩地点点头。宇睿也是这样，她平时的操作卡片都是全错的，可坐到前面来的她居然全对了。在表扬她时，她的表情虽然是很"严肃"的样子，但内心其实是很开心的，从她掩饰不住的眼神中可以看到。

我不喜欢在班上"培养"一些能管住其他孩子的孩子。当孩子在管着其他孩子的时候，会产生许多对于孩子来说很可怕的心理。管别人的孩子似乎就像张贤亮的小说中农场里那些管着别人干活的人一样，倚仗着老师给予的特权飞扬跋扈，而且孩子对别人的评价是片面、单一的，都是支离破碎地理解老师的意思后再对待其他孩子。并且孩子本不该是被管着的，我们得从心里将每一个孩子都当作平等的人来看。老师的教育甚至批评是为了帮助他们，是服务性质的，而孩子是理解不了这些的，孩子只会理解成简单的管，和他们在活动中显现出来的号召能力、组织能力有天壤之别。而且被管的孩子要么易讨好老师的"红人"，要么产生排挤心理等不利于自身成长的阴暗心理。人人平等，即使是班级里的班干部也只是愿意为班集体服务的热心孩子，但愿每一个孩子都在善良、纯洁的氛围中天真、快乐地长大。

孩子心，天上星

2005 年 5 月 23 日　星期一

（一）让内向的孩子来审视你、了解你

早操音乐开始了，我找了圆圈上的一个位置站好。我看着对面每一个孩子的眼睛，提起眉毛亮着眼睛和他们交流着快乐的信息。当看到唐乐的时候，我发现我的眼神到她那儿时，她的眼神却快速地飞到了别的地方，嘴角抿着一丝不易觉察的笑意。我又去找其他小朋友的眼神，眼睛的余光发现她的眼神又转到我这儿。我很快地转过去，她的眼神又迅速地逃开了，嘴角的笑忍不住露了一点儿出来。她的眼神是不是在注意我呢？又到了变小动物的乐段了，我有意变换着动作，哈哈，眼睛的余光发现她正跟着我变换着动作呢。

活动的时候我再次点了晓晓的名，并让他把头转过来，把手放好，他照做了，看来在他的心里我已经有了一定的位置，就是被批评，他也不受影响了。

晓晓、唐乐、霖欣都是很内向的孩子。晓晓已经比以前大方多了。今天大家一起玩"开火车"，在小朋友的邀请下，只有唐乐、霖欣两个人没有参加游戏。小朋友又一次热情地邀请他们，他们依然没有站起来"开火车"。看唐乐的眼睛我猜想她大概不想这么拥挤、吵闹地"开火车"（因为活动过后她依然笑容灿烂地和我道再见，她的心情是很快乐的），但是霖欣又是为什

么呢？他忸怩着，默不作声。我该主动地又要不着痕迹地让他体验一份来自我的关注。离园的时候，我让所有的孩子到我这儿来排队，看他每次都是坐在座位上等着看到家人才慢吞吞地离开。今天我招手叫他来，很亲切、温和的那种招呼，将手心朝上把手伸向他："来吧！把椅子架起来，到我这儿来！"他犹豫地挪着脚步来到我身边，将手放在我的手心里。我的手动了动，发现他的手很松地放着，不像别的孩子一抓到老师的手就紧紧地拽着。我将他的手轻轻地很亲昵地捏了捏，又拽着，他的心里又会想着什么呢？他爷爷来的时候他又像往常一样慢吞吞地离开了。对于内向的孩子只有这样先互相观望着，观望着……

（二）不能输给任性的孩子

怡然是一个任性却又长得特别可爱的小女孩，可能正是因为她的可爱才让她有恃无恐、刁蛮无理。在家里大人常常拗不过这个小机灵鬼儿，尤其是她哭的样子又那么让人怜爱。

今天我值中午班，当确定每个孩子都睡熟了的时候，我放下手中的书也想打个盹儿，不然下午就没有精神上班了。不过我耳边能听见来自孩子的任何一丝细小的声音，因为哪怕有一点点声音我也休息不好。往常整整到下午 2 点才会有孩子醒来，今天下午 1 点没到的时候我听到怡然翻了个身，抬头看见她又睡着了。她接连又翻了几个身，我看她依然在睡，就闭起了眼睛。到 1 点 10 分左右，我听到了撕拉子母扣的声音，抬头一看，怡然的手正伸到下面拿着自己的鞋拉扯子母扣呢。我用胳膊肘轻轻地碰碰她，她知道是我，也没有看我，将手缩了回去。过了一会儿我又听见了那种声音，我又用胳膊肘碰碰她并"咳"了一声示意她别的小朋友在睡觉，不能影响别人。她转过头来的时候我将眼睛闭上了。她缩回了手，可过了一会儿我又听见了声音。我坐起来，将她的鞋放在我的鞋旁边。我听到她很轻的声音"还放在这儿吧"。我不作声地躺了下来。我听到她"哼哼唧唧"的声音，她是准备哭了吗？在她转过头来的一刹那，我闭上了眼睛。我可不能给她哭的机会。她可是要哭给我看的呀！我紧闭着眼睛，感觉她又转过头去了。我睁开了眼睛，看着她假装颤着身子酝酿哭的样子。我忍住了。我要等待下去，看她会怎么样！哎呀！她又转过头来看了，我快速地闭上了眼睛（一点儿也不能动的，她这个机灵鬼儿可精着呢）。如此反复了十几回，她才停止了酝酿着的声音，转过头去躺着（我偷偷瞄她脸上一点儿泪的痕迹都没有）。趁她看不见的时候我像猫一样悄悄地从身后拿了手机看，快 1 点 40

分了，哎呀，这孩子挺能折磨人呢！我头脑异常地清醒了，趁她还没有转过头来我又拿了身后的书来看。正看着的时候她转过头来，不好，我的眼睛是不是闭得晚了点儿，她发现了我假睡，居然又哼哼唧唧起来。这回，不管我闭多久都没有用了，她哼得更响了，她是知道我怕其他孩子被她吵醒的。她哼一下，转过头来看我一下，我依然闭着眼睛不理她，反正其他孩子也该起床了，看你怎么闹。这回她真的哭出声音来了，我坐起来一看，哎呀，她闹了一个小时了，真是考验我的耐心呢！我将她拦腰一抱，放在地上。她拉住我开始跟我撒娇哭闹了，边哭边说："把鞋放在那儿吧！"我甩开她的手，她又拉住，我依旧甩开，反反复复。我们到底谁会坚持到底呢？她在等待着我的投降，在家的时候经常如此，没想到遇到如此"耐心"的我，我不想因为怕影响别人而迁就她。她的吵闹开始升级，我将鞋子又扔远了些，说："自己躺到床上去，没有声音。"她接着茬说："我躺上去，你就把鞋放在这儿，是吧？"她讲条件呢！我没有反应，仍然不理睬她。她哭闹着问了十几回，我依然没有声音，她意识到没有妥协的余地，自己爬到床上躺了下来。看着她很快就安静下来，眼角居然没有一点儿难过的泪，我紧张的心才放松下来。等她安静了一会儿，我说："这个不发脾气的样子才好看呢！"我仍然没有将鞋子拿回的意思。一直等到小朋友都起来的时候，我请一个小朋友将她的鞋子拾了回来。她又开开心心地去玩了，吃副餐的时候又黏黏糊糊地在我身边了。

了解孩子谈何容易

2005 年 7 月 13 日　　星期三

近来我的脑海中总是浮现很久以前的几个场面。傍晚的时候，常常有一个孩子顺着那个楼梯的栏杆，像个小猴子一样快速地爬到我所在的三楼，出现在我教室的门口，羞涩地跟在我后面看我忙这忙那；我坐在孩子们中间，听见那些稚嫩的声音"小高老师，她是小高老师"，回过头去常看见孩子们调皮的或不好意思的扭头动作；我走在路上的时候，迎面奔过来一个孩子，常常不自觉地蹲下来，然后十分忸怩地抱住的那股热情……那时，我成天就和他们在一起，没有惦记，没有思索，有的只是时间。人在渐渐成熟的时候，有了思索，有了惦记，有了烦恼，有了顾虑，有了所谓追求，有了所谓收获，却在无形中减少了与孩子们在一起的时间。有时候他们需要的就是这么简单——你的时间，你完完全全的时间，不是心不在焉的时间，是专心致志的时间。我记起怡然妈妈的那句话："还不陪她呀！我下班后就陪她看电视、看碟片呀！"哦，但是我们陪孩子的时候心里是在惦记着自己的事情，想着要解决的问题，还是在想着工作还没有做完，想着孩子这个行为如何用理论解释……你是不是完全投入地在和孩子游戏？你是否体验到游戏的快乐？你的快乐是否已经感染到孩子……

当我们决心让自己的时间都花在和孩子在一起用心玩的时候，我们还不能算是了解孩子。在幼儿园里的怡然常常懒洋洋地坐在自己的小椅子上，吃着自己带来的东西。活动的时候她也懒于参加，游戏的时候她也很少动弹。我常常不知道她那个脑袋里装着什么，为什么孩子喜欢的游戏她不爱，孩子乐于参加的运动她不想。还记得那一次我带着孩子到她家玩，在那个沙发上，有那么多五颜六色的辫子绳。"来，先变成一条小河，哦，又有许多小鱼在水里游呀游呀！"只见怡然带着小朋友将辫子绳想象成了美丽的小河，生动地讲着河里的故事。忽然意识到，我从来就不曾了解她，不曾了解藏在懒洋洋后面的那颗丰富的心。原因是什么？为了给予大家公平的教育，没有了和每个人充分接触、充分沟通、充分交流，对每个人充分观察、充分理解的机会。我们的教育就这样有了特有的粗放性，不能完全精耕细作，不能完全充分开展，有时候老师带着自身臆想的、捎带着理论参考的对孩子的自以为是的了解，对孩子进行着教育。了解孩子需要时间，需要游戏的心，需要敏锐的观察，需要与孩子充分的互动（一对一的互动），最重要的是需要加入自己的情感，真正、真实而强烈的情绪情感。

刷新的契机

2005 年 9 月 1 日　　星期四

今天孩子们就要来了，早晨我迎着风骑车去幼儿园的时候心里似乎还有点儿刚刚工作时慌慌的感觉，心里总想又是一个开始，就要有一个完美的开端。这学期怎样继续更新那些家长的观念？这学期怎样改变那些任性的孩子？这学期怎样让孩子们有一个积极的起始？……

来到幼儿园的我忙着给孩子们开午餐的发票，这时配班老师拿来一张条子说："班上又进来一个孩子，是上个中班留下来的。"我顿时又有一种懊恼的情绪，就知道不断地进孩子，大家都想这一届孩子到大班一定会超过六十大关，所以情绪都很低落。大家正是因为想更细致地深入工作，所以不满于这种孩子多到不得不疲于应付而无法深入每一个孩子心灵的状况。

当新来的孩子的爸爸来交费时，他才发现我们班的阿姨就是他孩子小班时的阿姨。这时我也想起我眼前的这个孩子就是同事曾经说过的他们班的一个特殊孩子。等到交过费后，忙着继续开票的我听见有人说他的妈妈在楼下抹眼泪，意思是说怕阿姨知道她孩子在小班的情况而影响到他在这个班的生活。看来这是一个很敏感的妈妈，我只是依稀记得同事曾说这个妈妈为了让老师学习育儿知识，从家里带书来给老师看。不过我不想去打听这个孩子以前的情况，也不想知道他父母的事情。我要以我的眼睛来看他。活动开始的时候，发现孩子们一个个坐得毕恭毕敬（也许是第一天），我向孩子们介绍："今天我们班来了一个新朋友，他叫兴宇。你们觉得他表现得怎么样？"我看见他坐得特别直，于是借助小朋友来表扬他。小朋友们都说："他上课特别认真。""他坐得好。"……只看见他又将腰板挺了挺，我暗地里笑了笑，是呀！这就是给予他一个刷新自我的机会。陌生的环境、不同的老师，他一定也渴望有一个新的开始。我们在聊暑假里都到哪儿玩了的时候，只见他举手很积极。下课的时候他一直在老师身边转呀转，嘴里还念叨着什么。他急于试探新老师对他的态度，也急于向新老师表现自己。于是我微笑着耐心地听他说着。我走到门口的时候他也绕到了门口："我家里也有电脑，我家里还有很多画呢。"我问："是谁画的？"他说："是我画的，我将来想当个画家。"我一听，这个理想挺不同凡响的，因为还不知道这么大的孩子有这么远大的理想。我兴奋地说："真的！我也特别喜欢画画，以后我们可以一起画呀！我画画可厉害了，你也可以向我学呀！"呵呵，我也急于向他卖弄自己了。

当《秋日的私语》的旋律响起的时候，尽管有点儿生疏了，我回头却发现孩子们一个个安静了下来，一下子心中特别疼爱他们。我将他们带到操场上，问起他们最想玩什么的时候，大家都说"老狼老狼几点钟"。我看幼儿园大门外已经有许多来接孩子的家长了，不过还有点儿活动时间。于是我和孩子们兴奋地玩起了"老狼老狼几点钟"。刚刚玩了两次，孩子们还没尽兴，幼儿园大门就开了，我对孩子们说："我们明天活动课再来玩。"孩子们才高高兴兴地回了教室。回到教室的孩子们居然还没有忘记小班时的规则，一个个回到了座位安静地休息。看来换了环境，进了中班，的确是一个新的开始，今天我已经忍不住赞叹了好几次了。我希望从今天开始是兴宇也是所有小朋友全新的开始。

这就是给孩子一个刷新自我的契机，不是所有时候给孩子刷新都会有效果，我们要看准刷新的契机。刷新常常需要在有变化的情境里进行，或人物的变化，或环境的变化。一个孩子换了环境，升小学、过生日或生活中的重大事件等都可以给孩子提供刷新的机会。

慢慢有了爱

2005 年 9 月 6 日　星期二

也许是和孩子渐渐地建立了真正的感情，也许是孩子到了中班真的长大了，我总觉得这学期看孩子的时候，怎么看怎么觉得孩子比以前懂事和可爱了。小寒（很调皮，不懂事）居然抱着我的腿呵呵笑；振茜（内向，不多话）还老朝我仰着头做鬼脸；思余（年龄小，贪玩）听讲的时候眼睛似乎一眨也不眨；晓晓（不爱动，不交往）还用头顶着我的屁股表示亲昵；怡然也不再弓着背懒散地坐躺在椅子上了……说不尽的变化、回忆和遐想，在小越和妈妈来交剪刀的时候打住了。咦？小越好像还带了什么？这时小越妈妈说："你们不知道，今天我们买东西的时候，小越指着草珊瑚含片问我'这是不是治嗓子疼的药'。我说'是的'。她说'那我们买吧，我们老师嗓子很疼'。"我看见小越手里拿着一盒草珊瑚含片，想起昨天我和配班老师坐在钢琴前谈话说："休息了一个暑假，反而嗓子都不适应了，今天才一天，嗓子就很疼。"配班老师说："是呀，不知怎么的，我嗓子也很疼呢。"这些谈话大概被坐在前排的小越听去了，谁知她倒上心了。这个平时乖巧、不多话的孩子心里却悄悄地装下了老师，我和配班老师对望了一眼，彼此心里的那种由衷的感动，却无法用言语表达。我们只是看着、笑着，看着、笑着，反而有点儿不好意思地"小心翼翼"地看着并接过小越递过来的含片。我们觉得这份真正来自内心的东西，沉重得需要你好好珍惜，宝贵得需要你小心呵护。我们看着小越的眼睛，深深地将这份爱珍藏。

放学的时候，霖欣奶奶对我说："我问霖欣昨天高老师和你捣的什么鬼（也就是说的什么悄悄话）。他说'高老师让我听老师弹琴的时候坐下来'。我问他'那为什么要和你捣鬼呀'？他说'高老师怕我难为情呗，怕人家笑我呗'！"内向、默默无闻的他居然这么能理解、体会我的良苦用心，让我感动得无言以对，一切尽在不言中。当孩子有一些错误行为或违反规则时，我们常常会及时与家长沟通，孩子可能最怕这种沟通，而老师正是利用这种害怕达到调整孩子行为的目的。而这种心理体验中包含着更多的不开心、压制性。于是我常常与孩子事先沟通，我们说好先不要告诉爸爸妈妈，让孩子自己先来努力改正。如果实在改不掉的话我们再请爸爸妈妈和老师一起来帮忙。而对于孩子小小的缺点，我常常是用悄悄话的形式来提醒孩子，当然这种方式更多的是使用在内向、不善交往的孩子身上。

心情飘逸的时候我常常看不见孩子的缺点。自从那次和纬涵爸爸说了以后，发现纬涵这两个星期以来，表现实在让人感动，我又用眼神亮亮地看了她一下。下午我和孩子们说了我的老师教我认识各种植物的事情。我说那时候我听得可认真了，老师说了什么我就记住了什么，老师问这是什么树我就能说出这是什么树；说不定谁谁谁（班上孩子的名字）将来做了老师，我就变成了老师的老师。孩子们开心地笑了。我说："我现在把我的老师告诉我的本领告诉你们，好吗？"环视过去的时候，我陡然发现纬涵的眼睛闪过一线亮光，脸上挂着灿烂的笑，还微微地点着头，心头陡然也升起一股热潮。我兴致勃勃地带孩子们认识了红叶李，还兴致盎然地和孩子们玩起了他们最喜欢的游戏"老狼老狼几点钟"。孩子们也很注意安全，大家玩得很愉快，这是很难得的。因为孩子众多，我们常常不敢多玩这种追逐游戏，孩子们容易拥挤、摔倒、出状况。而今天孩子们都很注意控制运动的强度，注意自我保护。我的心情也如阳光般喜悦。

新进的两个孩子

2005 年 9 月 16 日　星期五

早晨下去做操的时候，我无意间眼睛一瞟，看见思源在笑，在偷偷地笑，在偷偷地好像很开心地笑。他从这几天的观望状态已经开始慢慢融入我们的生活当中了。我再用眼睛偷偷地瞟他，他正认真地看着我做操。中班操的最后是"开火车"，唱"如果感到幸福你就拍拍手……"，然后围成圆圈再唱。他总是从他那一组"火车"里跑到我的圆圈里来跳，一边跳还一边低着头笑着。他是从别的幼儿园转过来的，但愿他能早点儿融入大家的生活。

晓晓总是来蹭我的脸，倒像我的儿子一样……

这几天我看兴宇，他的眼神似乎没有刚开始那么有神了。活动的时候他开始和旁边的孩子拉拉手，常常和旁边的孩子偷偷地"唠嗑"，许多时候都无精打采地耷拉着脑袋。多年来，我一直观察这些小龄孩子在班级中的状况，以及他们"留级"以后的状态，发现大多数孩子在同龄孩子当中处于一种特殊境地，由于这种特殊而形成的一些习惯很容易根深蒂固（当然也有特例)。幼儿园是孩子踏入学习生涯的第一步，而这个第一步的印象常常就深刻地印在孩子的脑海中了。看来兴宇也不例外，许多小龄孩子在活动中的神态已经显现出来。小龄孩子由于年龄的原因，许多非智力因素或能力方面都比同伴稍差一筹，往往就使他们容易养成活动的时候游离于活动之外的习惯。望子成龙的家长还是要根据自己孩子的具体状况让其接受适宜的教育，而不是一味地认为早上学的小龄孩子就聪明。聪明是由很多因素影响所致的，每个孩子有自己的特点，超常的孩子还是少数。

感受唐乐

2005 年 10 月 31 日　星期一

前一段时间唐乐活动的时候神情尤其专注，状态特别精神。每次我看到她亮亮的眼睛，就知道她洞悉老师心里的想法，善解老师的意思。虽然她不举手回答问题，但是我知道她在用心思考、领会，有时候仿佛看到小时候的自己，那时候我的老师不也这样常常用眼睛和我交流吗？每次看到老师眼中的笑意我心里就暖暖的、甜甜。我知道老师相信我，我常常因老师的信任而感到特别幸福。唐乐也感受到了我对她的这种信任了吗？我看她的眼神，自我感觉她感受到了。

这几天唐乐有意地在活动中调皮，上个星期集体活动的时候她有几次手里摸着废纸，头扭着朝后。我感觉她是有意如此，所以虽然看见却一直装作没有注意。但我也知道她的眼睛发现了我已看见了她，她是不是因为我对她的宽容或者倚仗我对她的喜欢而有意如此？我还是一直没有点她的名字，可这个星期却发现她在活动的时候居然能大声地和后面的孩子说话了。一方面，她居然能变得如此"大胆"，我内心有些惊喜；而另一方面，我又为她如此的"大胆"行为不仅影响了他人参与活动、也使得自己注意力游离而有所担心。我轻轻地很随意地点了她的名，就像在随便说其他任何一个孩子一样，又继续自然地上课。我害怕她不能承受一次点名，因为我知道她是脆弱的，但是又希望她能在我随意的点名中增强自己的承受能力，为以后更好地社会化而提升自己的承受能力。如我所料，随意的一次点名之后她没有再说话。自由活动时，我带好长时间没有玩大型玩具(因为不能影响大班练操)的孩子一起去玩。在大型玩具周围一直巡视的我，在一侧偶尔用手碰到了跑着的唐乐。她很快地看了我一下，又忽地跑开，并回头用手指着我："干什么?"声音很响亮。我知道她不会习惯别人碰她的。过了会儿在另一侧，我又看见了她，于是又笑着碰了其他小朋友，也假装无意碰了她。她像刚才一样回头瞪着我说："干什么呀？"语气似乎比刚才调皮了一点儿，但还是感觉我很冒昧。我看见她鼻子上有鼻涕，（灵机一动）自然而然地问旁边的孩子有没有餐巾纸。她意识到我是在帮她借餐巾纸给她擦鼻涕，于是停了下来，接过我的纸擦起了鼻涕，然后扔到很远的垃圾桶里去了。过了一会儿有小朋友来"汇报"：唐乐在哭。我连忙循声走去，她在大型玩具上面哭。我温柔地招呼她下来："怎么了？"她哭得更厉害了，我又问："怎么了？"见她说不出来（内向的孩子在哭的时候是说不出来话的，他们在哭的时候被人询问的话，一定会哭得更厉害，但也不能不询问，那样他们会因为没有人关心而感觉到更难受），我蹲在她后面拥着她等了一会儿，再轻轻地问："怎么了？"她的哭声慢慢地停了下来："我今天感冒难受。"我向旁边的小朋友又要了一些纸给她："哦，不舒服呀，那坐在这儿歇歇吧。"不知道她是真的因为不舒服而哭，还是因为其他的原因，但我为她今天大胆地表达自己而感到高兴。我相信她的承受能力一定比以前有所进步了。

关注孩子的眼神

2005 年 11 月 8 日　　星期二

　　曹老师来我们班代课，活动是科学活动"飞鸽传书"，主要是让孩子们了解古代的人如何传递信息。曹老师说："虽然孩子们不了解这些东西（我知道是说孩子们没有这方面的认知经验），可是孩子们听得可专注了，一个个睁大了眼睛在听呢！特别是讲到长城上的狼烟时。我们班也刚刚上过。"看来也有一个人发现了孩子们的兴趣点，而且这些兴趣点并不一定是孩子生活中的，不是孩子们已有的生活经验，甚至是与孩子们的生活遥不可及的。活动中大家都特别开心。曹老师走了以后，我问孩子们以前的人是怎样通信息的，孩子们一个个都告诉我："用狼的粪。""干了以后烧。""鸽子也会送信。""因为鸽子的头里面有个指南针。"……孩子们争先恐后地说着。看来孩子们对感兴趣的东西总是记得特别牢固。

　　我也兴起给孩子们讲起了故事。"有一个男孩，就像×××（班上的一个孩子，正埋头做小动作）的样子，他的家在森林边上。有一天他想到森林里给家里采一些蘑菇，这样晚上可以给妈妈烧蘑菇汤了。妹妹看见了也要去。妈妈说：'那哥哥可要照顾好妹妹呀，在森林里不能走太远，太远了就会找不到回家的路的.'于是哥哥和妹妹拿着篮子走进了森林,他们看见了红色的蘑菇,哎呀,能不能采?(孩子们将在主题活动'伞'中的科学活动'好吃的伞'中懂得的东西都一股脑儿说了出来)对呀,不能采。他们采了一些好吃的蘑菇后,妹妹看见了许多野菊花,就像丁楠带的那种。(孩子们已经回忆起了丁楠带的黄色的野菊花)妹妹说:'我们摘一些花送给妈妈吧!妈妈一定会很开心的.'于是哥哥和妹妹沿着森林的小路采了许多野菊花,不知不觉天渐渐地暗了下来。妹妹害怕了:'哥哥,我们回家吧。天都黑了.'可是两个人走了很久,还是没有走出森林。哥哥说:'我们在这儿做个记号,不能再走到原来的地方.'于是他们走一段路,放一个石子做上记号,最后发现他们又走到原来的地方了。后来哥哥说:'我想起来了,老师说过可以爬到最高的地方,就可以看见……'"

没等我说完,孩子们都说:"快爬到最高的地方,不就看到自己的家在什么方向了吗?"我接着说:"他们爬上去一看,看不见呀,为什么呀?"我快速地画了一大片森林,并画了森林边的小房子,以及在森林里迷路的哥哥和妹妹。孩子们发现说:"森林里树太多了,真的看不见。"我说:"其实哥哥是想起了上课时老师说过可以看北斗七星。"我发现孩子们的眼神里充满了好奇与疑问,一个个都瞪着我。"北斗七星一直会在北面的天上,而且有七颗星星连在一起,所以人们就叫它们北斗七星。"我一边说一边在森林上方的北面画了北斗七星。"根据北斗七星的方向,哥哥把妹妹带回了家。"当然我又添油加醋地说了爸爸妈妈等他们时焦急的样子。

这时我又想到如果是下雨天就看不到北斗七星了,于是我又编出了一个故事。"爷爷是个伐木工人,在森林里伐木。天下雨了,哥哥和妹妹给爷爷送雨衣。可是在找到爷爷的时候,他们碰到了狗熊。"这时我问孩子们:"能不能伤害狗熊呢?"孩子们看看我,知道我问题里的反问意思,想说"可以"的话缩了回去。我用爷爷的口吻说:"森林里有许多动物都是必须保护的。"我又说:"为了躲避狗熊,他们迷路了。"这时孩子们一下子就说:"快,爬树找北斗七星。""下雨天看得见星星吗?"孩子们这才发现这个办法不行。这时我用爷爷的语气告诉哥哥和妹妹:"在森林里工作的人身上都有指南针呢。"于是我又画了一个简易的指南针让孩子们观察:"你们看指南针的箭头指着哪边呀?"(南边)我和孩子们用手找了找哪儿是北边,哪儿是南边,不过孩子们从黑板上的图中就可以清楚地看出哪儿是南、哪儿是北了。故事继续着,每每看到这时孩子们眼中的神色,我是最痛快的。我喜欢找寻这样的眼神，喜欢创造机会产生这样的眼神。

所以我常常关注孩子们的眼神，有的孩子的眼神是亮闪闪的，充满了阳光；有的孩子的眼神是忧郁的，不知道在想着什么；有的孩子的眼神是孤独的，显得落寞；有的孩子的眼神是狡黠的，透着小神气……而那些常常显出忧郁、落寞眼神的孩子的父母要么生意忙没有时间和孩子在一起，要么一定有一个能言快语、不善倾听的妈妈。我常常试着和这些父母沟通。"多陪陪孩子，听听孩子的心里话。孩子不会一开始就能将心里话告诉你，你要远远地看着孩子，不做其他事地观察着孩子，看看他在做什么，喜欢什么，甚至和他一起玩玩他在玩的玩具，参与他在做的事情。让他渐渐地靠近你，敞开他的心扉。"总是有许多父母真的在做的时候不知道该怎么做，不知道该做些什么，常常会跟老师说："我天天跟他说呀，他就是不说。"其实和孩子待在一起，不需要我们大人去说教，凭着一种交往的感觉，孩子就能感觉到你的真诚，自然会敞开心扉，哪怕面对的是父母。

守　望

2005 年 11 月 25 日　星期五

常常有一些孩子喜欢追随在老师的身后，问长问短，嘘寒问暖。这些孩子大多是一些性格较外向，乐于交往，善于交往，愿意主动与人接近的孩子。而在远处张望的孩子大多是那些性格内向，不善言语，羞于与人亲昵的孩子。通过每天早上的"开火车"游戏就可以看出哪些孩子是第一类孩子，哪些孩子属于第二类。因为"开火车"的游戏对孩子的队形和搭配没有要求，孩子可以任意组合（因为有队伍限制的时候孩子都会按照队伍的要求排列的，比如一开始孩子是按照在活动室的位置顺序排成圆圈做"泼水歌"游戏）。那些热情的、大胆的孩子常常很快地钻到老师的身后或抢着来拉老师的手一起游戏，甚至将一起争的孩子挤出去。而那些不善表达的孩子即使有这个想法也只会远远地望着，看着。尤其是像唐乐、思源这样特别内向的孩子。特别是唐乐，她应该能感觉到我眼睛天天对她默默的关注和爱护，可她现在除了能浅笑地和我说再见以外，我没有感觉到来自她的进一步大胆表示与交往。

今天大家"开火车"的时候，我一直想无意中拉住霖欣的手，因为这几天早操时他总是站在那儿一动也不动，他的妈妈很着急。昨天我还有意给霖欣找了个借口："你是不是因为妈妈在这儿才不好意思做的呀？妈妈走了以后，霖欣'开火车'的时候还是会和小朋友拉手的对不对?"事后我和他妈妈都决定淡化这件事情，没有人过分关注后也许他会变得自然。今天他来的时候我们已经开始在做操了，他手足无措，不知该站到哪个队伍里去。又到"开火车"了他还僵在那儿，我每次都走过他的面前，试图无意拉住他的手，和他一起"开火车"。可是他的手又会在我手中滑落。又到拉成圆圈一起跳了，许多孩子开始挤在老师身边。兴宇第一个挤在我身边，思源每次都不是挤在我的身边，而是在我的对面，对着我腼腆地笑，可是挤在老师身边的话可以拉住老师的手。忽然第二轮跳的时候，我看见身边有了一个黑色的身影，是谁? 居然是穿着黑色衣服的唐乐，她居然能来拉老师的手一起跳，而且低头笑着，心中陡然很兴奋，好像多年的努力终于成功一样的感觉。我就这么一直和她保持一定距离地微笑着，或者偶尔装作顺其自然地和其他小朋友一起表扬，或者间接地说起她的作品与作业……一直就这么耐心地等待着她的主动。我用力地拉着她的手，跳了一圈又一圈，感觉特别得无法形容。

也许今天会是一个新的突破，以后的她会慢慢走近老师，由老师再慢慢走进小朋友中间。

当人学会细心、耐心地守望时，时间总会不期然地给予你微笑。

还是做个静静的旁观者吧

2005 年 12 月 8 日　星期四

阳光洒到我们教室的每个地方，家长和孩子们都觉得我们住在这样的教室很幸运和幸福。

课堂活动结束后，孩子们自由活动。我坐在阳光里，看着近处、远处的孩子们，有的孩子在搭积木，有的孩子自发地从家里带来橡皮泥，在自由活动的时候自由地发挥。对面的慧荞在玩橡皮泥，一边在哼唱着什么歌，很好听，好像在唱什么豆豆。她面前的桌子上已经用橡皮泥工具压了许多小圆球，一定就是她唱的豆豆吧。呵呵，一定是她在自编自唱呀，她唱着唱着还转过身去和别人在交流什么，一会儿又哼唱着转过来继续。旋律真的很好听，可又听不大清楚。坐在阳光里的我忍不住和旁边的老师说:"你听，慧荞唱得真好听，是在自编自唱呢。"呵呵，我是想和旁人分享一下发现孩子闪光点的乐趣呢! 我并不想打断孩子的创作。旁边的老师循声望去，可能也听不清楚，或者是为了附和我的发现，开始向慧荞招手:"慧荞你唱的是什么？来唱给我们听听。"她抬起头看看我们，好像忽然意识到了什么一样不作声了，低头做起她的小豆豆来。她偶尔会抬头看看我们，只是听不见她好听的歌声了。我开始后悔我的分享、我的表达。我应该沉默，应该让那个好听的声音留在我的耳边，应该让那个发现持久地闪亮在我的眼睛当中……或许某一次的活动中让我向孩子们提起这个伟大的创作发现，让慧荞惊讶于我的发现，感动于我的发现，让孩子们重新看待身边的朋友，让孩子们认识到自己也能创造歌曲……我不是常常会如此细心地观察和体会孩子吗？我不是常常利用自己的观察来获得孩子的佩服和信任吗？延伸的可能性很多，今天我失去了一次机会。

　　不管对待什么样的孩子，都需要老师一颗细腻的心，细腻到小心翼翼地对待每一个细节，细腻到将每一个细节化成有效的教育资源。

　　和孩子们的接触中，或许自己的性格并不是热烈奔放的，我常常是悠着一些的，生怕自己贸然的接触会疏远了孩子的心，尤其是面对内向的孩子。我总是任由孩子先来慢慢地了解自己，接近自己，和这些备受关爱的孩子的亲近常常是被动的（那些极需要关心的特殊孩子除外）。或许我是害羞的，不善主动的，常常和孩子合影的时候也是孩子搂住我，我被动地去靠住他们。我很不善于拉住一个孩子摆出一定的造型，我常常是依赖着孩子就行。虽然如此，我天天屁股后面倒是跟着一帮"跟屁虫"捶捶背、敲敲腿的。今天我居然发现胆小的珂珂也在"跟屁虫"行列，真是开心。这可不是我要求的，是他们自发的、自愿的，呵呵，我常常享受着这样的得意心情。

营造生活的惊喜

2005 年 12 月 26 日　星期一

　　准备吃饭的时候，我就发现张钰很不开心的样子，坐在椅子上耷拉着脑袋，平时这时候他早离开座位去玩了。我只是在一旁注意着他，吃完饭的他居然哭了起来，听到我询问更加忍不住抽泣起来："爸爸说来接我回家玩的。"我想起，上个星期五他们约定今天中午到幼儿园来排练节目，大概是爸爸妈妈忍不住事先告诉了他。可是今天上午我们因为没有拿到剧院的钥匙，不得不将今天的排练改在下午了。我问张钰："是爸爸亲口对你说的吗？"他说："我听见爸爸说今天中午来接我回家玩的。"我追问："是爸爸亲口对你说的吗？"他也不确定，我估计可能是他听到爸爸妈妈的谈话。我又说:"爸爸没有亲口对你说,可能是他们在商量,并没有决定来接你。如果是他们已经答应你了却不来,他们是不对的。"他停下了哭声,坐在窗子前,情绪依然很低落,想想还忍不住哭出了声。我没有再安慰,我知道一说又要勾起他的伤心情绪。他比往常都安静地睡下了。

孩子们都睡了之后,我来到 QQ 群里,看见张钰的爸爸在上面,问起这件事,说起张钰的情绪。他爸爸说:"哦,是我说了的。"

"呵呵,下次我们要给孩子带来惊喜,可不要是失望啊!"我说。

"其实像这样的事情完全可以不告诉他,这样有事情不来也不会影响他的情绪,要是来又会给他带来惊喜,那多好呀。"我接着说。

"知道了,我是告诉他我们中午会去的。"他爸爸说。

"生活中要善于用这样小小的耐心等待给孩子带来惊喜,他就会感觉到生活是多么的幸福。"我说。

"好不容易有的期望没有了,难免会心情不好,我们大人还是如此呢。"我继续说。

"那下午我们去就让他做一回大人,教育我们一下——这也是一个尝试。"他爸爸说。

"好呀,不过我知道他会原谅你们的,可别让他过分得意与撒娇呀。"我说。

"谁让我们说话不算话的啊!"他爸爸说。

"那样又容易让孩子养成斤斤计较的习惯,要学会理解和宽容别人——耐心告诉他原因呀——先说对不起,再解释原因。"我提醒道。

"好的,有劳你了。"他爸爸说。

"呵呵,别客气。有你这样通情达理的爸爸他一定感觉很开心。"我说。

"今天是我不好,我对孩子说了的。"他爸爸说。

说着说着让我想起,在生活中我们常常喜欢将还没有兑现的承诺先许给孩子,给孩子许诺好像成了我们哄孩子的唯一手段。"你吃饭我们就……""你听话我们就……"你怎样就怎样,往往成了我们教育孩子的手段。有时我们的爱意常常溢出我们的心口,让我们忍不住给予孩子承诺:"我们明天去买个××。""我们这个星期去××玩。"可这些承诺又常常因为这样那样的原因可能会无法兑现,孩子在生活中更多地拥有了失望和失落。吃饭时孩子难以下咽的神情让人不禁想,为什么有人会不喜欢吃饭?想起我们小时候吃饭的迫不及待,又是谁销蚀了这些孩子吃饭的乐趣?我想起一则故事。有个孩子非常想得到商店里的一辆自行车，父母只是口头理解和支持，孩子用自己割草慢慢攒起来的钱买了那辆自行车。当那辆自行车终于来到自己手中的时候，那种激动、那种幸福真是无与伦比的。对于孩子，我们是不是太习惯于主动给予？孩子更多的幸福感、快乐感是不是被我们的主动慢慢地吞食了？

下午的游戏活动是"放鞭炮"，老师举起自制的"鞭炮"，悬到谁的头顶谁就跳起碰一下。对于中班的孩子来说，这样的游戏方式与游戏深度根本不能激起他们深入、持久的兴趣。对于进行下午半天的活动，我常常是诚惶诚恐的。现在下午的活动方案中干脆没有了游戏或者户外活动的内容设计与安排，在老师的潜意识里可能认为这些活动是次要的，可随便安排。可我常常会因为这些自选和随便而大伤脑筋，除了自由创意手工外，还设定了一周一次的讲故事。没有想出个头绪时，我便征询孩子们的意见，和他们到操场上去玩"切西瓜"。哈哈，孩子们遵守游戏规则的意识和以前是大不一样了：他们明显意识到队形保持的重要性；切到的两个人迅速地反应过来进行赛跑；赢了的孩子能清醒地意识到自己可以"切西瓜"了。最关键的是孩子们因为规则意识的明显增强在游戏中更能体验到快乐了。游戏的时候正好有元旦表演的家长来排练，有的孩子想继续游戏，有的孩子想去看排练，举手表决：想去看排练的人多。于是大家排着长长的队伍去看排练了。

或许生活中应该先让孩子主动想、主动要、主动选择，继而理性想、理性要、理性选择，才能够让孩子体验到生活的快乐。

区分调皮与破坏的不同

2006 年 1 月 9 日　星期一

在人们的印象里常常有这样的想法，调皮的孩子聪明。人们更从许多育儿信息中得知，要鼓励和引导孩子的破坏行为，那可能就是最初的创造。道理没有什么过错，只是当这种情形来到现实或眼前的时候，我们并不能清晰地去认识与对待。

有一次，乐乐和小小都在玩雪花片，乐乐拼插了一架飞机开始和旁边的小朋友追逐着开。小小也拼插了一架飞机，和他们一起开起来。小小的飞机一边开一边在"变"（只不过是在小小的嘴巴里变）："火箭在飞了，小鸟在飞了，老鹰飞过来了……"过了一会儿，乐乐开始和小朋友碰撞各自的飞机，小小和他们一起开了。两个妈妈站在一旁聊天，乐乐妈妈说："你家孩子也够淘的。我家的也是，管也管不了。哎（喊孩子），别把××的玩具撞坏了。"过了一会儿，乐乐和小朋友真的将对方的飞机撞坏了，双方都哭闹起来。这时小小不知怎么已经不再开飞机了，他已经将所有的雪花片都哗啦倒在了地上。"你看吧，这些孩子好像有破坏欲，什么东西都想搞坏，家里的玩具都摔坏了，没一个好的了。"小小妈妈紧盯着小小在干什么，小小手里不知什么时候有了一根牙签，正在用牙签穿雪花片。小小妈妈说："小小，你在穿糖葫芦呀？"小小像想起什么似的："嗯，是的，是的。"小小从雪花片堆里挑着自己喜欢的颜色。乐乐妈妈正在解决纠纷："来，坏了没关系的，想办法拼一个更漂亮的。我来帮你们拼。来，小小，别弄牙签，会戳到人的，把雪花片拾起来。我们一起来拼。"

在这样的一个游戏片段里，如果身在其中，很难分辨出哪个孩子更具有破坏性，哪个孩子更调皮，哪个孩子因为调皮更聪明一些。

尤其对于在旁边聊天的乐乐妈妈来说，两个孩子都很淘气。怎样看待孩子游戏中的行为？小小妈妈似乎因为大人的面子而没有争执什么，只是在观察着。乐乐妈妈虽然也在旁边一边聊天一边观察着孩子，可是她看到的似乎和小小妈妈看到的并不同。她看到孩子在追逐，在玩飞机。小小妈妈可能看到了孩子在开飞机，听到了孩子在说着什么，揣测着孩子在想什么。乐乐妈妈预先想到了乐乐可能要撞坏同伴的飞机，而小小妈妈可能在想小小把雪花片倒在地上是为了好选择自己喜欢的颜色，可能更关注他用雪花片又想做什么。有人测试说许多中国人在看物体的时候常常关注整体印象，而美国人在看物体的时候更在意细节印象。不管这种测试是不是可信，在生活中我们却常常发现我们真的很在意粗略的整体印象，很难去关注更细节乃至心灵深处的印象。我们不肯承认孩子调皮和调皮之间是有着本质区别的（有的调皮纯粹是好动，有的调皮可能是一种游戏的新花样），孩子破坏与破坏之间也是有着本质区别的（有的破坏纯粹是一种损坏和发泄，有的破坏可能就是为了发现些什么）。

从游戏中看来，似乎两个妈妈都在关注孩子的行为，并都参与了引导孩子的行为。事实上很多人都是像乐乐妈妈那样尽职地在关注着孩子，将孩子的行为界定为调皮，潜意识里认为这样的孩子会更聪明一些，或多或少地容忍着孩子这样的行为（因为现在的书上都是要求父母应该如此对待孩子），直到孩子的行为发生不可调和的矛盾为止。因为我们都知道要观察孩子的行为，并等待孩子自己想办法解决。两位妈妈对孩子的行为都采取了默默旁观的方式，直到乐乐妈妈去解决纠纷，小小妈妈忍不住说"你是在穿糖葫芦吧"。有人会说两个不同的孩子当然有不同的行为表现，不能纯粹说谁的行为好，谁的行为不好。何况孩子的行为我们又不好控制，我也希望我的孩子能够像小小那样呀。当我们为自己辩解的时候我们没有想到，孩子的行为是怎样产生的？孩子这样的行为习惯又是怎样养成的？正是因为我们平时的忽视和对孩子的一点一滴的教育行为而导致的，正是我们的思维习惯、我们对待事物的态度养成了孩子这样的行为习惯。平日里如果你不仅重视孩子的"开飞机"（只是一个比喻）行为，而且重视孩子在游戏中了解"天上还有什么飞的"（或许你自己是一只小鸟正向孩子的飞机飞去）；平日里如果你不仅重视孩子拼插"飞机"，而且重视孩子拼插更多其他东西；平日游戏中如果你不仅关注孩子玩什么，更关注孩子做什么来玩。或许这样孩子又会形成另外一种行为养成模式呢！只有细节处时时注意，才能在整体上有所收获。

观察也分很多层次，审视自己的观察还处在什么层次，才能认清自己所采取的教育行为是否更有益于孩子的发展。

捕捉敏感

2006 年 3 月 15 日　星期三

有许多细腻的变化需要一双敏锐的眼睛去发现。内向得不愿正面看别人的唐乐也会大胆地看着人笑了，当你望着她的时候，她会善意地还有点儿忸怩地和你一笑。上个学期在活动中写信给朋友的时候我怎么也想不到她会写信给荣捷，有时下课的时候还和荣捷一起走。这些天她还和能言善辩的宇睿交上了朋友。前几天活动的时候我就发现她将自己的丝巾拿在手里玩，今天居然又发现她在活动的时候借给宇睿玩。调皮的宇睿哪受得了诱惑，正愁手里没有东西摸呢。看在眼里的我一直没有干预。因为我知道这对敏感的唐乐来说是一个"大举措"，不能轻易扰乱。虽然我知道她能够看得出我的心思，可能也由着我的这种放纵而在活动中使她看起来有一点儿放肆，比如说话，比如玩东西。有时为了课堂的秩序，我婉转地不点名字地以提醒孩子们的口气提醒她，她也会马上意识到。说明她是在试探自己的放松的感受，我要让她感受做个有那么一点儿不好的孩子也是很快乐的。因为哪有绝对的好和坏呢？谁能说毕恭毕敬的孩子就是好？当然事情是有两面性的，对于极其内向的她来说一定是要体验体验突破规则的感受的，而对于调皮的宇睿要适当给予规则的约束。因为她常常有自己内在的力量在不断尝试突破常规。当然我们得保证这种规则是公正的、正确的。

虽然活动的时候我并没有将宇睿手里的丝巾收过来，宇睿的头脑和注意力也一直在参与老师和孩子正在讨论的关于蛋的科学性话题，但是丝巾最终还是被阿姨收走了，因为第二节活动课是音乐活动，对宇睿的吸引力就没有那么大了。宇睿还是嬉皮笑脸的，大概因为那不是自己的，一脸满不在乎的表情，而唐乐却哭了起来。小奕满腹同情地问唐乐怎么哭了。好像勾起了伤心事的唐乐又一次哭诉起来，一边哭一边告诉小奕："我的丝巾被阿姨收去了。"其实这时候唐乐是看见我的，我装作不知道，她也可能认为我不知道。她大概是说给我听的。不过我心里还是高兴她能够将自己心里的事情向别人诉说了，这是件比丝巾事件更值得关注的事情。最终我也不想去干涉，因为这是她和阿姨之间的事情，只有她们两个人自己去解决，她才会体会到阿姨对她的爱和好意。

今天绘宇居然也举手了，她可是一向都木木的。我赶紧抓住机会突出表扬了她，不善言辞的她，心里一定有了不同的感受吧。看她神采奕奕的眼神，我能够感受到她的快乐。当然我的目的不仅仅于此，我要看到她以后都这么积极才好。我看浩楠还在因为昨天的出彩回答（怎样分辨蛋是生蛋还是熟蛋的问题，他回答说把蛋给鸡孵，出来小鸡的就是生的，不出来的就是熟的）被点名表扬而有点儿得意忘形呢。

对不同个性的孩子慎用不同强度的表扬，不同的表扬一定要针对一个事实的表现点。

表扬我自己

2006 年 3 月 31 日　星期五

今天张老师到我们班来代课，感慨地说："你们班举手回答问题的孩子真多，我们班每次举手的就那么几个。"我仔细想想这个学期以来确实是这样：很多内向、不多话的孩子也天天举手，就像小雨、栋杰、小哲；很多调皮、注意力不太集中的孩子变得沉稳而且频繁回答起了问题，比如若冰、张钰、宇睿。这种变化仿佛是在不知不觉当中渐渐形成的。每次活动的时候大家情绪都很高涨但又很冷静，其中的鼓励是日复一日的，思维激荡是隐藏在每次活动当中的。时间长了，大家慢慢地体会到了上课动脑的快乐。

我看着孩子们齐刷刷举起的手（当孩子多的时候，一定的秩序规则是必须存在的，能够给人带来愉悦的感受），心里真痛快。

今天的体能活动是"和报纸做游戏"，大家在去操场活动之前也想了很多种玩报纸的方法，但是头脑中能够想象的方法很有限，只是局限于折什么东西（比如飞机）、剪什么东西、画什么东西，要么就是团成团"打雪仗"（以前玩过的），或者放风筝等几种方法，就再也想不出来了。我也想了好几种方法，比如做成金箍棒，或者放在地上当成荷叶学青蛙从这片叶子跳到另一片叶子（以前唱《小青蛙》的歌时这样表演过），或者想想怎样放在身上不掉下来（我提醒孩子们不是放在头上，也不是放在肩膀上，而是放在身体的前面）。孩子们对我的方法很是好奇，在他们面前我得意起来，因为我想的方法比他们多，他们哪知道我还可以看书上的呢！当孩子们迫不及待却又在我的提醒之下整齐地排好队来到操场上时，我开始发报纸。一开始我和孩子们一起做个金箍棒，大家在圆圈上假装打起来，也有的孩子没有做好。咦？有的孩子横着卷，有的孩子竖着卷，我来斜着卷，然后得意地提议大家一起来比一比谁的长。哈哈，他们真的上当了，谁也比不过我，虽然我拿的报纸小一些。×××不知道是看到我卷的再去重新卷了，还是他卷得慢，他居然也是斜着卷的，而且比我的长一些。许多孩子好像得到启发一样，都在尝试重新卷，都来和我比，哎，都比我的长一些。这些家伙，自己的报纸比我大一些，就得意地说："哈哈，我比你的长。"

很快有孩子在用报纸尝试别的玩法，有的在折飞机。哼！他们的办法很单一呢！我抓住报纸放在身体的前面开始跑起来，孩子们"咦"地看着我。我知道他们的心里一定在纳闷："真的不掉呢。"许多孩子也尝试起来。一开始有的孩子报纸总容易掉下来，因为起跑的时候没有抓好报纸。慢慢地，很多孩子成功了，一个个兴奋的劲儿把我也弄得很开心！郭丽也是没有把握到窍门，嘴里在说："高老师，我一定能够成功的。"我说："是的，你再试试，一定能够成功的。"原来能够尝试别人的发现也是一件快乐的事情，尤其是这种可以挑战自己、体验成功的游戏。不一定所有的创意都非要是自己想出来的才能体验到快乐。平时的我们是不是过分强调创造，最后就偏偏失去了创造呢？毕竟很多创新的基础就是模仿，就是学习别人的方法。

这时旁边的张钰走过来，很冷静地对我说："我知道报纸怎么不会掉下来的，是风鼓着才不掉的呢。"我惊讶地看着他："哇！你真厉害，观察得这么仔细呀。"真的，我没想到以前调皮的他近来能这么冷静地观察现象、思考问题。浩宇在不远处叫我看他变的望远镜，我跟着他学，用望远镜看起了远处的孩子。

对呀，还可以来玩击剑呢。我想起了奥运会中的体育项目，卷起报纸和旁边的石伟击剑，呵，他还有点儿不好意思呢，他总是离老师有点儿远。他笑着抵挡着我的剑，倒忘了出招了。过了一会儿，有孩子在放风筝，我也顺着风的方向放起我的报纸风筝。又有人提议我们来打雪仗，我加入女孩一组打起了男孩。我知道不能就这么打，要是就这么开打，保准他们都会来打我的。

很多孩子在远处玩着，我并没有看清他们的玩法，活动也意犹未尽地必须结束了，让孩子们将手中的报纸团成团扔到垃圾桶里。我心里知道有很多孩子会说浪费，会舍不得。我告诉他们这些报纸是可以回收的，回收再加工又会变成有用的东西。这也是下一个活动"纸的回收"的一个引子。回到教室的时候我发现还有好几个孩子舍不得扔掉，他们一定还想玩呢。不过上课的时候该怎么办呢，放在哪儿呢？他们征询我的意见，我让他们放在门口堆放废旧盒子的地方，要玩自取。

回到教室我们稍稍总结了一下活动的情况。靠在钢琴前我突然这样说："今天我要表扬爱动脑筋的浩宇，他想出了与我们都不一样的玩法；我还要表扬我自己，我也想出了你们没有想到的击剑游戏。"浩宇居然腼腆地笑。孩子们一听到我说击剑就开始议论："就是脸上戴那种面具的。""手上有薄薄的亮的东西。"我赶忙说："是的，是的，就是电视中体育频道经常放的。"我截住孩子们的话头又说："今天我还要最后表扬一个人，他今天在小朋友都玩'把报纸放在身上不掉下来'游戏的时候，一直在仔细观察，认真动脑筋，发现报纸是因为风鼓着才不掉下来的。"他们顺着我的目光看向张钰，大家都猜出来了是他。

孩子们爱动脑筋的习惯是不是就在这样着重而有针对性的表扬中给培养起来的呢？

心的礼物

2007 年 7 月 6 日　星期五

我喜欢远远地凝视孩子的眼睛，揣摩他们的心态，洞察他们的心思，感觉他们的想法。外向孩子的心思往往一望便知，但内向孩子的内心会需要长期细细地凝望和揣测。我尤其喜欢去阅读孩子眼睛里透露的话语和心思。每当研读时回应孩子的眼神后，我总会收到孩子眼神里欢喜又害羞的回馈。那种心的享受是一种柔和、美好、温暖的穿透心的感觉。

读孩子的时间长了，我常常一眼便能望出这个孩子动作以外的意思。人的行为能够掩饰自己的内心，可一个人的眼睛常常不会配合人的行为，常常把内心暴露无遗。

好几次我在幼儿园门口遇到栋杰，他都有些不好意思地拐一个大弯，看似是躲开我，但我知道他的心思。他是一个常人一看到便可能会因为他的行为而嫌弃他的孩子，事实上很多人都不明白他有些故意捣蛋的行为是在试探你的态度。他的那些看似不好的行为下面掩藏着一颗脆弱和刻意如此自我保护的心。他就如绘本《提姆与莎兰》里的苏珊，他善于观察，他长于敏感。他一旦试探到你的态度不是接纳和可接受，他就会用所谓的捣蛋行为层层包裹起自己的内心，会用各种不好的行为来表达自己的反抗和不喜欢。而他一旦用心感受到了你的接纳，他就会激发起内心的各种积极因素，让各个层面都表现极佳。但他可能永远都不会擅长用语言来表达自己的内心。他的眼神里为什么有那样的神色，有失望吗？或者意思是我为什么会离开？有困惑？或者有对我生病的不解？我也说不清，有时候心感受到的用言语却无法承载。我很担心，他会遇到理解他的人吗？人生不可测，或许他终究会长大。

内向的状态有很多不同，思源就不同。他不会选择用外在行为来掩饰自己，他只会选择面对你时更加地听话或木然地拒绝，不会再尝试用眼睛、用表情、用身体的动作来与人交流。但他可以沉浸在自己的思维世界里，对学习不会像栋杰那样产生影响，只是可能在不理解他的人面前封闭自己，不再尝试去交往，而是待到一定年龄会逐渐和同伴被动地交往。

更多的孩子用聒噪的声音在窗子口一声接一声地叫着我，以此表达他们对我的挂念或者说是关心。但我的眼睛一直在注视着一双眼睛，一双没有任何声音的但来回徘徊走动着的眼睛。他在那么多人头攒动的孩子的边缘用带些怜惜、带些疼爱、带些关心也有些好奇的眼睛注视着我。当别人兴致减去回到各自的游戏中去的时候，他仍然徘徊在窗口用那样的眼神看着我。他常常是转过头走时却又回过头来张望，回过头来张望的时候又转过身去走到已经没有孩子的窗边用那样的眼神带着点儿羞意看着我，隔着透明的玻璃不时地来看我。我有些不好意思地对视他的眼睛，只是用心在感受着。我想起他刚升中班时和我"豪迈"地交谈："我喜欢画画，我将来要做画家。"我说："我也喜欢画画，我以前也想当画家。说不定你还可以向我学呢。"我想起对他的激励，想起对他诚恳的提醒……

他几天都是如此，我忍不住朝他招招手，他的眼睛陡然一露喜悦，然后就跑来我的身边。我问："你家住在什么地方呀？"我是想以后去看看他。

"我家住在503。"他回答。

"是几号楼呀？"我又问。

"我记不清了。"他本来就有点儿不好意思，现在更不好意思了。

放学的时候我就看见他拉着妈妈的手在问家住几号楼的问题，然后急速地跑来告诉我。当他妈妈拿询问的眼睛望着我的时候，我也有些不好意思，只是笑着，没有作声。

我当然不是什么大人物，但我知道我要是去他家看他的时候，一定会遇到一双惊喜但又带着不好意思的眼睛。

孩子给予我心的礼物，我会回馈给孩子心的礼物。

有时我在想，除了家人以外，有没有人用心来理解我的孩子是属于哪种内向的状态呢？

孩子的逻辑世界

2008 年 4 月 16 日　星期三

前几天吃饭时，儿子拿一只自己咬过一口的馒头问我："你猜是谁咬的。"（儿子五周岁、六虚岁时会经常有如此"掩耳盗铃"的问题）我笑着说："是小狗咬的。"我说了多少次，儿子都依然是看着我，一副很认真等我再猜又好像在想什么的样子。我还说："是小狗咬的。"儿子很慎重地说："这儿哪儿有小狗呀？我才不相信呢。"

孩子的理解逻辑有时和我们大人的理解逻辑相差真的很大！要了解孩子的逻辑世界，我们必须先了解孩子理解事物或理解逻辑的方式，也就是孩子感知和认识世界的方式。孩子的逻辑世界对于我们成人来说，是陌生的。因为我们很多成人已经遗忘了自己曾经的孩提时代，或者说孩提时代的很多东西早就随风消逝在记忆之外了。所以对于孩子的逻辑世界，我们必须是谨慎的、谦虚的，谨慎和谦虚就是不要那么轻易甚至武断地用自己的感受或自己的理解来掩盖孩子的感受和理解，而是要怀着小心翼翼地觉察的态度，时谨慎应对、时观察、时思考孩子是如何来理解当前正在说着的事情的。我们可以通过孩子的语气、孩子的神态、孩子的体态甚至孩子的语言本身来揣测、琢磨孩子理解事物的方式。比如上面的例子中，儿子一点儿也不觉得我说的"是小狗咬的"有什么好笑，也不觉得我就是说他是小狗。他只是在困惑：这儿哪儿来的小狗呢？经过思索他最终确定并反驳我：这儿没有小狗。

很多时候我们是站在成人理解事物的逻辑上来看待和要求孩子的，有很多父母和老师常困惑：这个孩子怎么会这么想呢？常常觉得孩子的言行不可思议。正是因为他们不了解孩子的逻辑世界才有如此困惑。

每个年龄阶段的孩子都有自身理解事物的方式和逻辑。幼儿园大班以及大班之前的孩子理解事物常常是单纯的，这就是他们为什么听不懂老师和父母反话意思的原因。当然也有可能长期生活在反话氛围中的孩子在这方面会有早熟的现象。比如现今，很多家庭都用"脑筋急转弯"来考验孩子的聪明程度，促使一部分孩子变相早熟，将本来理解事物很单纯的理解方式过早地淹没了。他们哪知道孩子理解事物的方式更接近于科学家观察和理解事物的方式，因为孩子是求实的，是追求更接近于自己所觉察到的真相的。他们还不知道"脑筋急转弯"只是让孩子习得了一种"小聪明""小神气"，失去了更多的童真与单纯。

老师要了解孩子的逻辑世界，除了要把握各个年龄阶段孩子感知事物的普遍特性外，更要去观察和了解每个孩子的生活方式，也就是这个孩子产生如此想法的环境、氛围及可能产生影响的因素。在佐藤学《静悄悄的革命》第一章中，想要表明的其实也就是这个意思。我希望老师以谦逊的态度、前倾的体态来用心倾听并体会孩子的表达，边观察；边揣摩；边极力去探究孩子的语调语气、体态、表情、语言内容；边回顾这段时间以来可能产生这些想法的相关经验，然后以自己的体态、表情甚至语言应和上孩子的体态、表情及语言，产生真正的共鸣。所以了解孩子的日常生活以及孩子在日常生活中的诸多想法是老师能够了解孩子的逻辑世界的重要途径。比如有时候当孩子说到一个什么想法时，你可能会突然想起前几天与这个孩子的闲谈："哦，是不是你那次……嗯！"共鸣不知不觉就产生了。比如有时候孩子说到一个设想时，你可能会突然想到他在某个活动区里的尝试："哦，是不是你上次在……发现的？"共鸣自然而然产生了。

还有些时候，当老师在和孩子的生活中，利用自己默默地对孩子的观察内容，主动说起某个孩子的发现，说起某个孩子的设想，那孩子的心情以及心情溢出的表情是可想而知的："老师这么了解我呀！"

　　老师了解孩子的逻辑世界，和孩子之间才能在活动中有真正的互动。把握这个年龄段孩子的普遍心理和理解事物的特性、对每个孩子的生活方式敏感觉察、对当前和之前的孩子生活经验的积累与记忆才能随时从脑海中进行提取，对于活动中即时理解孩子的逻辑世界，都是极其重要的。其实最重要的就是父母和老师不要脱离于孩子的生活之外，而是要真正融入孩子的生活当中，共同感受、共同体会。

没来由地想要絮叨她

2009 年 3 月 18 日　　星期三

　　其实我一进这个班，就注意到了她，因为她的眼神，有些傲气，也有些迷离，或者有些蔑视，或者是随你怎样我就是这样的神态，而在这些神态背后似乎又掩藏着一些什么。她时常在课堂上与旁边的小朋友笑着说话，或者会有半个身子趴到桌子上来，即使是坐着的姿势好像也是慵懒的。不管我是在语重心长讲话的时候，还是严厉批评甚至生气的时候，或者是给其他小朋友轻吟歌曲的时候，或者是在讲述绘本故事的时候，她或许在试探我的耐心和态度，她的眼睛就那样不时在与别人说着话的间隙看着我。事实上我分不清她在课堂上或者在老师要求安静的时候与别人说话，是本来控制不住还是故意为之。但我感觉到她能够控制自己，似乎故意为之的可能性更大些。

　　我也并不想刻意去了解她，或者刻意去关注她，只是由着自己自然本真的状态。她感觉到了我的冷落？好像是，其实也并不是冷落，只是让她与其他孩子一样。看样子她以前应该是被关注的中心，因为外貌、因为家庭。幼儿园时常有一群这样的孩子，他们因为自身外在的一些优势而成为老师和小朋友注意的焦点。中班已经相对形成了一定的班级生态特征，而生活于其中的孩子已经被这一生态所浸染。

　　那天，我让每个孩子来跟我说一句最想说的话，请一个孩子帮我请来诉说的人。我猜她肯定是容易被请到的孩子。果然是。她居然絮絮叨叨地说了很多："我在床上，没穿衣服，然后就穿鞋子下地，奶奶就骂我……妈妈要让我全部做对。"我应："妈妈想让你每次都得三颗星？"我脑海里浮现起她妈妈每次在教室外面关注她的数学画册的样子。她连连点头，又咕哝着说了许多，尽管听不清楚，但我并没有打断她。我不知道她为什么突然一下子会说这么许多话，是真的？还是？现在的孩子在父母和老师之间已经有了自己的心眼。我并没有从她的语气和神态中捕捉到更多的信息。

之后的她依然如旧，时常还是半个身子趴到桌子上来，或者偷偷地和旁边的小朋友说着话，但眼睛会不时地瞟着前面的我。我也照旧是不点名但用眼睛看着她的方式提醒她如何去坐。大概我的眼睛也是有所躲闪的，我不知道。

她每次在我给其他小朋友奖励唱歌的时候，开始坐得很好，或者在我的琴声响起的时候，很快坐到座位上。有一次，我看见她已经开始努力坐好，（我越来越确定她是能够控制自己的）还是忍不住喊了她的名字，给她唱了一首歌。

每天早操的最后有一个游戏，游戏里小朋友是围在老师身边的。这个早操，多少有点儿老师"自恋"的影子，每个设计当中都是小朋友簇拥着老师，我总是不自觉地抗拒着这种人为的中心。或许她每天也看见我总是请不同的小朋友站到圈子的中间去，或许眼睛中有一些好奇。偶尔我注意到她是蹲在另一个老师旁边的，有时好像也看到她在身旁的身影，但与他们还很陌生的我，并不习惯与他们更亲密的身体接触。我很少"热情、主动"地去和他们拥抱，或者去招呼他们。人与人之间的相处需要一个自然的过程。总是有一些热情的孩子会主动簇拥着你。我偶尔瞟见她在外围转着，试图靠近的身影。

"你很漂亮！"游戏中，有个男孩靠近说。"哪里？"我大概是有些脸红的。"我也觉得你很漂亮！""我觉得你很善良！"有个女孩，还是被批评过的那个和我说。"是吗？你不觉得厉害？"我有些语无伦次。

我没注意到她已经很靠近我，蹲在我的身边，看着我和其他小朋友轻轻地说着。我有些亲昵地抹去一个孩子眼角的脏东西："今天早晨谁给你洗脸的？"立刻引来一阵"我是谁谁洗的。"她说："天天都是奶奶给我洗脸的。"

今天是星期三，她已经连续三天，在活动中都坐得笔直笔直的。我说："这个星期，有个女孩，变化可大了。"我的眼睛瞟向她，立刻与她的视线连接起来。我注意到她用心地倾听着，思考着。我注意到她在举手。以前的她或许是不屑于举手的。

我自然地喊别人回答，然后自然地喊她回答。

今天利用儿歌《兜风》做游戏也一样，她一直坐得端正，很想参与到游戏当中来，很想正在兜风的孩子能够注意到坐得笔直的她，然后兜风到她家里去。

她的眼神发生了微妙的变化。有一种神秘的事情正在发生？我不是很确定。她似乎没有了那种抵抗性的傲气，眼睛里能时常看到笑意，或者是神色之间简单、单纯了起来，或者说更像个孩子了？

去幼儿园的路上，我遇到她，她下车来，将手放在我的手心，和我一起走进了幼儿园。

很多时候，身体的接触也意味着心理的靠近。孩子应该拥有的是孩子本来的、纯真的、自然的、对未知充满好奇的眼神。

等待、包容、认可
——一天这样观察一个孩子

2013 年 4 月 22 日　星期一

今天我们正式进入"报纸"的主题课程了。有一部分孩子照旧去浇水，下过雨的草地，绿意变得浓厚，就和《和甘伯伯去兜风》中一模一样。

"这是螺蛳的卵。"哦，禹季带来一个透亮的瓶子，里面养着好多细小的螺蛳。照旧，我们把螺蛳养在钢琴那边，方便老师对孩子观察的观察。这里，是目光聚焦的地方。

一部分踏青去的孩子采摘了一些野豌豆头和钢琴上的绿萝插在一起，教室里立刻就晕染了浓浓绿意。

我注意到他的时候，他正一会儿蹿上草地，一会儿蹿下草地，一会儿蹿进那几根竹子之间……他这时候的确不应该在草地上，毕竟我们说过尽量少在草地上，即使是浇水的时候。草的芽要冒出泥土来那样难啊！不过，他那样沉浸在自己的世界里，应该是脑海中充满了某种思绪或者幸福。我并不忍去轻易打破他沉浸于世界的状态。

"你下来吧。"待他相对近时，我用尽可能柔和轻的声音叫他。

不知什么时候他拿了一个红色的小桶来浇水了。相比其他孩子较大的年龄，促使他有自身的那份成熟，比如他比别人更能领会文本之意，他比别人更懂得他人之心。当然他在认知方面也有着因环境的原因显得非常幼稚的地方。

做操的时候，他的成熟体现在，他比别人更能体会到标准的要求，能够按照其一板一眼地做到位。

做操到最后自由组合、自由动作的时候，他一个人拿着布棍子和早晨那股看似悠闲的样子一样，走到东来走到西。早先我就注意到他拿着布棍子夹腿骑马跳的样子了，今天他依然如此。操场上大多数孩子都是模仿着老师或跳或跑。他夹着布棍子从操场的东头跳到西头，去找了他的朋友涵，也可能他本就是有意去找寻朋友涵的，只是后者没有多少积极的反应。布棍子落在地上，他开始两脚夹着跳。涵也开始下意识地把布棍子夹在两脚之间，犹疑着是否跳。

当其他小朋友开始钻的时候，两个人终于连接了起来。两个人共同拉着布棍子的两端，跟随着音乐上下摆动，颇有应和节奏的快乐。

晨谈的时候，他很敏感于老师的注视。一旦老师有所注视，他会立刻把手放在膝盖上，身体端直。他是安静的，在对教室秩序的敏感和自我世界的漫游之间来回穿梭着。

他一直坐直了身体，有时别人在回答的时候，我能够感觉到他头侧过来的动作。但我无法确定他是否就在倾听的状态中，看似在，又似不在。我领会他的思绪更多在自我弥漫的情绪里，但能够自如回到课堂的思维之中。他不时埋头看看自己的手，有时眼神又似乎望向窗外的远处，不时又定睛看着老师或者某个空洞的地方……我不知道他是否意识到我目光、意识的注意，于是尽量用眼睛的余光去感受他。偶尔我以为他的目光和我的目光有了交集，恍惚之间又似不是，他的眼神荡了回去。

很多时候，我会包容孩子这样的"游离"状态，或者说一种有着"自我世界"的"游离"。因为你还能领会到他们那样自如地回到课堂这里。尽管秩序在那里，规则在那里。只是在"内在自我"和"外在课堂"之间，得依赖后者于前者的吸引，或者说得允许前者偶尔于后者的离开。有时候我心里会以为这是一种积极的卖呆时光，所以不仅带着包容，乃至带着一丝丝欣赏。

老师在讲述报纸的故事，他的思维其实一直能够回到课堂这里。不过我能够感觉到他并没有调动起报纸的生活经验，或许他的生活里没有，或许他没有意识到。

半个小时后，他开始伸头，双手扣搭在一起，身体前倾，坐不住了。不过活动也快结束了。

自主活动时间，他站在书柜前面，看放在上面的绘本中的夹页。他转过来，手舞动着，像醉拳般的，正好朝向后面的瑶瑶，有着朝向她的意思，动作之间却没有真正攻击的意思。小姑娘显然不喜欢，躲开了他。

他转悠着，一会儿碰到了天佑，天佑躲闪着表示不喜欢这样的方式；他又转悠着，走到洪博对面，说了什么……离开了；他再次回来面对洪博，手中有了一个雪花片拼插的陀螺，两个人一直玩陀螺。

这时，好阳好奇我用笔记本干什么。旁边搭建的竣童叫着："一甩就掉，我搭的东西老是掉！"

我注意到，没多会儿，他尝试着走到他的好朋友涵那里，在教室里兜了几个圈儿，回到玩具柜子上，坐在那里投入地拼插陀螺，看似想要把手中的那个纯白色的陀螺变大。他的身形安静地坐在那里，拼插着……

不知什么时候他脚边有了一个稍微大一些的圆形陀螺般的雪花片拼插，他丢弃了手中那个纯白色的，拾起了这个，把上面的绿色雪花片拔掉，企图拼插在周边，让陀螺的圆周更大。尝试了几片之后，他满足了。

"是不是铠甲勇士啊？"他自言自语，然后看似开始战斗。路遇洪博，对话几句后，他在桌子上转了几下这半路拾来的"武器"，然后拿着"武器"威风地行走在教室里，"世纪战神"（武器大概是这个称呼）"吓"得路过的家瑞"啊"地逃开了。

"我来帮你。"家瑞拿去他手中的武器，他驯服地放开。他的确想要自己的武器变大，可自己看似不愿意付出努力。

做好之后，他拿着武器窜到卧室后面去了。他走到这儿，和路遇之人说一句"我是世纪战神！"他走到那儿，和路遇之人，不管别人在不在意，也说一句"我是世纪战神！"遇到好阳时，好阳答一句："我也是！"他其实根本不在意别人是否有回应，在好阳还没说到一半的时候，他的目光已经看向用彩色纸看世界的陈奕和家瑞。别人都沉浸于自己的事情。可能他觉得陀螺有些无聊了，把陀螺塞在正在钢琴后面拼插雪花片的孙燃怀里，走开了。

他到哪里去了？我伸头去望。我并不方便站起来影响教室里的生态。我轻轻起身，伸头去望，哦，他趴在了方形积木柜子那里，在柱子那边，消失在我的视野里。我回到自己的座位，固定一个动作待在那里，就容易被孩子们忽视，不至于影响孩子们的自主意识。

过了一会儿，他匆匆地跑来，哦，原来他是用绿色丝巾包了很多方形积木，团在手里，走过来塞给了正在拼插的涵。哦，他是做了一个礼物包送给朋友了，一送即离开回到原来的地方去了。

不多会儿，他又包了一个咖色的礼物包，径直去了卧室，坐在窗边上。他展开咖色丝巾，里面原来包的是一个陀螺，大概也是地面上拾起的或是别人搁置在柜子上的吧。他应该是随手就包在了里面。只见他把陀螺放在床上，却把丝巾拿了回来，放在他刚才趴着的地方。

他转悠着，走回自己坐的桌子旁，看见一张落在地上的黄色卡纸。他拿着这张卡纸去了厕所，又转悠了出来，径直走向实习老师，看似请求着什么——一定是请求折叠什么，有可能就是上个星期的风车。实习老师看起来并没同意，或者有其他的建议。他转悠几下，还是去找实习老师了，说了几句后径直走向站在桌子旁的瑞阳。他随手放下了那张黄色卡纸在桌子上，跟着瑞阳来到箱子前，瑞阳从箱子里拿出一张黄色软卡纸给他。看样子实习老师一定是表示刚才那张纸太硬，要一张软的，于是他径直去问瑞阳要了一张。

他回到实习老师那里，看似实习老师并没有帮忙，他开始去找洪博。洪博表示：要正方形的纸。

"你帮我。"他又去找瑞阳！最后他还是回到洪博那里，洪博帮他把长方形纸折叠成了正方形。他拿过来正准备撕，洪博提醒："要用剪刀剪。"

于是他回到自己的桌旁，蹲下来打开箱子，找到剪刀，开始剪折叠好的长方形纸。

应该是那张黄色卡纸诱发了他折纸的想法，触发了他一系列的行为。

收好剪刀，他做事还是有秩序的，那张黄色的卡纸就在那箱子旁边。他开始在教室里用目光搜寻，他在搜寻谁？但一看就是有思索、有目的性的，非刚才转悠的无目的性的。目光浏览了一遍，他还是去找了正在门口的瑞阳。瑞阳听了要求，开始拿着纸对准教室门口贴的折纸图，感觉不对，也开始拿着他的那张纸用目光搜索，一定是搜索需要的折纸图，走到教室前面的图那里。瑞阳却又回到门口，拿了一张放在那里的黑色纸，又拿回他那张黄色的纸。他一直跟随着，等着，看着，似乎感觉到瑞阳不行，他开始用目光重新搜索人。

最终他还是去找实习老师，大概实习老师叫他自己试，他走到卧室地面开始折叠。刚把正方形纸对折，他又回到实习老师那里，实习老师随意看了他一眼，大概说了："对，就是对折。"因为实习老师正帮助洪博撕一个正方形。他等着，实习老师拿过他的对折长方形，看了一眼又给了他，正好被稀贝看到了。

稀贝是个"热心"过度的大姑娘，于是不由分说开始折叠。不过下一个步骤似乎还是不行，于是他再次请求实习老师，实习老师应该是没有答应。

时间已经不短了。他似乎才找到自己想做的事情，但却不知道如何进展下去。听到"收玩具"的唤声之后，他把纸放回了自己的箱子。转了教室一圈后，他去拿方才瑞阳放在第一张桌子上的黑色纸，那已经变成了房子的半成品。的确，那门口墙面就贴着一个折叠房子的示意图。他试图折叠再打开，最后才放下回到自己的座位。

回到老师主导的世界里，他又是一个乖巧、善解人意的孩子。

认可他的状态不等于不忧虑他的未来，认可他的自我世界不等于不考虑于他的引领。他还少点儿什么呢？这个"少"会让他学习生涯的幸福度大大减少。

人们往往无法区别认可与认同。我时常认可别人的生存方式，但不代表我会认同。我时常表示反对别人的生存方式，但不代表我会不认可他的生存方式。所以很多时候别人会以为我有多偏执，其实恰不是他们想象中的那样。人们往往用非此即彼的思维方式来框定了他人。人唯有选择道路的时候会"非是即非"，因为每一条路的选择就决定了自我的塑造。在这条路上会路遇彼此认同的人，但不意味着就否定其他的道路。很多人，其实是自我的认知让他们心有徘徊，让他们心有掩饰，让他们心有自我否定，恰以为这种否定来自他人，非也。

渴望和孩子们有平等的关系

2016 年 4 月 18 日　星期一

回应小朋友，就是对小朋友提出的建议或措施给予描述、考虑并制订合宜的计划，预期执行。

老师回应孩子如此，管理者回应老师亦是如此。其实这也彰显了人对关系的理解。社会无非是关系的总和。

我时常渴望和孩子们有平等的关系，这个关系不仅仅是他们于我要平等的需求，我也有向他们期求平等的需求。回应就是这档子事。作为教室里的大人，我在教室给予一个规则的时候，总是下意识地给予解释，有时专门在一天的谈话时间，有时则融合在课程活动之中。就比如举手这档子事。举手才回答问题的确不是必需的，它只是在一定的条件下成为需要。当我们只有四五个人在一起，还举手说话就是非常可笑的事情；但是，当五十多个人在一起的时候，你说我说无法听清的情况下举手表达让彼此能够聆听到，则成了一种需要。当然也会有例外，比如当每个人都能够专注聆听，并在长期的磨合过程中形成你说我听、我说你听的那种秩序，也就无所谓举手了。

所以对于举手这事，当我对教室里的生态有所把握、有所觉察，提出我的这个需要时，我就需要做出解释，让人能够体察到我的这种需要，乃至是他们自身的需要。

说这些，也是为了回应小高小朋友关于浇水的诉求，朝向美好的我能不顺从吗？我没有那么"强大"，对于好的诉求可以置若罔闻，甚至还对教育堪称有言有论。和孩子们相处，我总是感觉到还不够脸皮厚，不做就不好意思对他们指手画脚。所以早晨来了我就让孩子们拿着自己带的各种浇水工具，以及教室里配备的一些蓝色水桶，让他们各行其是了。有所观才能有所议。我是个彻彻底底的实用主义者。哦，我还真的挺想和人论一论杜威的实用主义的呢，虽然我是个"半吊子"，可我特别喜欢在争辩中明晰我自己。

孩子们有的在我们自己的教学楼后；有的去了小班教学楼前的花圃里；有的在草地那边；有的去了最北侧狭长的绿化地；有的在黄杨叶子上喷水；有的在地上拖着水痕；有的给熟悉的大树爷爷浇水；有的把水泼向草地的中央……孩子们对大树爷爷是亲切的；孩子们视野里有了蒲公英的存在，总是能够看到它；今年的春天，孩子们的目光中多了长得像魔法一样快的竹笋；孩子们的行为有了踏上草地浇水就小心翼翼的怜惜姿态……但我也看到了孩子们身上的思之浅，更多只是动作的无意识的体现，无心之为，兴奋之现。有心之为和无心之为的差距，就在于审美的滋生、感受的丰盈。比如我们信赖一个人，请他做某件事会滋生放心感，因为你知道他必然会朝向美、朝向真实、朝向自我，必然会有一个鲜活的、让你惊异的结果，这则是有心而为得来的信赖。丢失自我的我，是无法有创造的，因为创造必然是"我"质的。

因此，我希望我教室的孩子们能够"我"，能够"思"，那么他们才能拥有生命美好的感觉，才能够赢得关系中真正的信赖。为了促进行为中的思，我们今天的晨谈，谈到给植物浇水，需要关注的：知道浇水最好浇在哪里，根部还是叶部；园子里有哪些是新种下的植物，如何找到它们并给它们浇下足够的水；如果是原来生长的植物，如何观察周围的泥土并做出是否浇水的决定；暗示各种植物所需要的水量都不是一样的；暗示对这些敏感的孩子当他们对此有足够敏感的时候，知道在我们这里可以探讨这一点；谈到各种劳动都需要具备哪一项劳动能力才有资格进行那样的劳动（针对慵懒现象而言）……

我总是特别感谢纷扰的环境，让我心生论辩之心、论辩之欲，并由此不断磨炼论辩之能。

一切皆在对话

2017 年 4 月 6 日　星期四

最近我带着无比虔诚的姿态在思索不同的人在组织一次群体活动时呈现的不同状态，无非一个根本，是否能够对话。

能够对话，意味着你能够感觉到你在这里有着话语权，能够自在地呼吸和表达。这种话语权是一种内在意识到的权力，你不见得是用显性的语言在这个会场去表达你的看法，它意在指会场中人的发言能够与你内在的语言产生贯通感。也就是说，他者的发言能够在你心里形成一种有效对话。那么它就是你相对比较愿意参与的群体活动。如果你在这里没有话语权，总有压抑感，也就是在你的内心无法形成对话，压抑的往往是你自我对你所观所感现实的真实感受，那么内心就会滋生自我保护式的抵触情绪。别消极看待这种情绪，它是促使你内心健康的自我保护层，你要善待它。当然，这种抵触情绪的大小取决于这压抑和忍受的程度。平常发发牢骚、抱怨抱怨，有个心理垃圾的倾倒过程大致就疏通过了。

你别以为我就此站在参与者这边而非组织者那边了，不！是否能够对话，取决于组织者，也取决于参与者。一个群体活动，如果一旦滋生了内在隐隐的抵触和对抗，它就不仅仅发生在参与者内心深处，也发生在组织者内心深处。双方同时都会有各种抱怨和抵触的表现。只是在参与者看来，组织者有其位置赋予的主动改变权。但每个人都有"前见"之障，每个人都有人性之劣根，依赖人性自身的事从来都是得不到保障的。所以人们呼唤民主，呼唤唤起每一个个体的主观能动性。勇于互动，勇于对话，才能改善一个群体活动的气场。就像在电影《被解救的姜戈》中，如果你自认奴性，那么恰恰应了人性的控制之欲且滋长了它；如果你自认人权，那么你就能够看到自己期待的生活之相。

我回顾自己所有的经验也是如此，一直得益于无时不在的对话。与生活中人对话，与书中人对话，与古人对话，与今人对话……在内心深处，朝向自我，时时质疑，时时思辨，景象慢慢清晰，意念慢慢清明。

我回观自己的教室生活，无非也是如此。自己作为一个教室会议的组织者，让孩子们想说、要说，能说、会说，是我的职责。所以我时刻警惕着自己会把游戏沦为我控制的表演，时刻审视着自己是否把活动沦为仅仅是讲的过程。

我细思学习的内部机制，无非也是如此。这得益于我对叶嘉莹的阅读。不管是以一个诗人为轴心，还是以一首词为轴心，她都能够信手拈来、旁征博引、贯通古今，将所有以轴心为线索的内容一一牵扯起来，并在这样纵横的网络中自由来去地对话。这是一种能力，一种对话的能力，一种体验到自由的能力。

吾日三省吾身，一切皆在对话。

就像"春"的主题课程，多数人因各种原因都使用了我主题预设里的各种文本或相关活动，但至于为什么却因没有平台进行研讨而知之甚少。

就比如这大班的"春"的第二周，我们从第一周感受春那萌生之初的美之元素、精神元素之后，是在感受那春之文化在我们生活中的显现。而这显现之一就是"清明"，这个万物洁净、天地清明的日子。对话不仅仅发生在我们和《春神跳舞的森林》中的阿地之间，不仅仅发生在我们和《小鱼的春天》中的小鱼之间，更发生在跳离生活的我和在庸常混沌生活中的我之间。我想要孩子们慢慢习得的就是这样一个看自己生活的视角，就是这样一个旁观并思辨自己生活的意识和能力。所以我们才要从故事中的阿地和小鱼，去看到自己的春之生活。我们因他们而发现自己身处的春，表达对自己身处之春的感受。

我更要孩子们慢慢浸染的是一种类似叶嘉莹那样"以文见文"的对话。而孩子们的确有端倪显现。就像昨天我们讲述到《小鱼的春天》中小鱼一家清明团圆时，孩子们就自然想到了兔奶奶对团圆的那种渴望。而我们今天要开展的活动，就贯穿着这样一种对话的性质。

我们要从自己的清明节说到小鱼的清明节，由小鱼的清明节说到兔奶奶的清明节，进而说到阿地的清明节，继而介绍杜牧的清明节。回溯以前，我们会由杜牧的"清明时节雨纷纷"，说到阿地的清明"雨纷纷"，说到小鱼、兔奶奶甚至我们的"清明时节雨纷纷"。歌曲《清明》在其中是什么？只是这样一种清明之绪的承载和表达。哪里只是教唱歌曲那样？

真实的课程岂是公开课所能承载？或许现在更好的学习方式，就是一群人这样模拟课堂讲述，或解读，或体验，或重构，或诉实感，或纵横古今谈联想……这是题外话了。

给她开了一个后门

2018 年 4 月 18 日　星期三

这是一个敏感且脆弱的小姑娘。教室里的她有着两种状态，一种是安静却带着一丝落寞的时候，一种是兴奋却带着一丝刻意大笑开怀的时候。她听得懂言语内、言语外的很多信息，但她却没有足够的力量去表达出它们，尽管她的内心有着足够的获取关注的欲望和需要。因为这不是她熟悉的互动模式。她所熟悉的模式，就是把握大多数内容都熟悉的那两类知识：一类是语文类的汉字和各种文本复述；一类是算术的加减。把握并主动表现，就会获得"惯"式的爱和关注。这是她有能力做到的，也是她感觉到自己能量所在的一种模式。在她的生活中还有另一种模式，那就是所谓新型教育理念下的无所要求。然而所谓的"我对我的孩子没有过高的期待，只希望他幸福和快乐就可以了"的无为互动模式，这是一种让孩子无法把控的模式。

如今面对教室里的大人们，又有了另一种新型的互动模式，那就是允许每一个小朋友做回自己本来的样子，表达内心最真实的感受和需要。我明显感觉到这种互动模式让她内心慌乱了，无法应对了。对于第一种可驾驭的模式，她自己感觉到有能力驾驭；第二种无法把控的那就放弃好了；可这第三种要如何对待呢？不像第一种有可以做到的具体样式，和第二种也不一样，虽然也没有什么固定的方式，取决于自己是否能够感受到自己的内心。我的内心到底是怎样的呢？有多久没有这样感受过自己了，这种能力也会削弱并慢慢退化的。可是，我感受到了，真的可以肆意表达出来吗？真的可以表达我自己内心真实的想法吗？不是有许多生活中的大人也是这么想的吗？

可，这种互动模式中的大人目光诚挚地看着我、看着我，我该如何接应这样关注的目光呢？没有这种交往模式经验的我该如何接应呢？我漠然吧。我屏蔽它吧。我试了。我也做到冷淡地对待它了，可我的心怎么会不知不觉要靠拢它呢？我只能从原本的善言走进暂时的沉默观望中。

一切的一切都可以从她那看似轻蔑或看似冷淡的目光中看出来。她不知道自己内心真实的感受、自己内心真实的需要，可以被倾听，可以去表达，可以去诉求，可以被满足，哪怕有可能遭遇到拒绝，也没什么大不了。对于一个小心翼翼跟大人相处的小孩子，怎么可能做到"预想到的结果"而还能大胆开口表达？她还无法冲破原有的互动模式，敞开自我，哪怕敞开一点点，那是一种无法自我把握的失控感，太不安全了。所以她只是斜眼看着你们可以做到的倾诉、亲近。她只能那样远远地看着，看着……她是主动地无法靠近你。即使在你试图靠近她的时候，她的整个身体哪怕近在咫尺，你也能感觉到那种身体传递出来的自我包裹。

我知道她的决绝恰恰是内心的渴望。当我试图努力去满足她内心渴望的时候，她当然是怀疑的，我都看出她目光里的那股无法形容的神情了。连我自己也怀疑我自己是否能够做到呢。不过我想要传递给她的是，不管结果是怎样的，我都会去尝试和努力。当我们还没有尝试和努力的时候，又怎么知道会不会达到愿望呢？

事情的美好结果，让我们之间有了一种崭新的连接。一丝丝真正的静来了，不是那种落寞的看似不动；一丝丝真正的腼腆的欢喜来了，不是那种刻意的兴奋和大笑。并且事情在每天的重复当中，反而怀疑的是我，重复论证的是我。她恰恰在我的反复论证中一次又一次确定了，确定了她内心的愿望可以被实现，确定了这样的表达总是会得到积极回应。于是她的目光中开始有了凝聚对视的力量，又有了朝向活动的一丝丝真实的兴趣。

今天我们玩抢椅子的游戏。

第一轮，她没敢来。她怕输。她没有举手。

第二轮，她举手表示要来了。她是观察了第一轮的玩法，觉得能够驾驭了才举手要来，还是看到了第一轮的冠军礼物是我的拥抱？这个我看不出来。反正她举起手来了。我明显感觉到她很想赢。但是，她啊，内心总还是太脆弱，啊！还没有足够的心理能量啊！说着"小狗小狗跑跑、小猫小猫喵喵……"的我是背对抢椅子的小朋友的，很想让她赢，可是规则是不能违反的，要做到绝对公平哪！

就在我的儿歌戛然而止、我准备转过身去看谁没有抢到椅子的时候，我的内心是祈祷心思重的她能够抢到椅子的。啊！她居然和别人挤坐在一张小椅子上。她的屁股占的地儿确实小了一点儿。她定定地看着我，我没有看她的眼睛。嗯，我没有看见。我宣布再来一次。这次她抢到了，她仿佛有松了一口气的感觉。下一次要抢到啊！我感觉到她想要做第一名的强烈期待了。

就剩下两个人啦，其中一个就是她，谁会是冠军呢？

我回头去看结果，她没有抢到啊！她那表情，真不是和其他小朋友那样高高兴兴地拿着椅子走的。我的脑子急速飞转着，这是亚军啊，可以给亚军礼物吗？好像不行啊，刚才第一轮没有。我好像、似乎要说出亚军吧，但没有。

我只是蹲在那里，张开双臂在那里，她居然欣欣然地跑过来，是跑过来，的确是跑过来，欣欣然的神情。我为什么蹲在那里？我为什么张开双臂在那里？我也不知道，就是自然而然的。她就那样靠在我的怀里。啊！她不是冠军呀！但一切就是这样的，也没谁有异议，就是这样的。

她回座位的时候，我用余光看到她轻松微笑的样子，失败也是可以的，虽然第二轮的冠军得到了一个礼物——一首歌，拉着双手就那样目光对视着唱完《不可思议》的礼物。一旁的男孩，目光里尽是好奇，怎么会有人这么长时间地看着一个小朋友？在他的生活中，有没有这样一个人这么长时间地对视着他呢？

是的，再一次的时候，无须犹豫了，她直直地举手了。座位上的那个小姑娘高高扬起的手上尽显的是欣欣的活力，心理能量发生了一次有力的生长。

有一种哭，我就很喜欢

2018 年 5 月 15 日　星期二

"哇!"一声哭声陡然从前面传来。哪怕只是一瞬间，你也能听到骤然哭泣的特质，有一种非常急促的情绪，有一种饱含急促的抗议，还有一种什么，还无法辨析和描述。你当然能够感觉到那里并没有什么动作间的快速波动，所以并不是彼此肢体矛盾造成的。目光当然会在一瞬间投过去。是森凯，一直专注于构建星星的森凯。老师在周一用幻灯片循环播放了拼插五角星的步骤图，并和孩子一起拼插了一个成品的五角星，强调了难点在于雪花片做成角的中间只能留一个插口，但向外的连接处必须留两个插口。他一直在寻找感觉，非常执着。他是凭着直觉去感知的，跟更多的艺术人有着一种类似的特质。老师的要求是在三周内揣摩清楚，只要有主动的问询，老师必定会无条件给予支持。老师想要促使的就是这种自主自觉意识和能力的萌芽和培养。三周的时间，但凡自主的探究总是从不会到会，必然需要一个时间长度；同时也给予每一个孩子不同探索时间的一个自由度。第一个周一，森凯就表现得非常执着，即使教室里没有孩子了，他依然埋头想要把星星围拢成功。是的，第一步就是围拢成功。看得出来，他的星星有近十个角，但却有星星的神形姿态。最初有这样的直觉是个非常可贵的思维质地。因为有了模糊的它，才有继续探究走向清晰的可能。

所谓自主自觉，先要找的是自己的感觉。

哭的这一天，已经是他第二天在继续揣摩了。事实上这样的孩子还没有找到第二个。因为每一个孩子都有属于自己喜欢专注投入的事情。第二天，他是在重复第一天的拼插，孩子就是这样不断重复着把握自己最初形成的某种构建规律的。在搬向雪花片作品陈列的柜子时，肯定有接口松了，所以他慢慢蹲下来，将星星放在地上进行修补连接。我都能感觉到他小心翼翼的珍惜模样。只是这个时候，有孩子经过，未必是有意，也有可能是有意。就在碰到他的星星的一刹那，他尖锐的哭声骤然响起。

我喜欢，不仅仅是因为这是来自生命的本能反应，通过这样的骤然哭声吓退对方、保护作品。我这么说你一定能够想到狩猎的原始人（电影纪录片《突变》中有特别形象的描述）。我喜欢的更是这种细节之处的求全求美的内心期求，尽管它还处在非常稚嫩的阶段，但却是非常珍贵的。父亲在心平气和的时候时常抱怨："你妈什么都要做到最好，人哪里做得到？"父亲抱怨跟在求极致的母亲身边累，我却感觉到母亲用生活传递给我的这种品质，我太想从岁月的指缝里留住它。我心知肚明，在成年之后的岁月里，唯有这种品质可以让你在你所在的行业里发挥真正的作用，让你不仅仅能够得以安全，更能够受到人们内心真正的敬畏和尊重。

我当然知道这种哭背后还需要大量知性的引领。直觉的感性需要明晰，通过对比、观察和辨析，朝向秩序与结构，达至理性。比如森凯的雪花片拼插更多还是直觉性地探索（我再次强调这种专注已经非常可贵了），还没有抬起头来和老师的拼插进行比较，在比较的过程中，才有可能感受他人、确认自己；在比较的过程当中，才有可能体会到他人拼插的规律和自己拼插作品的特点；在比较的过程当中，才有可能感受到序列结构中的数量和形体构造（父母最关心的是这点吧）……到了周三这天，可能是听到了老师说自己的雪花片作品就放在前面你可以来对比，或许是其他对老师语言比较敏感的小朋友在进行雪花片作品的比对；也或许是他自己已经到了重复拼插的终点那里，感觉到了进一步拼插的需要，这些因素促使他开始将自己的雪花片作品和老师的作品进行比对。当然一开始的比对必定是幼稚的，我了解他的思维方式，还不足够敏锐捕捉到雪花片排列的规律。他有一根筋的执着，缺少理性觉察的意识。这些观察都是下一次雪花片拼插活动所需要引导的重要经验铺垫。

哭有很多种，我喜欢这种哭。

让我能多听到一些这种哭吧！

这大概是作为一个老师的成就感来源之处吧！

孩子怎么可能轻易在大人面前呈现自己真实的状态

2019 年 2 月 21 日　星期四

想要知道孩子们游戏的时候发生了些什么，又不想有自己作为成人的身份介入时发生的某些干扰，就像《动物世界》里那些动物摄影师一样，要做掩体。而且面对的是熟悉的孩子，不仅仅做物质的掩体那么简单，因为你还要感受他们，那么心灵的掩体又该如何去做？

英国的民俗学者艾奥娜·奥佩(Iona Opie)在《操场上的人们》中描述她去孩子们的操场做观察的情形。她把自己介绍成一个"喜欢收集游戏、诗歌和笑话的人"，很受孩子们欢迎。她的描述也相当地真实：当我听到孩子们出去玩时，我还能感觉到猎人的激动，操场是个令人激动的地方，那里总有东西可以模仿、观察、参与。她说她很羡慕孩子们的想象力，他们能够立刻就让自己处于幻想当中——我们玩反坦克和防控游戏吧……玩大象和猛犸象战争吧……他们就是这么灭绝的……她有时把孩子们看作是暂时狂暴的野人，站在操场的一端，心想："游戏时间就是疯狂时间。"孩子们又推又拉，又蹦又踹，东躲西藏，每个短暂时间都被夸张成了一幕喜剧，整个是持续的狂欢节。

而写孩子们游戏的巴里·索恩却选择了真实坦白。当孩子们问他是不是间谍的时候，他说他不是；当他们问他来干什么时，他说自己在做一项孩子们在玩什么游戏的研究，自己教社会学，它是研究群体的人的学科。结果孩子们转身就跑掉了。

如果你如同动物摄影师那样，在孩子们的游戏空间里，布下录音笔、录像机之类的记录设备。不妥的感觉来自，你仿佛一个隐私窥探者，如果那个被窥探的对象知道了，总是无比尴尬；也不是取决于那个对象知不知道，就是来自自己内心的这隐隐的不妥，窥探的不妥。

想要透明，想要取得对方的同意，就需要构建关系，构建你可以看的关系，构建他愿意告诉你的关系，构建你们彼此可以无障碍深入沟通、对话的关系。这个关系看不见、摸不着，但它比任何肉眼可见的东西都实实在在地存在着。

"我是沙发。"这是儿子玩游戏时我的承诺。的确很有效，我信守承诺就像沙发一样一言不发，除非儿子主动要互动于我的时候。其他时刻，我一律保持沉默，埋头表示沉默的诚意，唰唰唰写着，表示我在专注于我手中的工作，而其实这个工作恰正是在记录他的游戏内容。所有的动作都暗示着我可以信守承诺，暗示着你大可放心。

后来，"我是沙发"的掩体，被我用到了教室里。

只是，这样一个掩体的背后，信守承诺，滋生信赖和放心，都是需要一个长时间的实在印证的。这个印证是需要烙在孩子们实体感受上的，并不是仅仅靠言说就能奏效的。

下面这段对话，是骞、泽和恒三个人在乐高式积木摆放的地方玩耍的二十分钟录音里的对话，犹如绘本故事一样，这些对话是配合着动作动态图的故事。如果你算是见识过孩子们真实游戏的人，那么你大致会在脑海里呈现一些这三个孩子游戏的场景表象来。

不过你别以为我很厉害，已经修炼到那种完美融入孩子们的无痕程度，自叹不行。这是我将手机放在乐高式积木旁的柜子上录音的结果。

我在水上玩

我开蹦蹦车

我们两个要坐蹦蹦车，哟呵哟呵哟呵哟呵哟呵……

我要睡觉了，到晚上了

我睡地下车库

我的蹦蹦车从这儿发射

你见过火箭在这上面吧

没油了

这儿是停直升机的

好的

我来搭飞机

我也来搭

飞行器

加速器

飞上天

这是我的

我也要搭个飞机

张子骞的是小点儿的

我们都是警察队

我们是天上的飞机

到海上，超级加速器

我在海上巡逻

我马上到天上

我潜到海里了

潜海——

还要加油

嘀嘀嘀，加好了，飞上天空

超级加速器

我的飞机太慢了

我就停在这儿，我是队长，我停在这儿

我的飞机在那儿啦

停在道上

我把酒店给撞坏了（积木倒地的声响）

那你就别住在这里了

我住在这儿

无人机坏了

无人机又坏了

超级飞天王

超级风火轮

起飞——

我是好人的火箭

好，火箭，你好

一百发

一百二十二，马上发射

起飞——哟呵，火箭，你好

模仿机器人的声音：你好

拜拜，我去旅行了

我的好朋友过山车

准备发射

无人机坏了

接住——

现在无人机能够发射一百六十五个子弹

我旅行回来了

现在无人机开始升级

我的飞机在喷油

我的火箭也在喷油

我的飞机

这个是我的驾驶飞机

准备，变时加速

大飞机停在这上面，你这个飞机小，我先出发了

好的

维修完毕

我的这个能够在船上，也能够潜水

我这个可以当宇宙飞船

我的跟直升机差不多

……

活动中的机智

——我在教学中的感悟

预见好的活动常常会遭遇灵感的撞击，这种灵感来源于自身，也来源于孩子。孩子的一个回答引起了一场新的讨论；活动的某个环节触发了心灵深处的联想；活动中某个教具勾起了思维火花的闪现。老师丰实的体验，富足的见识，常常不经意地在教育活动中自然迸发和流露出来，为活动增添精彩。活动中有了机智的发挥，活动之后的自己常常很开心、很充实。

活动中的机智

2005 年 4 月 1 日　星期五

　　昨天我观摩了宗老师的一次数学活动"小方块"，对自己今天进一步改善这次活动有了很大的帮助。因为在我事先准备这次活动的时候，真是不知道该如何上得更生动，教案中教师集体活动的内容显然很少，而且没有孩子自己具体操作的部分。宗老师用了我平时惯用的以故事情节贯穿活动始终的方式，这样的方式很适合小班孩子的特点。听课的时候我在心中有了对自己进行这次活动的进一步构思。我觉得猪妈妈给 5 个孩子分草莓，大的吃 1 个，最小的吃 5 个这样的分法和说法虽然很有童趣，但对孩子的思想教育有点儿不妥。于是我决定画大小不等的盘子，让孩子来装草莓，大的盘子装 5 个，逐一递减，最小的盘子装 1 个，并且让孩子观察盘子中的草莓从多到少的现象。而在孩子个别的操作活动中，现成的卡片操作也是不妥的，因为上面已经有分好的物品，孩子再在上面重复贴就没有任何意义，已经不需要动任何脑筋了。于是我回来后就单独制作了供孩子操作的卡片，提供材料让孩子自己根据数字 1～5 来贴卡片。这样，孩子就有了思考的机会，这种思考能力对孩子的学习生活是至关重要的。然而如果没有这次听课就不会有这样的改进，所以听课并不是对哪一个老师好坏的评判，而是有助于自己教学改进的良机。

　　活动开始了，我对孩子们说："你们先静一会儿（孩子们是没有自制力的，而我又怕我不在的时候孩子们会惹祸），不过，高老师是假装出去的，我会偷偷看着你们，我要看谁能坚持住。"我走出去，又假装探头看了看，然后径直走到小一班向宗老师借了草莓教具。回来发现孩子们果然很安静，我将草莓贴在黑板上，孩子们都声音很轻地说"草莓、草莓"。我开始讲故事。"熊妈妈给熊宝宝买了许多草莓吃，熊宝宝说：'我可是一个爱动脑筋的熊宝宝，我来分草莓吧！'小朋友们，你们看我有几个盘子呀？这些盘子有什么不一样呀？（有 5 只盘子，一个比一个大）熊宝宝说：'最小的盘子里放 1 个草莓'，你们会放吗？"我请孩子们来放，孩子们有点儿骚动。于是我说我来变成×××（上去操作的孩子）。操作完后，我又变成高老师了，变来变去的时候孩子们安静了。我指着大一点儿的盘子说："这个盘子的草莓比小盘子里多 1 个，应该是几个呢？你们猜猜这个再大点儿的盘子里会放几个。"孩子们一下子猜出是 3 个，我真的很惊奇："你们太棒了，我还没有说，你们就知道了。"孩子们更激动了，接着又猜是 4 个、5 个。孩子们兴奋地数着、说着。接下来我用了宗老师的方式，扮演熊宝宝说："这些盘子里有多少草莓，我不能一下子看出来，我想用数字来表示，这儿用数字几呢?"(1，2，3，4，5)然后我让孩子们给小熊分卡片，在分别写有数字 1～5 的纸上贴对应卡片。孩子们操作得比往常好，是因为今天我们先分了草莓的缘故吧，而草莓和卡片只是两个不同的形象而已。我将孩子们的操作卡片贴在走廊里，因为有几个家长总是认为孩子还小，仍然包办代替孩子的一切，我想小小地"刺激"他们一下。可是我也不想让他们太过于重视孩子的数学，因为他们会比我还着急，而有的孩子是因为年龄小操作情况不好，也有的是还没有开智、懂事呢，学习是有阶段性的，有的孩子会后来居上。我不过是想提醒一下太娇宠孩子的家长，贴出后正好赶上放学，家长果然都很关心地在找自己孩子的作业，有的家长看完后心满意足地走了，我也等到了我要等的家长。我恳切地要求若冰的家长尽量不要让孩子待在托儿所，要尽量陪陪孩子，和孩子多交流。他们也发现和孩子说话的时候，他的眼神东张西望的，手仍然在摸着东西，没有一刻是能定神的。我告诉他们那是孩子没有掌握正确的和别人交流的方法，也没有养成好的习惯。宇睿的妈妈对我说，还是让她一个人坐到前面椅子上来吧。浩楠的妈妈也认识到自己迁就孩子的坏处了，孩子钻空子地玩，脑子很懒惰。谨尘的妈妈说孩子总是害怕，说话爱结巴。我分析了她一个人带孩子对孩子的影响，孩子依赖妈妈，很在乎妈妈，和妈妈在一起的时候常常是放开地玩，所以他希望妈妈高兴、开心，和妈妈在一起很放松，妈妈又对孩子有补偿心理（因为工作和家务，没时间多陪孩子，一旦有机会陪孩子就会很"用心"）。而学习的时候老师不只是和他一个人交流，还和这么多的孩子交流，既要专心，又要动手、动脑筋，他觉得失落、辛苦，所以有退缩现象。他妈妈说以后让爸爸多带带孩子，做事的时候要耐心听孩子说话等。我还告诉思余的妈妈别着急，那是孩子还小，自制力、动手能力还没有发展成熟的原因，还讲了现在让孩子早上学的利弊。

这几天一唯都追在我的后面，看样子很热情又有点儿讨好地和我打招呼。这个受到妈妈万般娇宠的孩子常常在老师看到他时表现出很乖巧的模样，可当你一转身，他却疯玩起来。尤其是上课的时候，老师讲常规时，他总是坐得毕恭毕敬的。只要活动一开始，他的"地下活动"就开始了，有时说话，有时摸东西，反正不闲着。从他这几天和我热情打招呼的样子看，我对他的判断没错，孩子不是我们想象中的那么脆弱，孩子是靠周围的环境来调整自己的行为的。我常常会点他的名字，他也没有认为我不喜欢他。我常常告诉孩子老师批评他们的意义："老师批评他们是为了什么呀？是不喜欢他们吗？"孩子说这是帮助他们，如果不批评、不提醒，才是不喜欢呢！现在他反而像跟屁虫似的跟在我后面，一会儿报告，一会儿拿个什么的，乐死我了。

什么才是真正的整合

2005 年 4 月 19 日　星期二

真正的整合是指观念上的整合，而不只是形式上的整合。比如想到一个主题，主题活动不只是将这个主题所涉及的各个领域叠加起来，这其实还是分科观念的一种体现。而有关这个主题的内容应该是有机结合的，是自然而然地连在一起的，而且更应该切合到人性当中去。比如"青蛙"这个主题，我们不光可以认识青蛙本身，说说青蛙、数数青蛙、画画青蛙，而且会联想到有关青蛙的童话故事，继而联想到故事带来的一切，诸如反思和美好的想象。当然，老师本身的素质、涵养、教育智慧是至关重要的。学任何一样东西，都需要切切实实地去体验和感受，才能真正地拥有这个知识。学习要在感受和体验知识本身和其外延方面努力，而不是尝试通过各种记忆的方式去记住它，这是我去年初次接触整合课程的第一感触。教育生活应该是创造性的，而老师就是在这个创造的过程中体验成就感和愉悦感的。生活中处处存在着可以利用的教育资源，老师给予孩子的其实是一种无形的影响、一种思维方式、一种体验的感觉。

我们大多数时候都是用律动来组织教学活动的。今天开始活动的时候，我想让孩子们来决定拍手点头这个律动的动作安排。于是我让孩子们来设计第一、二、三、四乐段的动作，然后提醒他们自己需要记住，老师可不会提醒哟！孩子们很快决定一乐段耸肩，二乐段两手握拳骨碌骨碌转，三乐段打枪，四乐段拍腿坐好。我这个小小的安排（以前也有一次）无形中增强了孩子们主动记忆的能力，如果每次都是老师一边弹琴一边做动作提醒，那么他们依然没有主动记忆的能力。这也是生活中思维方式锻炼的一个小小的组成部分。

今天的音乐是《高人走，矮人走》，这是首传统的音乐，这个活动的方案很简单，就是让孩子们听音乐然后学高人走、矮人走。其中并没有包含一遍又一遍游戏时如何保持幼儿游戏热情的技巧和措施。因为在平时的音乐活动中孩子们往往并不能长时间持续地学习一首歌或一次次欣赏某一乐曲，尤其是常态课中的孩子们。当我弹起钢琴，孩子们听着音乐拍手的时候，3 1 3 1 ｜ 3 55 3 1 ｜……我脑海中便浮现出狗熊的模样，有了！我对孩子们说："你们认识北极熊吗？它生活在很远的北极，那儿到处都是雪和冰，到处是白茫茫的。"孩子们对科学的好奇从来都是那么地让人感到惊奇。这时所有的孩子都睁大眼睛在听我说，心里很得意的我继续说："北极熊怕冷吗？（孩子们说不怕）北极熊走起路来笨笨的，你们学学看它是怎么走的。"我知道很多孩子是了解狗熊走路的特征的。"可是北极熊还就爱跳舞，这不，它一会儿学高人走，一会儿学矮人走呢，你来听一听，哪儿是它学矮人走的，哪儿是它学高人走的？"我开始弹琴让孩子们辨别。孩子们一下子就辨别出第一段是它学矮人走，第二段是它学高人走。我请孩子们来学北极熊跳舞，孩子们跳了一会儿后，我停止弹琴，孩子们愣住了，看着我，我说："冬天到了，北极熊要睡觉了，北极熊要冬眠了。"孩子们真的就轻轻地回到自己的座位上安静下来。我一边摸着孩子们的头一边轻轻地说道："冬天到了，风呼呼地吹，北极熊躲在洞里冬眠了，他有本领不吃也不喝。"过了一会儿我又温柔地说："啊，春天来了！"一边伸了个大懒腰，孩子们也跟着伸了个大懒腰。我接着说："哇，春天到了，迎春花开了，桃花开了，樱花开了，紫荆花开了……"天宇说还要刷牙呢，准备弹琴的我便说："哦，对了，我们来刷刷牙，可是全是冰，看不到水，怎么办？"北极熊的爪子很厉害，我和孩子们伸出一只手当成爪子，用力地拍碎了冰，喝一口水，咕噜咕噜漱漱口，咕噜咕噜吐出来，再来一次，再洗洗脸。"哎呀，肚子可饿死了，怎么办？北极熊还会抓鱼呢？来，伸出爪子，把冰拍碎，抓一条鱼吃。"抓好吃饱了，北极熊可高兴了，它们又开始跳舞了。于是我又弹起了琴，孩子们又开始跳起舞蹈了。当孩子们开始骚乱的时候，我又说："冬天到了……"游戏又重新开始了，不过这一次，北极熊抓鱼的时候，我暗示有些开始兴奋得"交头接耳"的孩子说："冰打碎了，嗯，怎么没有鱼？如果鱼听见有声音会游到这儿吗？"孩子们又安静下来，等待鱼的到来，然后鱼来的时候要迅速地抓下去，才能抓到鱼呢——无形中又让孩子们学会了等待。

活动过后，我和孩子们都很有成就感——孩子们因为游戏的快乐而快乐，我因为创造的快乐而快乐。孩子们不仅达到了律动本身所要达到的要求，还知道了自己感兴趣的科学知识，还通过扮演再现了北极熊的生活习性。这是不是活动整合的又一种理想方式？

科学活动的乐趣

2005 年 4 月 20 日　星期三

幼儿教师的情绪常常会受到生活中的点滴小事的影响——《窗边的小豆豆》已传到江老师手里，看到她居然一口气看完了它，我也很开心；自由活动的时候，思余常常轻轻走到我身边，拍拍我，仰着头对我灿烂地笑；上课的时候，看到胆小、内向的晓晓睁大眼睛看着我，我真为他的转变而开心……

平时我最喜欢和孩子们一起进行科学活动，因为孩子们也特别喜欢。在科学活动中老师常常不需要频繁地组织教学，孩子们会自然而然地变得很专注。今天进行的就是科学活动"谁是最大的动物"，在给孩子们出示图片之前，我为了激起孩子们的好奇心，对孩子们说："今天我要给你们看一样动物，这个动物可是最大的动物，你们猜猜是谁。"孩子们说了很多：大象、大灰狼、狮子、老虎、鳄鱼……我说都不是，和这种动物比起来，你们说的这些动物算很小很小了。我夸张的动作更引起了孩子们的好奇。在孩子们惊奇的眼神里我出示了图片（上面有大象、鸵鸟、蓝鲸、豆腐鲨），然后告诉孩子我说的那种动物是蓝鲸："蓝鲸的嘴巴有多大呢？它的嘴巴能装下你们所有的孩子。"我介绍蓝鲸怎样喷水以及它的有关生活习性时，脑海里浮现出曾经看过的动物新闻，就是蓝鲸救小女孩的事情。我就顺便和孩子们说起了这件事情，孩子们听得津津有味。接着我让孩子们介绍自己熟悉的大象、鸵鸟、鲨鱼等动物的特点。我介绍了这种鲨鱼的名字——豆腐鲨，孩子们便马上想起了上次我说过，鲨鱼闻到血腥味就要发怒的特点。我介绍了我在上海海洋水族馆看到鲨鱼的情形。我特地说："上个星期六唐乐也去了，和高老师去的是一个地方，她也看到了的。"她看着我的眼睛笑着点点头，不再害羞地低头了。这时候我又给孩子们讲起了木偶——匹诺曹怎样不愿意上学，自己出去玩（我开玩笑说就像我们班的一个孩子："嗯，我不去上幼儿园呢！"），怎样在大海遭遇大鲨鱼，怎样在大鲨鱼黑暗的肚子里遇到找他的老爷爷，怎样一起想办法并机智地逃脱大鲨鱼的嘴巴，又怎样被鲸鱼救起，然后变成一个真正爱上学的孩子的故事。孩子们神情忽喜忽忧地跟着故事变化着，都表示自己是最喜欢上学的好孩子。

活动中有了自己机智的发挥，活动之后自己往往会很愉悦、很开心、很有成就感，这也许就是我所理解的整合课程观念在活动中的体现吧！

对体验式学习的思考

2005 年 4 月 21 日　星期四

　　这几天我在看安徒生诞辰 200 周年纪念版的《安徒生童话》，它是著名翻译家叶君健翻译的，平时买书的时候就喜欢买这种原汁原味的译本。今天离园的时候，在教室门口碰到正要回家的孙老师和赵老师，于是我们不约而同地聊起这几天听的常态教研课。我们谈到这一周的主题活动"我变小了"，孩子们对画册中的故事形象不感兴趣，录音机中播放这个故事时也不认真听，总是骚动不安。大家都在思考：这是为什么？可能是课堂内容本身不够吸引孩子们；可能是孩子们对听录音机讲故事不敏感；还可能是孩子们需要"训"一下再进行活动……

　　而我认为，活动内容本身是否吸引孩子们很重要，这个变大变小的活动无疑是孩子们感兴趣的，因为从老师一开始设计的变大变小的游戏中可以看出。可为什么到后来通过故事来体会变大变小的乐趣时，孩子们却体会不到呢？大家都感觉画册中的形象孩子们不感兴趣，从孩子们的反应来看故事的内容他们也很难理解。这学期我是进行数学活动的，但如果让我来进行这次活动，我会如何表现呢？通常我是不会用录音机给孩子们讲故事的，长期的经验让我意识到只有自己亲自用绘声绘色的语言和动作来表现故事，孩子们才会喜欢。"我变小了"让我想起爱丽丝的神奇药水，在孩子们对画册中的故事不感兴趣的时候，我会给孩子们讲爱丽丝的奇遇，将画册中的人物形象更改为爱丽丝，并融合画册中的故事情节自编更简单、更形象、更容易理解的故事让孩子们体会爱丽丝变小后的乐趣，或者索性将故事中的形象说成是班级中的某一个孩子。那样的话孩子们更会哈哈大笑，更容易从这个角度体会变小了的感觉。所以在语言活动中，老师要善于让孩子体会到文学作品中的情感。用怎样的方式方法能让孩子体会更深刻呢？我联想到上学期自己进行的语言活动，可以用插图的方式也就是绘画的方式体会；用表演的方式体会；联系自己的生活经验来体会；用老师自身的感受来体会……结合自己所进行的语言活动，我想到一个词——体验式整合教学，这种教学要求老师本身的体会、体验要丰富，思维具有跳跃性、迁移性。于是经典的童话、有趣的动画片、书中的情节常常不知不觉地在我脑海中留下了它们的足迹，成了丰富的表象，又常常不经意地在教育活动中突然出现，为活动增添精彩。

从理念到行为

2005 年 4 月 25 日　星期一

平凡的日子里总是容易生出一种叫作惆怅的情绪。理论上人人都懂的道理，在实际生活中却常常和理论背道而驰，或者是"明知故犯"，难以持之以恒地坚持一个正确的教育行为。理论在实际生活中应表现为怎样的行为呢？文字、语言可以华丽，可行动都是实实在在的，怎样将理论渗入自己行为的点点滴滴当中，是一件难上加难的事情。而且文字总将那些不太好表达的东西删除在外，留在文字中的往往就是美好了。大概是春天到了，万物都到了萌动的时候，孩子们也显得有点儿浮躁，总是定不下神来。上课的时候我总感觉抓不住他们的神，心里和他们一样烦躁起来。我对谨尘说："昨天我还带你去玩呢，我说话时，你都不听！"他很歉疚的样子，赶快坐好了。于是我又做出循循善诱、态度诚恳的样子和他们说了一通别人说话时要认真听，你说话别人才会认真听的道理，想让孩子们渐渐理解，人是需要互相尊重的。

在惆怅的心情中，我去听了吴老师的美术教研课（这一段时间是试教的送教下乡活动，幼儿人数自定）。一开始吴老师以富有感染力的话语说："昨天我看了一个电视节目叫《厨艺大比拼》，看到有好多好多的菜，看得我……"夸张的表情和动作一下子勾起了孩子们的"食欲"。然后吴老师适时地用实物投影仪出示了网上下载的各种名菜的图片，色泽浓郁的菜肴将孩子们的眼睛勾得定定的。吴老师又问："你们知道我最拿手的好菜是什么吗？"老师是孩子眼中的"神"，孩子最想了解的就是老师，老师的介绍当然听得津津有味了。吴老师说最拿手的是红烧鱼，然后在实物投影仪（说是电磁炉）上放好一个纸画的锅，先放油（用黄色的油画棒在四周画一圈），再放鱼（水彩笔画鱼）。有孩子说不好看，吴老师顺势说："是呀，要烧呀！"放生姜、辣椒、水（用黄色、红色、蓝色的纸剪出），最后吴老师将菜装进盘子，也就是将圆圈从纸上剪了下来，说："厨师总是在菜的周围装饰上花纹，我们也在盘子的周围添上花纹吧。"投影仪上不断变换着各色菜肴时，孩子们开始了"厨艺大比拼"。

在这个层次和环节清楚、分明的活动中最感染人的是老师的语言，从语言中可以感受到老师和孩子们之间良好的师生关系和好的沟通，能够感受到老师的人格魅力对孩子们的感染力。整个活动中老师欲扬又抑的情绪一直引领着孩子们的情绪，这也是我平常特别爱用的语气悬念法。老师巧妙的示范讲解，天衣无缝的环节设计，都让人感到这是一节成功的好课。而在孩子们"烧菜"的时候我特地数了数孩子们烧菜的种类：一人烧豆芽、一人烧螃蟹、一人烧鸡、一人烧青菜、一人烧兔子，其余十一人烧鱼。孩子们烧完菜的时候，没有体验到成功的兴奋。在这种活动中我总是纳闷，老师为什么要想方设法地示范呢？在这次活动中艺术形式有剪纸、油画棒涂色、画画。如果没有示范，让孩子们随意用剪纸或是绘画的方式来烧菜，他们肯定会烧出许多我们也想不出来的菜来。因为我想到有一次在一所镇幼儿园观摩过类似的美术活动，孩子们的表现相比这次出色多了。艺术的目的是什么？我相信谁都阐述得比我好，可在实际活动中又是怎样体现的呢？

科学活动中的遗憾

2005 年 6 月 17 日　星期五

对照自己的理解，我内心深处常常觉得自己不是一个称职的幼儿教师，能做到的却往往出于各种客观原因做不到。我听到别的老师口中的孩子能畅快淋漓地游玩和探索，惜之又痛之感难去心口。

今天是科学活动"怎样才能有风"，典型的探索活动。我多么想让孩子在众多的材料之中尽情地、充分地探索和发现。可是孩子的人数、活动材料的数量、活动材料的摆放、孩子走动的场地之间的比例不足以让孩子充分地与材料相互作用，更谈不上深入地作用。老师常常责怪孩子为什么会抢、会吵闹；责怪孩子一下座位就瞅空溜达那么一下；责怪孩子不珍惜老师准备的材料和机会；责怪孩子不研究、探索事物的本质问题，却拿着材料奔跑、炫耀；责怪孩子的噪声分贝高……可是原因是什么？根本问题是什么？活动的质量只是与老师的素质有关吗？

今天和孩子们回忆我们常常在户外感受的风后，我问孩子们："我们怎样变出风来呢？"当孩子们没有答案时，最好让孩子们充分探究。我看看孩子们虽然也带了十几把扇子，但和孩子人数比起来又太少了，更没有其他可以产生风的材料。孩子们甚至连"怎样产生风"这个问题也听不明白。我用手做了扇的动作暗示孩子们这样也产生了风时，孩子们才一下子想到"扇子可以扇风""电风扇可以扇风"。当他们再也想不到其他的方法时，我随手拿起铃鼓在个别孩子脸边扇了扇，他们很快意识到不仅仅是电风扇、扇子才可以扇风，还有许多其他的东西可以扇出风来。没有实践当然就没有发现，于是我让孩子们从教室里找找看哪些东西能够产生风。孩子们一窝蜂地离开了座位，有的拿着扇子扇，有的拿着书扇，有的拿着卡片扇，有的拿着衣柜中的帽子扇，有的拿着衣服在使劲甩，有的用手用力扇。受教室内东西少的限制，孩子们只发现了这么多。通过用手扇风，孩子们开始探索身体还有哪些部位能产生风，如嘴巴能吹风，用脚对别人使劲也能产生一点点风，身体用力摇也有一点点风。我说："对呀，有的风大，有的风小，我来做大风，你们来做树叶！"我吹起小风时孩子们轻轻在"枝头"摇呀摇，当吹起大风时孩子们摆动得厉害起来，风更大的时候"树叶"被吹到地上，风停了的时候"树叶"睡着了。孩子们尖叫着倒下的情形有点儿可怕，但他们在游戏中却是特别开心的。最后我和孩子们说起了更厉害的风——龙卷风，讲起了住在堪萨斯的多萝西被龙卷风吹到了很远很远的地方……故事在问题"多萝西怎样找回家的路？有没有回到自己的家？"中结束。我告诉孩子们："我是从书上看到这个你们喜欢的故事的，可我还没有看完，所以我也不知道小女孩有没有回家，等我看完了再来讲给你们听。"孩子们认真地点点头。其实我小时候就很熟悉这个故事了，我是不放过任何一个让孩子们对书产生美好感觉的机会，当然也是由于时间的限制，才不得不停下来。

下午活动课的时候我将家中带来的《绿野仙踪》介绍给孩子们，并给他们朗诵起了《绿野仙踪》（常常朗诵书时，发现自己的孩子会不知不觉地来听，就尝试让他们也听听），孩子们还真的听得很认真。由于怕时间来不及，我还是改成了讲故事的形式将故事的情节浓缩后讲给孩子们听。

备课的过程就是上课的过程

2005 年 9 月 13 日　星期二

今天是数学活动"整理超市"，预看活动方案的时候，我就发现这次活动中所包含的新授点很多，不仅有数学本身的新授要求分类，还有首次用剪刀操作作业的要求。对于刚上中班的孩子第一次运用剪刀有许多重点，即在走路的时候怎样拿剪刀；（孩子多，拿剪刀的时候需注意将剪刀的嘴巴放在手心里）怎样发放剪刀有助于孩子操作活动的取放，还能保证安全；（剪刀放在桌子中间）怎样安全运用剪刀；使用剪刀操作时纸屑怎样处理；使用完剪刀后怎样收拾和收回剪刀等。第一次运用剪刀时就让孩子明白并掌握这些使用剪刀的常规、规则，就更有利于孩子养成良好的使用剪刀的习惯。

今天的活动我不知道该让孩子先完成认知数学的要求还是先掌握使用

剪刀的规则。如果先认知数学的知识，那么经过冗长的剪刀规则讨论再来操作数学卡片，是不是会显得有些脱节？如果先来讨论剪刀的运用规则，那么孩子的兴趣点又到了新鲜的剪刀上，之后就不那么容易转移到数学知识上来了。

我备课的时候脑海中就会呈现这样的活动场景，备到哪个环节，脑中的活动也进行到哪个环节，这也要归功于在师范实习时千百次的说课和面对同班同学进行的模拟上课。而看现在的师范生因为是到县一级或自己所在的地方幼儿园实习，没有明确的任务和老师的殷实指导，到工作的时候又一下子面临不仅仅是设计方案、实施方案的工作，还要面临许多纷繁复杂的事情，因而短缺了这种锻炼。

幼儿园为了减轻老师的重复劳动，几年来一直采取轮流备课的形式，分到每个老师，大概一个老师只要备一周到一周半的活动方案，事实上真的减少了老师的许多笔头工作。这种形式刚刚试行的时候，大家还不知道留电子文件，只是在学期初制订计划的时候研究一下上一届实施的情况以及他们的反思然后制订我们自己的计划，设计我们自己的活动方案。随着课程的实施深入，可行性方案的逐步完善，大家开始留下了电子文本以供下一届老师修改使用。设想的时候是研究实施过的方案，进行适时、适班级的更进一步的修改和完善，这样更是减少了老师的重复劳动，并可以在原来的基础上进一步更快地完善课程、更好地实施活动。

这个学期第一周的主题活动，因为没有范本，我就深入钻研教材，分析活动的各个环节，预见活动的可行性、可操作性，设想更能激发、引导孩子的活动，认真思考一周主题所要准备的材料，仔细揣摩精要的一周提示，希望拿到我活动方案的人能更快、更方便地开展活动。这个设计教学的过程是一个创造性的过程，体现自己独特教学风格的过程。

而第二周的主题活动因为有上一次活动的范本，我就不像想象中的那么心无旁骛地进行构思和设计了。那种心态根本就不是想象中能根据原来的东西进一步修改和完善的想法，我心中仿佛有了某种依赖，或者有了某种羁绊，不再研究原来的活动方案，而是基于这个活动方案，思维开始有了某种惰性。我只是听了实施过的老师的一些意见，不再严格根据可行性、可操作性筛选活动和预设可生成活动，仅仅是将每个具体活动根据自己的理解、自己的观念重新备了一次。实施之后我才发现了许多不适宜的地方，就像别人的鞋总合不了自己的脚一样，没有适时、适情况地设计和深入地钻研教材怎么会有个性化且具有灵性的活动方案呢？或许这个已有的活动方案本身就没有进行过完善，在此基础上的活动岂不更糟。或许真的有惰性大发的时候，照本宣科怎么办？这样的情况不是没有，因为人性的弱点常常会悄然来袭。

这样备课的出发点本来是好的，是为了我们而考虑的。我这样大发议论或许会遭到"攻击"和"蔑视"。我不是希望这样的形式取消，（我自己本身就是懒虫）我只是想既然只要备这样少量的活动方案，那么就尽自己所能地设计和设想周全、完善、完美，不仅要仔细审看实施过的活动方案，更要对照原有的活动方案，分析别人这样设计的想法和可行性，取其精华，去其糟粕，根据自己的理解，重新设计更适合自己班级和时令的活动。当然更好的是设计出自己的风格和特色，设计出自己独特的想法。而这样少量的设计活动应该尽可能设计详案，体现活动的具体实施步骤。

备课的过程就是上课的过程，这样有助于预料活动中可能遇到的情况以及孩子可能会有的反应，有助于预料活动本身的可操作性、可实施性，及时在备课方案中尽可能地避免这样的失误，尽可能地设想周全。

空灵的想象

2005 年 9 月 20 日　星期二

尽管教育中的问题要发现、要提出，但孩子的活动依然要组织好，对待孩子的教育态度依然要好，这并不矛盾。生活中能发现问题的人往往才会尝试去解决问题，希望能够充分地去了解孩子，希望孩子的活动尽可能地提高质量。真的希望，"就这样吧""有什么办法呢""算了吧""说了也没用""人家能过你也能过"……这样说的人少一些，那么问题的解决才会有希望，孩子才会有希望更好地发展。

今天的活动是"静心之旅"，我静静地坐定，轻轻地说："闭上眼睛，轻轻地闭上眼睛，听一听，有什么声音？周围有什么声音？"听到轻柔而有力的声音，嘈杂的教室顿时安静下来，耳边传来电风扇"呼呼呼"转着的声音，窗外传来孩子"嗷嗷嗷"的吵闹声。我说："轻轻地睁开眼睛。"孩子们在轻轻的呼唤中睁开眼睛，连头顶上很响的电风扇声音都没有听到，看来孩子们的心还是没有静。

于是我再次坐定："轻轻地闭上眼睛，听——听——听……"

"你们听到了什么声音？轻轻地举手告诉我。"

"电风扇转的声音。"（怡然第一个说）

"小孩吵闹的声音。"

"我听到了白云的声音。"（倩倩说）

这个活动本来是想让孩子们感受耳朵的作用。我将倩倩诗意的倾听记在心里但并没有表现在脸上，可能鲁莽的表扬、延伸和冲动的感慨会挫伤别的孩子学习的劲头。诗意、空灵的想象可能对大多数这个年龄阶段的孩子来说还有点儿深度。当孩子们再没有答案的时候我们又轻轻地闭上眼睛，静静地开始倾听，这回活动室里更安静了……

"我听到了草地的声音。"

"我听到了花的声音。"

"我听到了蚂蚁的声音。"

"我听到了小鱼的声音。"

"我听到了……"

我没想到孩子们一下子由倩倩空灵的想象开始灵动地倾听。尤其是若冰竟一下子一反调皮好动的常态，说出了更多美好的想象。我一下子也兴致大发地说："我们就来将若冰、倩倩听到的声音连起来变成一首诗歌吧!"余光看到若冰很自豪的样子。

"当我把眼睛轻轻闭上的时候，

我听到了白云飘动的声音，

我听到了小鸟挥动翅膀的声音，

我听到小鱼在说悄悄话，

我听到蚂蚁在花上滑滑梯，

我听到了我开心的笑声。"

深情的朗诵似乎激起了孩子们更多的想象，孩子们静静闭上眼睛学着小一休的样子开始聆听。看惯了吵闹景象的我一下子面对如此安静的活动室竟特别感动。我轻轻地诱导："我们慢慢地慢慢地来到了绿色的森林，来到了绿色的草地，躺到绿色的草地上，轻轻地将手放在头下，静静地闭上眼睛，听——听——听远处传来的声音。"

"我听到了鲨鱼的声音。"

"我听到了大树摇摆的声音。"

"我听到了船的声音。"

"我听到了小虫子的声音。"

……

孩子们的想象开始天马行空、无拘无束，一次科学活动就这样演变成了语言活动。

几个困惑的问题

2005 年 10 月 18 日　星期二

早操之余我尽量带孩子们进行一些主题活动，让孩子们做一些他们喜欢的活动。珂珂实在是个太乖巧、听话的孩子，上一次吃饭时因为不吃香菇，又硬着头皮吃而呕吐。今天进行"好吃的伞"的活动后，是不是会有一些效果呢？孩子们对自然界非常地着迷，他们自己猜测有哪些好吃的"伞"后，眼睛眨也不眨地听着我介绍不常见的菇类，听我说着哪些好吃，哪些有毒不能食用。

幼儿园实施主题活动也有两年多了，实施主题活动的同时也参考了许多地方的主题或单元活动。在主题活动实施当中我产生了一些困惑：从体察孩子们活动中的关注点和兴趣点，从了解孩子们在家庭中痴迷的东西，从对儿子天然、源自内在的一种兴趣的观察，发现大多数孩子对自然、对动物、对生活中的科技问题以及对人本身有着天生的好奇和兴趣。我们进行的主题活动，孩子们似乎也玩得开开心心，但似乎又觉得是空洞的开心，在孩子们开心之余却留不下什么长久的东西。有时候也有切合孩子特点的主题活动，可常常为了形成一个主题，形成包含有一定领域的主题，形成满足一段时间的主题，而将一些貌似相关的活动拼凑在一起，而这些貌似相关的活动却恰恰浪费了孩子很多宝贵的时间。所以我又开始对主题活动或这种现状下的整合活动产生了疑惑：有必要将所有的活动都形成主题活动或整合活动的模式吗？比如有的活动的时间跨度很大，例如"昆虫"这个主题，就不可能在一周或几周内完成，昆虫是属于四季的。孩子们钟爱的科学活动无处不在、无时不有，又很难整合成主题活动，所以主题活动中就少了这样有趣的活动。我再仔细一想，整合活动的形式是给成人看的，是为了让成人觉得有完整性。孩子们或许不明白什么是主题活动、整合活动，而是觉得只要对他们的长远发展有利又能结合他们兴趣点的就是好的活动吧。在实际的教育教学中，不管是整合了的音乐活动，还是没有整合的音乐活动，只要是优美的、乐于传诵的他们就喜欢；不管是主题活动中的美术活动，还是单独的美术活动，只要是他们能够大胆表现的，他们都欣然参与……

参加赛课的老师这两个星期以来一直试教、再试教，揣摩活动中每一句话该如何说更妥当，如何引导更有利于活动的进展。我在帮助他们揣摩的同时也产生了一些困惑。在这些活动中，我们不自觉地为了听课者眼中可能会产生的某种美感或感觉，要一再使教师的语言精练甚至精致，活动的层次结构要让人感到舒服、感到流畅。这时候就会发现有些话在活动中就不能出现，因为会破坏活动给人的美感。活动的环节要一层紧扣一层，不然错落有致、抑扬顿挫、清爽分明的层次感就会减弱。不可否认，这种赛课是给评委看的，不能排除活动给评委留下的整体印象。我想起"抗日"的那次活动就是这样，因为是公开课，出于时间的限制，活动中孩子只能跟着老师的思维，给材料分类、伪装、打"鬼子"。而平时进行这样一次活动就完全可以调动孩子，让孩子充分地思考：为什么要伪装？如果到了另一种环境该如何伪装？甚至还可以联系到动物的伪装等许多孩子可能想到的话题，因为平时没有时间的限制，没有形式的限制，完全可以是一种感觉灵性的活动。由此看来赛课的意义又何在？

对数学生活化的疑惑与思考

2005 年 11 月 3 日　星期四

进行完这周的两次数学活动"谁大谁小"和"比比高矮"以后，我对数学活动产生了一些疑惑。现在有许多教科研课题在搞数学生活化、游戏化的研究和探索，而现在的数学活动内容似乎也更加接近幼儿的生活了，就像"谁大谁小"和"比比高矮"，但又有一种困惑，孩子似乎也会积极发言，但总感觉这样的活动缺少了一些使活动有生命力的东西。在活动中老师请小朋友说出谁是最大的，谁是最小的，谁是最高的，谁是最矮的，大家都来排一排，有不同的排法（从左到右、从右到左、从上到下、从下到上、从里往外、从外往里），就像在排练一场戏，因为谁都知道这些问题是孩子一定都能回答的，活动前也能预见孩子应该能操作正确。也可能孩子会不知道方向，然后老师再让孩子观察、发现大家不同的排法。似乎数学活动完全变成了对幼儿生活中已有经验的一种总结或者说是一种展现、一种验证，而并不能说是一种提升。活动中我总感觉到孩子和老师都没有一种探索的劲头，淡淡地、浅浅地就这么结束了。

数学是一种探究活动，应该充满着疑问、好奇，但似乎孩子没有好奇，老师也没有疑问，活动进行得淡而无味。我尝试着拨开迷雾思考找出问题所在，可又似乎摸不着头绪。学习数学的目的是什么？在学习数学中可以得到什么？数学生活化该在实践中如何把握理解？是不是就意味着选择幼儿生活中的课题与内容？是不是过去研究过的问题，即研究幼儿各年龄阶段的学习特点和水平不新鲜了？是不是都认为以前的研究结果适用于现在的孩子？是不是现在的老师缺少对孩子现有发展水平的了解和把握？

在实施这些课程的时候我常常有这样蜻蜓点水似的感受。孩子在活动中没有对自己思维的挑战，活动常常是呈现式、展示式的（不知道这是不是受公开研讨活动的影响），活动的内容、材料都不足以促使孩子适当地与自己挑战，于是孩子在活动中无须开动脑筋，就能回答问题，皆大欢喜。活动中孩子没有一种来自活动本身的原动力和对知识渴求的生命力，在孩子的眼中找不到发亮的、渴求的眼神。于是我开始想是不是我们所理解的"生活化"是片面的，而我所理解的"生活化"应该是了解孩子已有的生活经验及其在生活中已达到的发展水平，再就其水平设计出具有挑战性、适合现时代该年龄段幼儿的课程。由于数学生活化的提出，让许多生活中的数学问题一一呈现在课堂当中是否有必要呢？有许多东西只要在生活中潜移默化地理解就行了，再搬到课堂中的时候就失去了它本来的价值与意义，甚至有负面作用。

数学活动作为培养思维的活动，是否有助于开启和拓展孩子的智慧和思维？是否能为孩子的未来打下良好的素质基础？这是教师进行数学活动前应该思考的东西。思维是依赖一定的知识来培养的，没有适当难度的知识是不能锻炼孩子的思维能力的。活动的内容要能激发孩子思考的热情，燃起孩子眼中专注的火花，能引发孩子思考更深的问题。

以怀疑的态度看问题有助于研究

2005 年 11 月 18 日　星期五

今天我听了一个有关环保的活动"一二三四五，上山打老虎"。活动一开始老师带着孩子一边说着儿歌一边来到创设的环境当中，忽然出现老虎的投影和老虎的诉说，引出问题"修改儿歌"；然后通过寻找大树、草丛中的动物仿编儿歌；最后延伸到生活中有哪些动物，你是怎么保护的。

老师们开始评说并讲述生态体验研究的思想。我记得老师们说了两个地方：一是在这个活动中孩子对老虎的消失和自己有什么关系没有体会，怎样更好地让孩子来体验这种感受呢？老师们建议可以制作更生动的动画让孩子来感受和体验。二是活动中的开放式对话与反思性表达。在孩子说出生活中的琐事时，老师只做事实评述，不做价值判断。当时我的脑海里就产生了两个想法，第一是孩子对于老虎没有更多的感性认识，尤其对于保护老虎的必要性没有认识。那么怎样从孩子的内心激发起孩子对动物的保护欲望？首先必须了解幼儿的心理特点，当时在我脑海里就浮现了两只老虎宝宝快乐地玩耍，"砰"的一声枪响，爸爸和妈妈没有了，老虎宝宝相互诉说、寻求保护的动画画面。孩子和老虎宝宝之间容易产生一种情感的共鸣，更能体验到保护老虎的意义。这才是从孩子角度出发的思考。其次是对于体验的论述要恰当，联想到我的教学，体验要重视孩子本身的感受，也要重视老师在其中的感受。我一直主张老师和孩子一样在活动中运用"我"，而不是"某"老师，老师要和孩子一起感受、一起体验。对孩子的体验尽量做出事实判断，而对于孩子的反思性表达部分，老师则强调以画画、手工、音乐、舞蹈等形式来表达，我觉得这是不了解孩子现有发展水平的表现。让孩子用朴实的语言表述也需要老师的引领和启发，但是用这些较高技能要求的方式来表达对于孩子来说是有困难的，是一种"理想"中的方式，事实上孩子没有能力用它们来表达，常常会体验到挫败感。

整个活动中都能感受到老师情感的投入，而生活中很少有人有这种情感，成人没有这种情感的投入也很难激起或感染孩子的情绪。我在这个活动中产生了几个疑问。

第一，不是所有关注生命、关注自然的内容在幼儿园阶段都可以切入，那么什么样的内容适宜在幼儿园阶段切入呢？

第二，幼儿园阶段的孩子在关注生命、关注自然中的感性经验的体察是一个空白，如何去体察幼儿在关注生活、关注自然中的感受和体验呢？

第三，怎样切合幼儿园孩子的心理特点和年龄特点，融合关注生命、关注自然的内容，才有利于幼儿更好地更有兴趣地来探究呢？

第四，活动中有人提出现在就是需要合作研究才能取得实验的成功，从爱因斯坦以后得诺贝尔奖的大多数是合作研究成果，一个人搞自己的实验脱离群众，终究不会成功，说明合作实验的重要性。思考什么样的合作才是真正的合作实验，我想到中央电视台《大家》节目中，丁肇中在回答记者提问时说，科学是一种理想，是一种追求，我喜欢这样追求的状态，我乐意一辈子追求。而合作实验的人也仅仅是合作实验，同一种价值取向的人在一起追求共同的目标才是一件幸福的事情。那么合作实验也要看合作对象的价值观、工作追求的取向等因素，可能不仅仅是一个由人组合的团体。而且我们必须尊重每个人的个性与风格，尊重每个人的感受与体验，这才符合刚刚提到的生态体验研究的宗旨。

放学的时候我与楼下的老师谈论起从不同角度看教育的问题，以不同观点看教育现象与老师个人之间的关系，对他的观点很有同感。我们并不能因为教育或学术的争论而影响个人之间的感情，观点应该是越辩越明，越辩越清晰。今天的工作也在痛快的畅谈中结束了。

我可以有不同的感受吗？

2006 年 1 月 16 日　星期一

"听了这个故事你有什么感觉？"

"听了这段音乐你有什么感受？"

"看了这幅画你觉得怎么样？"

……

在许多活动中，当老师给予孩子一种新的信息时常常喜欢在第一时间提出这个问题。今天开放的活动中依然是老师讲了故事后就问："你听了这个故事后，心里觉得怎么样？"作为一个旁观者不用猜都能知道老师的标准答案是伤心或者和伤心相似的词语。第一个孩子回答："我觉得不能乱扔垃圾。"老师听了："哦，你都想到了怎么做了。那你们心里觉得怎么样呀？"第二个孩子回答："很伤心。"老师"及时"引导："是呀，我们都很伤心。"后来很多孩子都说："我很伤心。"等第一个问题回答好以后老师进入第二个问题："你想出了什么好办法？"

因为活动的其他环节都很完美，故事也很优美、很吸引孩子，操作活动孩子也特别喜欢，只是这个问题让我想了很久。第一个孩子的思维可能更具有解决实际问题的思路，他的思路可能更具有跳跃性："我们不能无病呻吟地在这儿讨论对他们的情感问题，更要考虑怎样做好身边的每一件事，实实在在地做好每一件小事，才能做好大事情。"我仿佛看到了长大的孩子在发表自己的政见。可是我自己又开始矛盾："如果这样，活动的层次感就不清晰了，我们不得不承认在看活动的时候常常会有这样的感受。"人们常常在听别人辩论的时候，或者在一起聊天的时候都喜欢条理清晰的谈话，这样在自己的脑海里才能够很快理解或者记忆清晰。人们在听课的时候也是这样感受课的，常常不能从别人看似杂乱的谈话中清晰地分辨出别人可能可贵的思想，而在谈辩的时候往往条理清楚的都是那些已有的理念，而对于那些过程中碰撞的，甚至还没有发现的新理念，人们往往会是语无伦次的。于是人们不喜欢有争论的，人们喜欢上了没有异议的，可以条理清晰地进行书面整理的符合一定常规理论的东西。

所以我常常觉得这样的提问，只是在培养孩子思考同义词的能力。

随手拿来的记忆游戏

2006 年 3 月 30 日　星期四

当我拿出活动中需要的视觉辨认挂图时，我就想起了还在住宿舍时经常和同宿舍的江老师玩的一种记忆游戏。我已经不记得当时为什么会经常玩这种游戏，只是依稀记得玩游戏的情景：随手拿来一个食品或者其他物品的包装袋或盒子，允许对方拿在手里看一定的时间，另一个人就拿着这个包装袋或盒子开始提问。这些提问可以是袋子上的符号、图形，可以是图形符号的数量、颜色等各种特征。提问可以是一维的，比如，袋子上某某字是什么颜色的？最大的字是什么？提问也可以是多维的，比如，什么形状的图形旁边是什么颜色的字母？某某字的下面有几条什么颜色的线？等等。至今我还清晰地记得每次猜中的得意表情和心情，那时年轻气盛，两个人常常会得意于各自观察的敏锐性和厉害的记忆能力。

对呀，我不玩方案中"谁不见了"的记忆游戏了，那是我们已经玩过的游戏，对孩子们来说不是那么新鲜了。我要利用这张挂图来和孩子们玩一玩自己发明的记忆游戏。打开挂图，我简明地跟孩子们说："给你们一分钟的时间，你们来看这幅画，看好了来回答我的问题，可要看仔细呀。"在孩子们开始看的时候我也开始仔细观察这幅图，里面涵盖的内容真是太多了。我的第一步还不能将画遮住呢，必须就这么问，让孩子们边观察边回答。还没等我喊"停"的时候孩子们已经迫不及待地举手了。哼，他们是不知道我问题的难度呢！"图上有几只蜜蜂？"孩子们说："两只。"哼，这个问题简单，因为这两只蜜蜂在空旷的天空里，能够一目了然。"图上有几只蜗牛？"孩子们说："两只，一只是黄色的，一只是红色的。"我没想到孩子们观察得还挺仔细的。"图上有几只小猫？"这下有点儿难度了吧，看得最清楚的是五只，有一只背面的，还有一只躲在房子后面呢，只是露出半个脸。哈哈，有的孩子说五只，有的孩子说六只，当然也有孩子说七只。我一一请他们上来数，他们才发现真的是七只。哼！我可要挫挫你们容易得意的锐气哟。"图上的房子是谁的？"这个问题就更具有开放性了，只要说得有理就是对的。有的孩子说是小猪的，因为小猪的脸在窗户里面。也有孩子这样解释："窗户上是用小猪的照片来表示这是小猪的家。"有的孩子说是小兔子的，因为窗户上有兔子爱吃的萝卜。有的还说是小猫的家，因为小猫在刷自己房子的墙……哈哈，大家说的都有道理。我说："你们说的都有道理，谁能说这就是小猪的家呢？也许它正在屋里参观呢。"

不行，我必须加深难度了。我说："不行，这次我可要把图遮起来了，不能让你们看着回答了，你们可要仔细看清楚啊。"给了孩子们一段时间我就赶紧用自己胖胖的身体将图片挡住。哎呀！图片太大了，有的孩子还能偷看到呢。我张开臂膀将图片捂住，这下可偷看不到了。"树上有几个苹果？"孩子们立刻回答道："一个。"嗯，图片上这么多的物体你们怎么就能关注到这么多呢？"树后面小猪的手里拿着什么？"孩子们又立刻回答："网（兜）。"嗯，怎么记得这么清楚，我非要把你们给问倒不可。"小熊的手里拿着什么？"这可是刚才没有提到过的。"是笤帚。"真的不得了，我怎么也没想到孩子们居然能够观察得这么仔细，并能记得这么牢。"小鸟在谁的身上，手里拿着什么？""小鸟在黄色的猫身上，手里拿着毛笔。"哎，我还真的难不住孩子们了。"小猫的手里是什么颜色的鱼？""小熊的脚旁边有什么？""小兔子的手里拿着什么？"……一口气问了很多个问题，弄得我都不知道该利用图片问什么问题了。孩子们看着我有点儿垂头丧气的样子，一个个可得意了。

相对我的游戏来说，操作卡片上的作业对孩子们真是小菜一碟了。我让孩子们自己来观察，他们都知道是让他们将图片下面的小图和大图中一样的形象连线。他们可不知道我的心里也得意着呢，没想到渐渐地我的孩子们思维比以前灵活了，观察力、注意力比以前更强了。看来我的数学活动中不急于让孩子们将操作作业做正确，而是先让孩子们主动思考、主动观察、主动理解活动内容的教育方式已经初见成效了。

物中的精神

2013 年 3 月 9 日　星期六

近来读皮亚杰，我突然有所领悟，这个世界本身，这个世界在我们心中的印象，与我们的思维，与我们的精神世界密切相关。从某种程度上来说，我们所处的世界滋养我们的眼界、丰富我们的精神，使得思维的建构成为可能。反之，我们的思维和精神建构的世界，逼仄还是广袤，决定我们身处的家园狭隘还是自由。海德格尔的《艺术作品的本源》中，恰恰证明了此点。物之本体，物之外延，前者所见之限，后者所思之远。物是初始，再回到的物已非昔日之物，就如凡·高的那《鞋》已非那鞋本身。

表象之养成，是一个建构的过程。而此表象是物非物。犹如这家，是物非物。是物，有物之物因素，它必然由物体构造的空间而组成；非物，物非物本身，物之存在，人与物之间是一种"存在关系"（人总是已经寓于物而存在）。

皮亚杰强调一个主客体的建构过程，可能主体本身也是这世界中的一个客体，也即是课题的建构过程。恰与海德格尔的"此在"之论有某种默契之处。

物需"养"，人需"养"，人与人、人与物彼此"驯养"。主题课程"家"之外部，人与这课程是如此，课程滋养老师和孩子，老师和孩子发展课程；主题课程"家"之内部，家的形成亦是如此，人滋养家，家反过来滋养人。家是物之构成，又是人之构成。

首先，在主题课程"家"的历程中，作为老师，我自身厘清了很多关于课程之内、课程之外的概念。

比如，这海德格尔哲学与皮亚杰儿童心理学之间的一种贯通感。

比如，关于课程实施历程之中的思维线索和脉络，到底要如何把握。至此课程，我终于获得一种自由，厘清之后的自由。也就是围绕着这个主题课程的核心价值和目标，或单一线索前进，在纵向上发展；或呈放射或聚拢状围绕核心自身在横向上深入，都可以任由思维的进展而进展。我这才明白项目的特性所在。所谓项目，正是为了达致核心目标，任由思维四面八方游走，千方百计达成目标，哪里还会考虑什么领域的、什么科目的限制，由此获得一种整体感。而在这个过程中，可以任性、任意创造，紧随着课程的发展现状，显现自身思维来回伸展能够达致的最大自由。

比如，更加确认老师之导与孩子之自主之间的不矛盾。老师和孩子在课程实施历程中动作、运算，将课程内容与自身各自形成主体和客体。那么老师作为主体之一，必然有自身的运算和动作，孩子更是如此。那么老师行导之实，孩子行自主之真，应是合为一体的。

其次，在主题课程"家"的实施历程中，从预设课程到实际的课程，更多的是实践中的顺其自然、顺势而为的波折和拐点，我从中感受到自身驾驭课程的能力见长。

由于元宵节在第一周的周日，所以第一周，我们就从绘本故事《幸福的大桌子》开始介入整个主题课程，通过故事感受家人围坐桌子的"圆"之团圆，同时并行的是在春节入学伊始团圆之气氛下的新年团圆，由带着节日气息的舞龙会切入即将到来的元宵节，经由歌曲《元宵节》感受元宵节的"月之圆""元宵之圆""家人之团圆"，继而在幸福的大桌子上进行一次大型亲子"做汤圆、吃汤圆、猜灯谜"的活动，在节日里初步感受"家"之浓郁气息。

在第一周初步感受"圆"之意蕴的基础上，我们尝试一起自创儿歌《圆》，经由歌曲《回家》以及科学认知绘本《世界上最最温馨的家》的连接，达成从团圆到家的过渡。家从哪里来？绘本《你的家，我的家》给予了一个清晰明了的概念建构过程。我们由这本绘本让孩子们谈谈自己家的样子，玩玩游戏"来我家的路上"，说说"如何来我家做客"，并通过绘画来表达对自己家的印象。

在第二周，我们达成了对家的外在构造认识。第三周，我们开始由绘本《最温暖的家》来进行家的内部构造探究，结合欣赏过的女巫的家，结合南师大整合课程画册《我的家》来感知自己家的内部构造，并尝试表现"我家的平面图"。我们在外部和内部构造都已然完整的情况下总结性地论述什么是家；在谈论的基础上回到故事《幸福的大桌子》，谈谈我家幸福的"大桌子"是什么，是电视？是像《妈妈的红沙发》里的那个沙发？还是充满阳光的阳台？然后根据孩子们的论述，准备好家人照片，进行最后的亲子绘本自创《幸福的×××》。

——主题课程预设线索和脉络

主题课程第一天，在感受故事《幸福的大桌子》中，经由与元宵节的融合改编，孩子们体会到兔妈妈对团圆的渴望，而我们日常的团圆又体现在团圆饭之上，于是我们把原本的歌曲《元宵节》改成《团圆饭》，进一步体会兔妈妈对团圆的期盼，其中并行着我们自身做汤圆过元宵的元宵团圆日。故事中兔妈妈对家人的想念，最终达成了过年的团圆，但在此团圆上又制造了一个遗憾，那就是兔爸爸因火车票的难以购买（生活时景）而造成的缺失，形成元宵节团圆的新期盼。

于是第二周，我们从自身的元宵节谈到兔妈妈的元宵节，从团圆的地点——家开始探寻家的模样。兔妈妈的家是什么样子的？故事中小儿子对家的念想化成歌曲《回家》，那熟悉的方方门窗，那熟悉的香香热饭菜，在浓郁的情感中看那个家，家又不只是物之本身了。我时常觉得，我们的教学太倾向于没有情感的科学认知，素不知道这物需要裹挟着情，才会在生命中有光彩。这歌也不再仅仅是一首歌，而是小儿子情感自然的奔涌。

代入故事角色的孩子们，自然因歌曲《回家》而回家，当这个时候呈现他们家的样子时，他们是惊诧的，仿佛在他乡突逢自己家的气息。这个转折突出了家的温暖。我们可以看到，这里自然不需要《世界上最最温馨的家》这个科普故事的过渡了，也没有进行"圆"的儿歌自创的必要了，一切仿佛就那样水到渠成。我们自然地开始经由故事《你的家，我的家》探讨自己家的样子，并尝试用画画的方式来表达对自己家的印象。而事实上，《你的家，我的家》又富含了更多家的信息，始终不变的就是家的构成，不仅有物，更有人，更有人与物的绵延和生生不息。对家的了解，营造了一种渴望，进行做客的活动是对这种好奇和渴望最自然的回应了。对于到同学家做客活动，我们自身就有感触，是一件非常兴奋的事情。

第三周，我们又是自然地说说自己做客的心情，看看自己做客的照片，在介绍中了解家的部分内部结构，引至对家内部结构的自然需求。我们阅读认知绘本《最温暖的家》，哼唱应和着这个故事的《我爱我家》，感知绘本中对家之内部结构及家居物品的罗列方式。在这些经验的铺垫和暗示下，孩子们自己尝试描绘自己家的平面图，经由回忆后，回去再和父母一起观察、体会，再次描绘，让脑海中对家之平面图及家居物品有更丰富充分的印象。我们继而在这丰富印象之上，回到故事《幸福的大桌子》，这和主题课程的预设方案归到了一起。

在实际的过程中，孩子们将家的平面图贴在墙面上自己能够观察得到的地方，便于他们随时能够看到，随时触发他们看一看、理一理的兴趣。

而用照片来自制绘本，就是便于孩子们能够彼此阅读。事实上，"家"的主题课程已经过去好几天了。在这几天的自主活动中，孩子们会不时地翻阅彼此的自制绘本《幸福的×××》。而照片恰恰就起了类似绘本的作用，可以让孩子们自主阅读，可以触动对他人、对他人绘本更浓厚的好奇和兴趣。

需得深思深入之处，唯觉遗憾之处，只在，孩子们与家的个别领会，无法一一去探个究竟，就仿佛已然窥探到那深处洞开的光亮，却有无形的盔甲阻挡。这导致必然的粗放，无法达致细探。孩子们无法在老师亲自的导引下，对家有更深入的探知；老师也无法在众多的孩子中，对每个个体的领会有更细微的确知；课程实施的历程无法在这现有的条件下，与生活更加深入地融合。

认识我自己

2013 年 9 月 27 日　星期五

主题课程"认识我自己"历经三周，终于要告一段落了。之所以这样说，是因为我想到，如果在一年级、二年级乃至整个小学阶段，甚至到初中、高中，都不断进行这样的主题课程，难度和层次不断递增，那将会是怎样的呢？

我时常不太容易被俗物俗世感动，但每每发现，当遇到别人描述对生活某个细微的洞察和体悟时，就会非常激动并心怀一种莫名的感恩。那天，家瑞妈妈在描述家瑞在家和大人谈心时如何的成熟和冷静，我感觉到了其中家瑞于教室生活熏染的某种带着洞察和辨析的哲气，一种一脉相承的思辨气息，心突生满盈胸腔的激动和感恩。包括开学之前，我看到天天妈妈在微博里说到天天开学前的状态，亦是如此。我时常更愿意倾听对孩子们细微的描述，不管是在家庭里的还是在幼儿园里的，它们能让我更了解我的孩子们，也会让我在教室里变得更从容和美好。

课程结束后一天，芊羽居然做了一本自己的书来，专门送给老师。面对热情，面对课程深入孩子们的生活影响，我的心就突然生出了羞涩之感，却又饱含着激动。

这一周开始配班老师的主题课程，家瑞居然也自制了一本迷宫书，还说是有着自己味儿的书。

这些都是主题课程"认识我自己"点点滴滴的痕迹，包括在业余时间我们几个人的文本共读和解读研讨中，同事经历课程之后的感慨。不仅是孩子们通过课程不断认识了自己，老师们也在课程中不断辨识自己。打动人的是话语中饱含的生命真实。

回顾整个"认识我自己"的主题课程历程，第一周我们从绘本故事《我的名字克丽桑丝美美菊花》开始，感受小老鼠因自己的名字而烦恼。当然这个主题课程由此切入，也融合了中班主题课程"认识我自己"中认识的那些已然非常熟悉的人们——宝儿、皮皮菲莉比和小兔子奇奇。

从某个角度来看，名字就仿佛这个社会先定的文化，仿佛一个人出生以后被命定的那个部分。虽这是社会文化的一部分，但却是人出生时自身无法抗拒而变成自身的那部分，如何认识它，如何接纳它，克丽桑丝美美同样经历了一波三折，最终因为大家喜欢的音乐老师的认可而重新认识了自己，并接纳了这个自己。在这个地方，文本中的故事因我们得到了拓展，文本也同时走进了我们的生活。怎么说呢？故事之后，音乐老师把克丽桑丝美美的名字谱曲唱了出来。借此，我们也开始去了解自己名字的由来，并也这样把自己的名字唱出来。克丽桑丝美美认可了自己的同时，也同时暗示着深入这个文本故事的孩子们也了解了自己，认可了自己。

课程经历了一个小小的插曲——我们阅读故事扉页时遭遇的老师的名字画引起了孩子们的关注，或许就如同克丽桑丝美美和她的同学们对音乐老师的关注那样，我们也来尝试作一幅自己的名字画。

到了第二周，我们从绘本故事《大脚丫跳芭蕾》来体会一双比名字更与生俱来无法改变的大脚的烦恼，而这个烦恼却比名字的烦恼又递进了一层，不再是因为别人的嘲笑而烦恼，而是因生命需要的超越而烦恼。孩子们在故事中感受到大脚丫贝琳娜在舞蹈学校的勤奋练舞，体会到因大脚被评审委员拒绝跳舞的难过，可最终也体会到了因自我坚持而能够实现梦想的滋味。贝琳娜如此的自我超越通过歌曲《我很特别》而表达了出来。孩子们在倾听老师和爸爸妈妈表达自己在他们眼中的特别时，再唱《我很特别》就体现一股自信和自豪来。

第三周结合了绘本《点》和《味儿》，我们讲述了小男孩雷蒙的故事。这不仅仅是自我认可，不仅仅是去追求自己的梦想，还要找寻自己的风格，承认自己的味儿，有可能不受认可、不太完美的自我味儿，强调的是每个个人个性化的东西，而我们要认可和接纳这个个性化的自我味儿。歌曲《相信自己》也恰恰表达出了这一点，与绘本故事表达得相得益彰。我们通过延续中班"制作我的小书"来制作大班理解水平之上的"我的小书"，体现三周以来的课程历程，像雷蒙画一幅有味儿的画，像雷蒙一样作一首有诗味儿的诗，并将自己名字的由来和自己的特别，合起来制作一本完整的"我的小书"以供阅读来结束整个主题课程。

就课程实施的历程来看，本次比以往更游刃有余的是，更能够超越原来的预设课程，形成课程自身要走的路。所谓课程自身要走的路，当然是在其中的老师和孩子的走向。也许就像一幅作品在创作的过程一样，踏上了形成之路，就由不得创造的那个人了，它应该是融合了创作者和自身，最终形成了自己的路。

不过在这个主题课程历程中，第三周的课程开展还显得有些生涩，主题核心价值的体现还没能那样的饱满和充分。我真是想和孩子们一一对话，感受他们在"我的小书"中制作的身心姿态，对他们做出情感、理智上的应对和引导。课程"认识我自己"最大的魅力就是要保持这样一对一的交流和对话，才会对过程中每个人的自我成长有所促进，当然包括我自己。可，不管是对于我自己，还是孩子们自己，都只能粗放，无法一一细微了。就如同同事所说的，在这个课程历程中，我也时常感觉到对自我认识的痕迹。在内心，我时常用这样一种方式来衡量自己，那就是在意象中再现瑞吉欧或其他课程的实施实景，让自己身处其中，看自己如何实际应对。也包括这种一对一的交流和对话，不管是在课程中，还是在自主游戏中，我是否有能力记录、促成和发展？在意象中，我自身应对的实际景象越来越清晰和明朗了。我也突然意识到了什么是自由和界限，或者说孔子所说的心安，即使包括自身能力或环境制度等各方面条件不足的时候，内心也是可以自由的。

心有所向，却不期许。每每在课程历程中，我总想着期许更多，因期许常要抱怨各种牵绊，必定不能如期所愿。我才感觉课程于生活，如同细细之水滴、潺潺之流水，需得一些时日，如同翠龟，只是朝前，才能有浅浅的痕迹来。

心有所向，持之所向。甚至消极说来，自身的能力和环境是某种对应和匹配的关系，安于，不是消极放弃，而是静静地生长自己，当自己舒展得足够，它周围的土壤也会随之发生悄然的变化。安于，内心就有了自由，就如同我和孩子们的相处一样，彼此安于，才会有自由。

心有所向，滋生定力。"认识我自己"的主题课程看似结束了，不过恰如唐语来提醒我"每天要读五本的呢（读孩子们自制'我的小书'）"一样，就在这可见的课程点滴中，我坚持一件小小的事务，将每个孩子的"我的小书"欣赏亮相，也是对这第三周课程历程不够饱满的一种延续和补充吧，更是对每个孩子自我认识的一种确定和明朗。

主题课程后的一天，我们读了嘉妮、唐语、珣、秋儒、淑媛的"书"。记录是一种督促和保证。

背负好和不好的所有，朝前

2014 年 4 月 18 日　星期五

×××的家长：

你好，你看到孩子收到种子礼物的兴奋了吧？别轻视这份兴奋和激情，别小看这些种子在孩子心中的力量。那是孩子对自己要做事情的一种痴迷和执着的体现，更是内在学习的动力源。郑重找一个盆、找一块地种下它，一起打理它，孩子才能体会到完成一件事的成就感。我还答应那些对花婆婆故事有表演能力的孩子们，给他们送上花婆婆表演图片的春天礼物。你可以进入班级群下载它，你会发现孩子惊喜的目光，孩子就会请求你一起表演，拍照甚至录像并带来在集体面前展示。这不在于什么精湛的表演技艺，只在于做了本身。这需要勇气，我也一样，我们一起努力。

——课程末给父母的信息

（一）

给草地坡顶的洼地填补一些泥；给草地填补一些草坪坯；给天气做好记录，给草地继续浇水；给朋友之家的种植养护做好记录……春天的事情总需要在岁月的流逝里继续，而这种努力，一旦大人的心劲儿稍微松懈一下下，那么事情可能就不了了之了。孩子身上执着的力量毕竟还是太柔弱了。

美好的熏染，总是缓慢而艰难。因为这熏染的主体本身——我们成人，这也仅仅是心向美好，却没能成为下意识行为的美好。我们自身还在艰难地觅寻美好的方向，判断、抉择、努力、坚持……而其中的艰难历程，必然是充满着不确定的。大众总是更容易接受确定、明朗、浅显易懂的事物，总容易轻视不确定的模糊的浪漫的历程和感受。

我也时常感觉到自身的阅读慢慢地在自身历程中唤醒的某种奇妙之感，或许正如我自身的生命节奏，精读之后必然要有更多的时间投入历程之中，让那些文字在生命感受中一一唤醒鲜活的生命力。就比如我对不确定的理解，脑海中慢慢浮现出佐藤学在《静悄悄的革命》中对课堂教学中不确定回答的价值阐述；怀特海在《教育的目的》也论述过不确定的意义。不确定是生命的本相。而我也从自己的生活经历中发现，往往还正因为不确定，才使得自己充满了探求的好奇和欲望，往往确知之后似乎就失去了那份激情带来的深入和深刻。

　　这一细剖，我发现恰是自身的内在欲望，那种在意自己在别人心目当中位置和形象的欲望，影响了自己对不确定意义的坚定和持守，总是太渴望更多人理解不确定的意义，一起走在这样的探索之路上。

　　在每一个主题课程的实施历程中，我总是会悟到更多的曾经似懂非懂的东西，经常能够感受到自身内在的变化和成长。在大班"春"的主题课程历程中，我更加厘清了孩子、我、园所、家长乃至其他实施课程的班级、整个环境背景的关系，厘清了每个人在这个关系中的位置及左右其做出抉择的背景，清楚了自己的担当角色，也明晰了自己的担当所限，生命一下子就仿佛从原先认识的套子中解放了出来，自由，轻松。

　　首先，在"春"的主题课程实施中，我自己也不断面临着难题，是共同实施我设计的课程体系，还是年级组主要备课老师共同来预设？前者，许多实践性的活动面临着烦琐的申请、沟通程序，最终课程就变成了某个显性展示活动，违背了我主题课程的理念和价值取向，就如同我自己的孩子被人误解甚至完全价值相左那样令人难以承受。而后者，在做入园主题课程梳理的时候我也就课程专家针对一线老师是否能设计课程的一些想法进行争辩和理论过，我确信没有一定的课程理念和课程价值取向为核心和宗旨，是难以预设出有体系、有自身价值体现的主题课程来的，最后还是会变成活动拼盘。就我内心，我确信一点。我希望更多有追求、有想法的人共同来实施和验证我预设的主题课程，本来我预设的主题课程就是旨在不同的老师在不同环境中实施形成个性化主题课程，是对老师自我生活的一种挑战和充实。那么更多朝向真实追求的老师进行实践，就会使得我的主题课程在实施中真正趋于课程本身的理念。

　　其次，就是在主题课程实施中，必然离不开自己所处的大环境，如何和大环境进行沟通是我需要面对的。我越来越发现，我们缺乏的是什么，是那种真实对话、真实沟通、真实面对的能力。大家习惯于做"套中人"。那样看起来一团和气，只要让自己的心茫然、麻木一些，就可以让生活变得容易忍受一些。我多么渴望有真实的对话，有时候却又气力不够。我总是不断问询自己，你这种渴望有多强烈？你在这里生长的力量到底有多大取决于你自身的能力。如果能洞见，就只会朝向自我内心，能够做到的做到了吗？可以努力的努力了吗？如果没有，如果有限，那么无怨。

（二）

　　再看整个大班"春"的主题课程实施历程，我们要理解它，必然要回顾小班、中班的春之历程。整个小中大的春天主题课程，我最想要在生活中潜在影响孩子的那就是实实在在地体会到自己在生活中和大自然的关系，在生活行为细节处，拥有朝向它的意味和情趣，懂得感受和欣赏它的同时，拥有一种和自然平等或怜惜的视角和姿态，影响孩子的生活方式的形成过程。由于课程的实施，我强烈地感觉到了老师给予环境的塑造力量，从孩子的精神意识到孩子的生活方式。

　　小班的春之课程，我们是从绘本故事《快乐的一天》开始的，动物们闻到气味的那种渴望，成群出动的寻找，看到象征春天的小黄花时的那种小心和怜惜，触发了课程宗旨所需要的一切情趣意识。孩子们在小班的春天里一直寻寻觅觅各种野花野草，在生活的每一个角落。我以为对大自然植物的初步浪漫感受就应该是这样的，重在建立和花花草草的关系，而不仅仅是认知一种花、一种草的名称。

　　由此，我意识到中班的春之课程，应该要从大自然动物处着手，但如何要和孩子们的生活密切相关呢？从某种角度看来，我们的生活和动物的关系似乎不是那么紧密相连的，对动物的了解大致也只限于宠物而已。经过多方查证，我们了解到春天与花草最密切相关的、也最多见的蛾和蝶，了解到在我们环境中最多见的十字花科植物上产卵生存的蛾和蝶。小班孩子熟稔的那些野花大多是十字花科的，那么在小班浪漫感受的基础上，我们可以确认这些熟悉的花的名字：荠菜花、二月兰、油菜花、酢浆草花……通过《遇见春天》和《好饿的毛毛虫》的故事，以及在十字花科植物丛中的觅卵过程，让孩子尝试观察卵的成长生态。

　　至此，小班实物具象的春天开始走向联想意象的春天。为什么小姑娘也叫春天呢？是因为她穿的红、黄、绿这些春天的颜色。

　　并且，我意欲贯穿整个春天的那就是家庭亲子式的春之野餐，也就是春天里人们可以怎样生活，可以游河、踏青、兜风、野餐……这是一种更亲近大自然的率性的温馨的享受生活本身的生活方式。这是我期望能够给予孩子、能够影响孩子的。

（三）

　　那么到了大班呢？在这个世界上，在这个大自然中，植物、动物，接下来就是我们人类自身了，并且也要更朝向我们自身了。

　　所以我们大班的春之课程，是从《春神跳舞的森林》开始的。这个春的意象与中班比较起来更抽象了，朝向了文字和符号，乃至原始的宗族和神话，也是孩子们认知思维发展的趋向。

这个故事蕴含的所有元素集聚在画面之中，通过我的意会和讲述，给孩子们带来了某种震撼。我时常感觉死去的奶奶给予的樱花瓣，也就是垂危的樱花精灵，经由阿地的银光珍珠也就是眼泪获得了新生，那就象征着奶奶的生命就是在阿地的生命里延续了下来，通过此让阿地明白了自己的力量，而这种力量是阿地通过不懈、执着的努力得来的，显现出了孩子们自身的力量。他们才是新生一代的春天代表。

当连接到眼前孩子们的生活的时候，他们塑造他们想象中的春神，这是真正的创造，是根据自己对春神的理解自我独特的创造。既然阿地救活了樱花精灵，唤醒了春神，那么春神来了又是如何知道的呢？孩子们的思维方式往往又是现实、细节的。孩子们自然知道是阿地和樱花啊。于是我们延续着故事中满月樱花祭的载歌载舞，唱起了歌曲《春神来了》。

接下来，在我们的生活中，又有谁知道春神来了呢？我们去春天里游赏，再唱我们自己的《春神来了》，沿袭歌词中植物类"含笑"，动物类"唱新调"的歌词格局，恰恰丰富并总结了孩子们对春天里动植物变化的了解。

从整个春天的感受，我们回到象征着我们生活四季变化的大树爷爷，依然还是从故事中来，樱花树是阿里山的春天的象征，阿地写了一首诗《樱花树，真好》。在欣赏这首诗之余，我们来合作一首我们自己春天的诗《银杏树，真好》。在这里，课程的经验慢慢搅和在一起，孩子们想到巴格曼村的樱桃树，自然想起了我们如皋的银杏树。春由此和人，和具体的民族的人，和具体民族的地方的人，紧密地相连。

到了第二周，我们还是从阿地的故事出发，感受他的清明节之行会是怎样的心境，由此说说我们自己的清明节之行，并感受图画书《小鱼的春天》，也就是小鱼的清明节。在过去了解清明踏青祭祖的基础上，我们具体了解祭祀的祖先都是谁，从故事中感受祭祀的原始意义，感受在清明之中，春是新生的力量。

我们从自己的清明节，到阿地的清明节，再到小鱼的清明节，说到杜牧的清明节，再到吴冠中画中的清明节，贯穿整个一周的春和社会文化的融合，最后我们通过《春如线》的美术作品来具体表达自己对春天的认识。

我在这个过程中，最为感动的是孩子们对阿地清明节的阐释，他们对死亡的坦然和美好姿态。因为孩子们的这种理解，也触动了我在讲述原创绘本《小鱼的春天》时慢慢融入了这种更为美好的祭祀文化，对奶奶和死去爷爷的沟通进行了修缮，让我们讲述的气息里更蕴藏了某种学会和祖先沟通的方式。现在我悟得这也是一种学会和历史对话的方式和精神，就如同我们回到原初文化，重新解读《论语》，找寻失落的自己，然后塑造更新一个自我，这才是春的重生；就如同讲到吴冠中爷爷烧毁大多数作品，留下最美好的作品，想要更好地传承一样，对文化的传承有了一种责任和担当。

在此基础上，我们才能更心领神会地演唱《清明》之曲，才能领会吴冠中的画《春如线》，并回到我们自己的生活，表达我们自己感官之上的《春如线》。

第三周，我们通过绘本《花婆婆》回溯到春的最终意图所在，那就是做一件让世界变得更美丽的事情。这个故事中其实也蕴藏着做好我们自己，过我们想过的生活就是一件美好的事情；在这样的生活中我们如何促使世界变得更美好那就是更美妙的事情。我们塑造花婆婆种下的鲁冰花，我们唱着花婆婆边散步、边撒种子边唱着的歌曲《每当我啊种下一朵小花》，然后想着我们自己要做的美好之事，并尝试去做。

（四）

从大班"春"的主题课程实施历程中，我们也慢慢拥有了与课程相融的我们的自身生活。也就是说一条线是上面紧扣着文本进行的课程历程，那么还有另外一条线是与文本课程历程并行的我们自身关于春天的生活课程历程。

从第一周回顾去年春天开始，孩子们就萌发了继续保护草地的意念，延展出了一系列活动：从商讨如何保护草地，到给草地做围栏，记录天气，根据天气情况给草地科学浇水，尝试给草地做标牌，给草地添泥、种草之类；每个朋友之家进行种植饲养活动，并尝试进行记录；到年级组开展春季绳类运动会，渴望得到更多种子奖品，想要去种下它们的心……这些活动一直贯穿在春天的主题课程实施历程中，从晨谈到晨间活动，从课间到课堂讨论，就在所有生活之中。

本来每年春天，我期望孩子们养成春天野餐的生活习惯的，但今年因为园所的运动会被放弃了。本来习惯的养成就非常的艰难，所以总觉得很是遗憾，没有给孩子们在幼儿园的春天留下美好的回忆。但终究运动会的种子奖品，弥补了不少缺憾。我想起了小班春天我赠送给孩子们的五角星花的种子，那是一种美好的许愿吧，期盼孩子们借由这些种子的种植，获得比种子更可贵的能力和责任担当，或者更多。

我常常想着，能力啊、环境啊……不管好的，还是不好的，我们都需要背负着它们，前行。这应该就是生命的本相，就如同我看待我的身体一样，必然要带着这样那样的毛病；就如同电影《美丽心灵》里的纳什一样，要带着那些个幻想的人物，坚韧地朝前，朝前……这是我生命必然的宿命，如同死亡一样。

阅读，是好奇，是生活，是传承！

2014 年 6 月 2 日　星期一

"在故事中过节"的主题课程在孩子们拆着有着精美包装的书的窸窸窣窣中结束了。

回顾整个小、中、大班的"在故事中过节"课程实施历程，孩子们从各自许愿的梦幻中，梦想和现实不分，书与人不分，彼此共吸共感，日渐走来，走向自己生活中的两两交友，在两两交友中感受他人，认识自己，在故事中共鸣共感，化解两两交友中内心的困惑和迷茫，渐次到大班，课程历程越加落到了地面上，铺在了生活中。除了在班级里、幼儿园里，在我们自身的生活中，要如何让生活像绘本《请安静！图书馆里有只金丝雀》中的凯莉一样，认为自己生活中头等重要的大事就是去图书馆呢？其实也就是阅读要如何变得如同呼吸一样只是生活中的下意识行为呢？

不管如何，从当下开始。凡事如是，要找到自己的具体方式，去踏踏实实地践行。

大班的主题课程"在故事中过节"正是基于这样渴望熏染生活方式的朝向的。

事实上，"在故事中过节"的课程实施历程是有着一个渐进的过程的。早在前两周，孩子们就开始在每周的动画时间开始欣赏动画《克里蒂，童话的小屋》，真的是富有深刻意义的动画作品。我曾经是略微感受过法国的动画作品，有一种趋于平面的简单画面感，却又有着清新自然的色调和气息，装饰感，潺潺流动感，更有融入自然，揭露文化的某种意蕴，说不清道不明的那种别样之感。就这个作品来看，与我们主题课程应和的就是阅读的传承作用。这是至关重要的，阅读起初是好奇、求知，然后成为生活的一部分甚至全部，最终当然就是文化的传承。这部动画作品从某种程度上也贯穿了我们整个"在故事中过节"的课程实施历程。

第一周，我们经由"图书馆老鼠绘本系列"之一《神秘的作家》切入了整个主题课程的开始。这是一只如同懵懂孩子的老鼠，刚开始对成人的书写读算感兴趣，就像大班认知水平的孩子，对阅读的世界感到惊异，对书中的世界万分好奇。这甚至使得我想起《小游戏大学问》一书中对孩子自主游戏活动的观察——孩子到了一定的年龄就会对老师的记录产生好奇，也会模仿老师进行符号的读和写。恰恰就是我们大班所在的年龄啊！就是这样一只老鼠，既体现了人之初天性于未知的好奇，也呈现了漫漫成长路上的孩子开始有的对符号的好奇。当然有所可惜的是，我眼前的大人们将这种好奇削弱了很多很多，甚至削减至无了。我也是越加体会到未到时候就给予，往往没有到时给予后内在原始力量爆发的能量大。要说，酒不也是越久远越浓郁嘛！人们往往忽略事物或人的内在萌发的力量，以为只要灌满就是成功。

　　这只图书馆的老鼠就是回归自然天性的孩子，就是孩子们心里的那个自己。住在图书馆里的他本可以拾拾垃圾、搜搜碎屑，"幸福"地度过每一个日子，就如同《小海螺和大鲸鱼》中其他生活在岩石上的海螺一样。可是，还保存着人之初天性好奇的没有被生活沉沦的孩子，或这只图书馆的老鼠，或那只眺望大海的小海螺，他们对未知的一切还充满着好奇，每一天的生活对他们来说永远存在着惊异。于是他们探索，发现，探索，发现，形成了另一个循环的生生不息的生命之路。住在图书馆里的老鼠山姆就是这样一只老鼠，他因好奇看过所有的书，因探索发现写下自己的生命历程，由此为图书馆里的读者所好奇，所仰慕，由此触发了班级里那些还纯真质朴的孩子写书的心理需要。我印象最深的还是珣写的《小兔的图书馆》，简直是"纵横交错"的纸张装订在一起，恰恰和那丰富的内容，和有着序列藏书的图书馆配图形成了鲜明的对比，尤衬得后者的厚实来。在这里，稚嫩的剪纸、折纸技能恰恰因为内容的厚实而变得稚拙、可爱起来。我想这正是富有灵魂的魅力。

　　孩子们和我共读《神秘的作家》之后，充满了写书的激情。因为他们尤其好奇的是山姆为什么不和仰慕自己的读者们见面呢？原来他是要让每个小朋友意识到自己就是一个作家，于是我们教室里的孩子们一个个都要当作家。不同环境、不同经验的孩子与书发生作用的结果都是不一样的。孩子们之所以如此，那是因为在三年来的各种各样的课程实施历程中，经常有做书写书的经验。

　　而我分明感受到了对图书分类书架的认知需要。

而从这里，我们开始去感受和回忆，我们生活中有哪些可以看书的场所。孩子们从小区书店开始回顾，到超市图书区，再从我们教室里的小图书馆，到各种书城，再到大型图书馆……延续我们对故事的共读，亲自了解读书的场所是一个必然。于是我们一起商量如果去参观书店，我们要参观什么，要注意什么。延续对故事中感受、感悟的一个历程，比如了解有哪些种类的书架，最后当然是要亲自参观一个书店，比如我们参观了我们本地最大的新华书店。

从书上到生活中，是课程实施历程的一个需要，也是课程最终落实到生活的一个必然。而与此同时，融合着我们对故事的全部理解，我们尝试把故事唱出来，首次感受音乐剧的艺术形式。而音乐剧的剧本内容又恰恰是对故事领会的提炼和总结："那书啊就是翅膀，它带着你啊飞翔，那书啊就是船帆，它带着你啊远航，那书啊就是邀请，它带你到处旅行，那书中神秘人啊，你总会遇到很多！"自然，由这个话题，我们开始回顾小、中、大班以来，我们都认识了哪些神秘人，宝儿、皮皮菲莉比、小兔子奇奇、小狐狸飞儿、田鼠阿佛……太多了！

第二周，这个图书馆里来了一只狮子，印象中很可怕的狮子，而图书馆中的管理员也慢慢从"图书馆老鼠绘本系列"故事中更加形象清晰起来。那种谨守规则又充满人文关怀的图书馆之气息，让我在和孩子们共读之后，分明感受到了对图书馆老鼠所住的这个图书馆要深入认识的需要。自然，接下来我们就是要认识图书馆老鼠所住的纽约公共图书馆，并且用我们的雪花片来尝试拼插它。原本我们要认识国内外著名的图书馆，可以推后进行。"图书馆老鼠绘本系列"图书以及《图书馆狮子》中渗透的那种图书馆里的温暖和美好气息，的确就在纽约公共图书馆里得到了充分的体现。从图书馆内外精美绝伦的装饰到图书馆散发出来的人文气息，孩子们知道它是平民的乐园，这是至关重要的。这样的地方，狮子也可以来。

认识了纽约公共图书馆之后，孩子们明确感受到图书馆规则之后，更加有所疑惑：我们这里是否有这样一个美好的地方？于是我们让每一个孩子尝试去了解国内外的一个图书馆名称以及它的特别之处，并在日常生活中尝试交流，最后分别用图片或少部分文字说明进行罗列展示，让孩子们在经过、扭头或抬头时就能看到这样一个美好的地方。

融入生活才有用，接下来我们当然就是商量和讨论我们在图书馆可以做什么，要注意些什么，最后亲自去参观本地最大的图书馆，并尝试总结以期待创造更美好的未来。

音乐剧的第二幕也随着故事的讲述自然出来了，孩子们开始尝试演唱音乐剧的第二幕，并尝试理解"那书啊就是朋友，它陪伴你啊左右；那书啊就是梦想，它无比多彩绚烂；那书啊就是时间，它充满快乐感动；那书啊就是感受，它让你兴奋发抖！"这也恰恰是《图书馆狮子》那样深深被图书馆讲故事时间吸引的根源所在。我们尝试用诗句的方式来诠释这四句话。

要说，第一周、第二周要引发的是孩子们对阅读的好奇，那么，第三周，整个主题课程慢慢地显露出了它和孩子们共同走过而需要朝向的脉络。生活中的头等大事是什么？对于我们来说是什么？对于《请安静！图书馆里有只金丝雀》里的凯莉来说是什么？后者说是去图书馆读书，同时也暗示了可能自居角色之中的孩子们。因为沉浸于阅读中的孩子们，世界会朝他们打开另一个自由而神秘的世界，让他们在里面任意驰骋、肆意游荡。这是生活中的许多人无法到达的另一个奇妙世界，而凯莉她能够轻松、自由地出入这里。

之所以在和孩子们阅读这本《请安静！图书馆里有只金丝雀》的时候，并没有捅破那层梦想和现实之窗户纸的缘故也正在于此，我期盼更多的孩子能够徜徉在此，不要轻易或者那么快被我们的快捷文化所格式化，误认为这一切都是假的。他们或者他们周围的人们，又如何知道这一切是如此这样的真实存在呢？

在这个故事的主题实施过程中，我们回顾前面阅读中的纽约公共图书馆的管理员，到我们参观的书店或图书馆的管理员，再到这周《请安静！图书馆里有只金丝雀》的柯蒂斯老师，最后到凯莉自己，是一个从环境之我到内在之我的过程。如果凯莉这个我是图书馆管理员，我怎么做？如果大三班的这个我是图书馆管理员，我怎么做？

凯莉有图书馆使用宝典，我们呢？我们借鉴凯莉图书馆使用宝典，融合我们自己的想法，可以在自己的家里用三周所有的经验给我们家的图书进行分类标识，建立一个小小的图书馆。当然要是有时间给教室里的图书进行分类标识，或者给我们要呈现课程历程的舞台上的图书进行分类标识，那就更好了。

随着音乐剧第三幕的演唱，整个音乐剧剧本的结构和雏形也慢慢水落石出了。我们最终的呼唤也经由歌曲释放了出来："啊快来图书馆吧，你会喜欢它，啊快来图书馆吧，你会喜欢它，啊快来吧！"

在整个"在故事中过节"课程实施历程中，我们极力引发孩子们对书、对阅读的好奇，甚至利用孩子们的向师心理。首先，在过往自主自发的活动中，朝向书、朝向阅读的孩子真是太少了，而在课程实施历程中，恰可以看到有意识来阅读的孩子稍稍增多了；其次，在课程实施历程中，我们极力在我们的现实生活中嵌入阅读生活，从共读的故事中感受这一点，从参观游历中理解这一点，希望孩子们在了解更多的阅读场所之后能够在脑海中存留印象，成为日常生活中靠近阅读的诱因。不过要感受阅读是种传承，因为过早任务式的阅读会破坏好奇和生活中自主阅读的兴致，暂时还只能就那样浪漫地从孩子们喜欢和投入的动画影片中下意识地感受和体会，他们的意识里还没有承担责任的需求和能力，不宜教导以失去朝向的兴致。

即使如此，即使是本来应内在需求而存在的好奇也在悄悄地隐退。这我从和孩子们玩数字水果游戏的时候已然察觉到了，不见得是那些孩子们真的从心里领会了水果游戏中的数量之感，而是他们身上已然失去了那种绵延持久的对某个未知事物的好奇和兴致。我时常想，在学习之路上，大人们因生存恐惧而习惯于在前头拉着孩子们前行，而被拉着前行的孩子们自然就选择了"鞭一下，走一步"的学习方式，生活也许是生存本身失去了光泽，没有了意义。他们这一代或许思考最多的应该是，人到底要学习做什么？甚至人要活着做什么？因为他们在这个时代里没有机会亲身去体会求知、求学的那种滋味，就无法体会探索和发现的乐趣，一切都由看起来比他们聪明的大人早早地在前面告知和教导了。而一旦他们脱离开事先告知和教导，就只能陷于迷乱和茫然之地了。

那么没有了这种原初的好奇，要真的让阅读融入生活，又是怎样艰难的历程啊！孩子们又怎么可能自主自发去阅读呢？我只是不愿承认我内心观察到的孩子们，从小班到大班这个课程实施历程中，越加有力量的他们，越加有能力被家庭、社会等各种文化吸引，心向阅读的孩子越来越少了。我也常在反思，是不是我们自身过于强烈地引导阅读意识所导致的呢？似乎又不是，实际上是周围环境的力量太大了，我们只是小小的一叶孤舟，难免被风浪裹挟着艰难前行罢了。

有些书也因此失去了光泽，比如《十万个为什么》，因为仅仅是知识性的学习，因为一颗灌输的心。这是个知识机器和娱乐狂躁的时代，不过却也是个在迷茫中寻求出路的时代。主题课程"在故事中过节"最终的"六一"庆典上，终究是孩子们那么兴奋地接受了他们神秘的礼物——书。尽管有的是因为这样一个事物的占有兴奋，有的是获得礼物本身这种形式引发的开心，但终究很多礼物中都藏着爸爸妈妈认真准备的心，熏染在那些精心绘制的卡片上，融合在那些细腻温暖的话语中。种子种下，总是会遇到一片温润、潮湿的土壤，让它有机会发芽、生长。

阅读，是好奇，是生活，是传承。我们大人还能够有这份好奇吗？我们大人生活中最重要的头等大事是阅读吗？我们大人懂得阅读于传承的意义吗？在"在故事中过节"的整个课程实施历程中，我恰恰开始和儿子一起共读泰戈尔的《吉檀迦利》，要真的通透这三点，真的好难好难。而在这个艰难的瓶颈中，我们只能奋力匍匐前行着，要不然就只能退回待在狭小的憋闷的"瓶肚"里抱怨地活着，就永远没有舒出一口气的自由之境。常这样审视自己，我们就有了一份谦卑，而且更不好意思期求孩子们了。我们唯有同行，让孩子们看到自己的坚持，看到自己的勇敢，看到自己的努力；也让孩子们看到自己的怯懦，看到自己的害怕，看到自己的徘徊……

孩子们，大人们仅以这颗真诚同行的心祝福你们"六一"快乐，祝福你们以后的每个"六一"快乐！

怎样的教育才是生活的

2014 年 12 月 5 日　　星期五

在主题课程实施的历程中，我时时在体会和思索着"怎样的教育才是生活的"；时时在感受和体悟为什么会有这样的疑问。

那是因为，我觉察到两种不同的认知方式或者说觉察到当前环境下的孩子们擅长的认知方式：其一就是视觉认知与记忆的方式即孩子们还算擅长的；其二就是在融入视觉认知但不停留于视觉认知带来的身体的、心理的、情绪的、情感及关系上的认知与记忆。

我时常感觉到，所谓生活化的教育直接跟此有关，但如何细化剖析却需要深思，尤其需在亲身教育实践中持续探索和领悟。

在这次小班秋天的主题课程实施历程中，我对这个问题的模糊感受和思考越发地明朗起来。

（一）感受在秋天

就看这第一周，从故事《阿嚏，大熊，阿嚏》的感受中，我们可以明确地体会到孩子们对视觉可见事物认知的记忆之准：是秋风把树叶吹落，是秋风把苹果摇落，是秋风把大雁喊醒，是秋风把大熊家的门关上。

可孩子们真实的心灵呢？这个年龄的孩子不正处于想象和现实的混淆之时吗？这个年龄的孩子不正需要通过想象来显现自我内在的力量吗？

在对故事的感受中，我深深感受到孩子们对故事环节内容的表层记忆，而无法体会到他们对故事深层也就是通往心灵层面领悟而呈现出来的表情和神采。

看到眼前那个穿着菜绿色棉衣的男孩，我也时常在想，如果我足够功利，我又何必在意他的心理成长？何必在意他未来有可能形成的各种心理问题？如果他冷漠，如果他缺乏安全感，如果他无法获得更多幸福感……可这一切他或者周围的人以为是正常的，又何妨？

就如同这故事讲述中，故事环节内容的表层记忆，往往有助于孩子们在目前的低年级教育体制下凑合着过，甚至在家长的督促加强之下还能很好地过。而达彻心灵真实的共鸣和领会，对文本和事物的内在理解和把握，是一个水滴石穿的日积月累的过程，唯有亲历其中的人才能感受到其对成长之益，才能体会到持久之效，其他人未必有知晓的可能。

就如同对这秋天的感受，是对一些儿歌、故事或歌曲的吟唱和背诵？是对一些秋天事物或现象的记忆和铺叙？包括儿歌、故事乃至歌曲、美术等艺术在前，还是我们的感受在前？我们需要一次次回溯到这事物的起点去思考。我们的感受在前，他人的创作只是我们尝试表达自己感受的借鉴，最终是为了协助我们更好的表达自己的感受。事实上很多教育者，也是经受前一种教育模式成长的，往往在理智或思考的层面上能够模糊理解"学习他人创作的文化成果皆为了我的表达"，一旦在下意识处或行为模式上仍然是前者。

在第一周秋的主题课程实施历程中，我们也恰恰看到另外一个现象：孩子们终究是孩子，他们还无法完全掩藏自己的真实心理，或者说他们的天性只要有所触发还是会毫无遗漏地显现。故事《阿嚏，大熊，阿嚏》就是触发孩子们真实心理的动因。

因为这大熊其实就是这般大的一个孩子。他以为自己拥有超凡的力量，就如同孩子们以为自己披上披风就成了无所不能的超人一样。而事实上喷嚏的力量是孩子们感受到的，恰恰又和树叶的飘落、苹果的落地以及大雁的飞起同时进行着，于是孩子们就自然在彼此之间产生了连接。既有初步理性认知的科学感受成分，又有婴幼儿心理中仿佛自身能够掌控一切的力量。那么，孩子们在这个角色的自然代入中，会自然获得这种内在心理的共鸣和呼应。这样的连接现象，我们可以在皮亚杰《儿童心理学》中找到类似的描述和分析。

因此，孩子们仿佛割裂了一般的存在：一方面在认知层面上都认为是秋风干的；而另一方面却那样稚拙地尝试在大树面前打喷嚏，认为自己的喷嚏会让树叶吹落。禹逸甚至认为树叶没有被吹落，那是因为还没有流鼻涕，他的意思是感冒还不足够严重，所以力量就不足够大。

不过，在孩子们的真实心理与科学认知之间，在孩子们幻想的掌控力量与科学的自然力量之间，由此文本的感受造势，形成一种冲突存在，才能够促使孩子们的内在有所审慎，有助于自我认知的发展。

因此，我们探查着这两条线，紧随科学的自然力量，从故事文本到歌曲《小树叶》；而另一边，又充满了幻想的时空，从大熊对自己喷嚏力量的幻想（这对大熊或对孩子们来说并不是幻想而是一种真实心理）到在教室内外张贴上大树爷爷的扇子叶子，拉出一个隐性的有可能的想象空间"大树爷爷的叶子怎么到了这里？"

因此，两条线不断各自发展，各自纠缠着发展。在自然探索方面，我们去捡拾大树爷爷的叶子；在幻想时空中，我们给大树爷爷唱《小树叶》的歌曲，期待大树爷爷送给自己一个叶子的礼物。我们把这些礼物合在一起，撒向天空，又仿佛秋风旋起，落叶飞舞在我们头顶，来了一场落叶雨。在自然探索方面，我们用大树爷爷的叶子进行拓印；在幻想时空中，叶子变成了蝴蝶。最终我们在"我来做秋风，你来做大熊"的故事表演中，体会自然和幻想的碰撞，"才不是呢，是我的喷嚏吹落树叶的"，在这种碰撞中体会广袤自然中渺小"自我"的强大力量。

第一周我们就这样把对秋天的感受通过"落叶"这个核心，落脚在孩子们的真实心理上。我以为所谓的"教育生活化"就应该是如此这般地连接到孩子们的真实内心，也就是如同帕尔默的《教学勇气》里所说的那样，让"伟大事物"与"自我"不再分离。

（二）行走在秋天

可以说，第一周，孩子们对大树爷爷、大树爷爷的落叶有了关乎自己感受的熟悉和连接。在大树爷爷的脚下、四周，那里对于一个小小的生命来说，是一个丰富、繁杂的广阔世界。这样的意象又让我回到童年的某个感受时刻：在那豆荚丛生的田埂中间，仰望，硕大、茂密的绿色叶片中间闪烁着流动的光亮，那幽暗、黛绿的秆丛间，仿佛无数的秘密、神奇扑面而来，值得一探再探。恍惚间，不知道这是我自己的童年时代，还是我记录的儿子的幼年时光？

《收获在深秋》仿佛就是在大树爷爷脚下发生的故事。是的，这个文本书名页的那棵大树让我浮想联翩：想起曾经学生在我家楼下那灌木丛生的乱草堆里发现的一只小刺猬；想象大树爷爷脚下杂草丛生、繁茂非凡的景象……第一次出门的小刺猬，就如同这学期入园的孩子们。妈妈逐渐远去，小刺猬必须独自面对出门在外的旅程。紧张、害怕、担心、试探、猜测、坚持等各种情绪纠杂，但最终小刺猬在各种心境的冲突之下因坚持变得笃定、有力。

共读这个故事，孩子们就是那个小刺猬，经由小刺猬在秋天里的第一次行走，一方面由小刺猬贴近孩子们内心真实的心境历程得到共鸣，由共鸣得到疏导，由疏导感受到自我力量而获得自我肯定；另一方面跟着小刺猬因呼唤妈妈而认识各种秋天里的果实，辨识好吃和不好吃的，体会秋天的收获味道。

小刺猬到底是不是生活在大树爷爷脚下呢？晨间孩子们在大树爷爷脚下躲猫猫、游玩，好几个男孩子在柏树灌木丛里寻找，有的说怎么没有；也有的说找到了；有的指着带着小刺猬头饰的子屹说找到了……在幻想与现实之间，在文本与生活之间。

我就是那只小刺猬，晨来走在幼儿园里，寻找秋天里的果实痕迹，遭遇到小时候总是喜欢粘在裤脚的一种植物种子，思绪立刻又回转到过去的心境。我突然意识到人记忆最长久的往往就是这些感受和心境，而非是某个具体事件或情境了。

孩子们也是那只小刺猬，在幼儿园里走一走，看一看，有哪些秋天里的果实呢？我们居然就那样在幼儿园枯黄的草丛里看到了小刺猬在妈妈那里得到爱和肯定的红色浆果。立刻这红色浆果就成了我们这个秋天里最为浓重的色彩了。我们将它洗净放在茶叶罐里，一起喝了枸杞茶。

我们从故事文本就这样自然地走入了我们自己的生活之中。不管是故事、儿歌、音乐歌曲，还是美术手工等各种艺术形式，无非就是要把我们自身对事物和生活的感受通过这些形式去表达出来。

我们在律动《摘果子》的音乐中，感受小刺猬摘果子的欢快，同时也是让我们的身体在旋律中体会同样的节奏，在这种节奏中感受、体验并表达欢快。我们用各色水粉来表达我们对秋天果实的印象，孩子们最多表现的还是红色浆果。我们尝试用故事表演的形式来表现小刺猬也就是我们自己的秋天之旅。

第二周我们就是这样在幼儿园的秋天里行走，围绕着"果实"这个核心，借助小刺猬的秋旅，落脚在孩子们真实的生活体验上，并尝试把这种最初的体验通过艺术形式表达出来。我以为所谓的"教育生活化"就应该是如此这般地融入孩子们的真实生活中，与那事物本身发生足够真实的关系，它从此能够进入我的视野，进驻我的生活。孩子们能够在生活中主动感受到它、注意到它，就如同孩子们对红色浆果——枸杞的体验，非是对苹果、香蕉、橘子等这些秋天果实的体验。前者是一种彻彻底底的整体感知：知道它是从哪里来，它原本是个怎样的姿态，它和周边生态如何彼此相处，我观察它、感受它、采摘它、品尝它，与它发生真实的连接。

（三）撒欢在秋天

我们经由大熊感受落叶缤纷的秋，经由小刺猬体会饱满果实的秋，进而进入《森林里的躲猫猫大王》体验在收获之秋里孩子们与秋的欢乐。我想起我们小时候在收割过的稻田里捡拾到稻穗的成就感；想起在那满是稻茬儿的田野里奔跑；想起唯有一次有一只野兔穿过的光景……孩子们可以在秋天里拾落叶，采摘果实，之余我们还可以和《森林里的躲猫猫大王》一起躲猫猫。

是的，这个故事就是要彰显这个年龄的孩子内心想要的生活、想要玩的游戏。我们可以看到，好的绘本就如同秋天里的这三本绘本，本本都切中孩子们的真实内心。这本《森林里的躲猫猫大王》中的躲猫猫大王就是一个懂得孩子的心灵需要以及怎样在实际言行中与孩子交往游戏的大人。你看他自身就是保有童真的人，他就是以一个倒立的姿态出场的，如同一只会玩的小猴子一样。孩子们永远仰慕比他还会玩的人，不管是大人还是孩子。这躲猫猫大王会诱导你玩，你不会倒立？那你从两腿中间看过来，你要玩躲猫猫？那我召集更多的伙伴。

那躲猫猫大王到底是惠子遭遇的真实秋旅，还只是一个脑海中的幻想之旅呢？这是故事中的真情？还是心灵中的真情？

故事的真情永远揭露的是心灵的真情，幻想的秋旅永远是孩子们真实的心灵需要。那个躲猫猫大王就隐藏在我们大人的心灵深处，谁能来唤醒它？或许是这《森林里的躲猫猫大王》之故事，也或许是我们眼前的孩子们。

就在这教室里，我们一起唱着《找小猫》的歌曲一起躲猫猫的时候，正是老师和这些个爸爸妈妈们当了老花猫，去寻找那些露头、露脚却以为自己躲得多好的"小花猫"。

就在那大树底下，爸爸妈妈们分组拿着那长长的布条尾巴，装在自己身后，让那些小不点儿一个劲儿地追逐去抓。

就在这秋天的大树底下，我们都做了什么？幼儿园的秋天是不是一个能够在脑海中烙下深刻印象的秋天？

孩子们说我们在大树底下抓尾巴；在大树底下吹泡泡；在大树底下玩老狼老狼几点钟；在大树底下躲猫猫；在大树底下唱《小树叶》的歌……孩子们的思索比我想象得要宽泛得多。

当早晨我们再次来到大树底下的时候，致雍、添翼自然地躲在了大树爷爷粗粗的树干后面躲起了猫猫；添锐就那样专注地收集大树爷爷的"小扇子"，头也不抬，细心而又专注；对动物比较有兴趣每天早操都会盯着地面看的周涵在柏树丛间找起了小刺猬；子屹就带着小刺猬的头饰来到了大树底下；皓凯、帅成收集了那么多小树叶，即使去玩大型玩具时也小心整齐地攥在手里；给艺丹用大树爷爷的叶子做了一只蝴蝶别在她的发梢上；方怡披着披风告诉妈妈她是秋风，不是妈妈说的超人，她朝着妈妈一吹，妈妈这只大熊就打一个大大的喷嚏，而旁边的"大雁"周涵立刻"惊醒飞回了家"……一切就是这样的自然自主自发了。

于是我们把我们的生活用歌曲《在那高高的银杏树下》唱了出来。我们把我们对秋天的总体感受用"秋天是×颜色的，因为×××"这样的句子连成了《秋天的色彩》这首简陋的诗。我们把我们的主题课程生活历程用一场《秋天的联欢会》梳理了出来，并邀请我们认识的幼儿园的人来一起分享。从邀请、表演到分享，当然是孩子们自己进行的。

第三周我们就是这样以秋天的活动为线索，试图经由活动中贴近内心需要的心境创造一个令人难忘的秋天。我以为所谓的"教育生活化"恰恰应该是在组织的活动中，成人所传递的信息或者所期盼滋生的情愫，孩子们的内心能够切切实实地感受到、体验到并且形成了自己的认识和情愫。这才是融入了孩子这个"我"的生活的。或者可以这样表达，那就是孩子们与主题课程生活中所形成的各项经验，能够在他们的自主活动中自发地显现出来。就比如投放在教室里故事表演的各种头饰，不断被孩子们拿来自主表演，披上披风就是秋风，带上头饰就是大雁；或者被孩子们戴着来到图书馆自主阅读小刺猬的图书……

就在这幼儿园，就在那大树底下，整个地、全息地影响到孩子们整个生活姿态的主题课程生活历程，才是达致"教育生活化"的。或者说整个主题课程生活历程，是否能够从深层、根本上影响到受教育者的根本生活方式，在当下，乃至在当下之后的未来，才是达致"教育生活化"的。或者说，不仅带来那些个视觉的、表层的认知记忆，还能够深入造成身体的、心理的、情绪的、情感及关系上的认知与记忆，在成长的岁月里留下印迹、形成深刻影响的，才是足够"教育生活化"的。

彩色的世界真奇妙

2015 年 1 月 16 日　星期五

(一)彩色世界的象征

"彩色的世界"仿佛一个暗喻和象征，暗喻着这个世界的多彩共存，暗喻着人多种内在的复杂同行。我想起《守护者联盟》这部电影，邪恶梦魇必须存在，光明也始终被人类内在所朝向。就如同日本动画片《拇指姑娘》中的慈爱女神与邪恶女神，在拇指姑娘的成长历程中，她们代表了成长所必须经历的两个方面，所以在故事的最后，非是慈爱战胜邪恶，而是两个女神站在一起，为经过了重重考验的拇指姑娘举行成功的典礼。

"世界精神"的行进仿佛有个精妙绝伦的调整器。当教育处于成人刻板说教的家长制时，人们从中滋生出赏识教育，鼓动个性与自由；当教育对象的主体逐渐发生转变时，当自由、个性以及赏识走向另一个极端时，狼爸和虎妈又开始出现。教育没有一个绝对的方向，因自己所理解的自由而不敢严格，可又因自己所行的自由之念导致孩子自制自控太差，到底是该严格？还是该自由？很多人就处于如此这般非此即彼的困境之中——焦虑、不安、彷徨、徘徊，以致孩子躁动，因行为没有边界而无所适从、没有安全感，茫然、迷惘顿生。

这境地，就如同一个"彩色的世界"之前的黑暗时期，人们终将挣脱出来，找到自己的路，以到达彩色的世界，百花齐放，百家争鸣。

那么，在时下这教育的困境之中，我们到底要教给孩子什么？我们的朝向是什么？

向内：在老师提供的环境和平台上，在课程共同进行的历程中，感觉到自身不断生长的能力，体会到自我存在的力量感，逐步走向自立、自主。很多孩子在涉及包办情况下，从来都无法感受到自我的力量感和存在感，

第四部分　活动中的机智——我在教学中的感悟

一方面体现的永远是想要不断地"占有",来填补这份空虚和空白;而另一方面体现的是永远的依赖和不安全感。

向外:不管遇到怎样的问题和困境,当然包括学习问题,因客观认识自我,能够坦然面对,会通过合宜的方式来疏通、疏导自己;因了解自我,会通过思辨和努力,面对问题、解决问题。

(二)生命的颜色旅行

在主题课程"彩色的世界"的开端故事《我的颜色旅行》中,小鸡就是这样一个主动、自主、自立的孩子。刚刚从蛋壳里出来的小鸡就如同刚刚从家庭走入小型社会——幼儿园的孩子,背后是父母远望、旁观者的默默支持。小鸡落落大方地进入了森林社会,他独立、自主。他敞开着心扉向每一个遇到的人发出邀请:"你愿意做我的好朋友吗?"而每一个遇到的小动物就是孩子们同伴的缩影,甚至就是我们身上曾经的那个小孩:"我非常愿意。"

我们可以想象,这样一次独立的出行,意味着背后父母怎样的教养方式和养育情怀,直指一个词——信任,对孩子成长的信任,对孩子内在能力的信任。孩子的步伐何以走得那样笃定和自信?动力来自于此。他也知道,他回头,父母就一直在那家里,更可以望见父母信赖的目光。

孩子在外面探索,就必然会有发现。小鸡发现其他朋友的颜色都和他不一样。是啊,每一个孩子都是不一样的,都是独一无二的。那么孩子如何找到那种归依感?鸡妈妈的回答是智慧的,充满了爱和接纳:"你和我是一样的,都是黄色的。"

道理当然不是通过说教去讲给孩子们听的,而是通过让孩子们倾听和感受老师理解之下的故事讲述,去熏染的。当孩子们能够下意识代入小鸡的角色时,一切行为习惯和品性的浸润就开始了。

在主题课程实施历程中,老师会通过各种各样与生活融入的方式,让孩子们与小鸡"合二为一"。老师和孩子们一起用雪花片拼插小鸡,孩子们在日常自主活动中拼插小鸡。老师和孩子们进行奔跑游戏"颜色大风吹",巩固小鸡感受到的各种颜色。老师和孩子们一起在幼儿园里进行颜色之旅,感受生活中不同事物的不同色彩。老师和孩子们在大型玩具活动等日常生活活动中如同小鸡一样去探索周围世界里的色彩。我们还会用彩泥去塑造印象中的小鸡。我们会直接扮演小鸡,来进行故事《我的颜色旅行》。对于孩子们来说,故事表演就是一次自主活动情节的发展历程,只是这个时候的情节发展不是来自他们自身的随意导向，而是来自讲述的故事。孩子们在这样半自主活动、半故事表演的扮演中，直接去体会和感受小鸡的行为方式。

在小鸡这样的一个角色代入下，我们感受我们所身在的这个彩色世界，感受在这个彩色世界中每一个不同的事物和不同的人，并把这种感受通过歌唱《彩色世界真奇妙》去表达出来，同时也是唱出了小鸡的第二次旅行感受。

彩色的世界，意在这个色彩斑斓的世界，更深意则在这走向个性的独一无二的每一个个体：你是红狐狸，我是绿乌龟，他是蓝鹦鹉……万物色彩缤纷，那么生存其间的人们，更应独立个性纷呈，才组成彩色的世界。

好的课程文本就是在孩子们处于大量浪漫感受、深层吸纳生活方式的这个年龄，通过这样"弥漫在生活中"的方式"润物细无声"的。我再一次慨叹，幼儿园的课程没有教育理念在先，则没有精神的灵魂，拥有怎样丰富的形式都只是空壳一副。

（三）物到点的抽象

因为深谙怀特海那"切忌教给孩子零碎的知识片段"，所以我根据我们所在处境潜心创设了现在项目式的主题活动课程，在预设课程方案的时候，自然就融入了怀特海的"浪漫、精确和综合"三阶段历程。

第一周我们经由小鸡的两次旅行，浪漫地、整体地感受了这个世界的色彩缤纷。走向第二周时，我们开始针对小班这个阶段进行精确感受，走向了"红黄蓝绿"四种颜色的专门领会。

这样的走向更经由一个从物中抽象出一个色彩特征的过程。小鸡和他的朋友们，变变变，就变成了《点，点，点》和大家玩起了游戏。虽然是一个个的色点，却如同小鸡和他的一个个朋友。这种转变在孩子们看来恰恰是一种自然的过程，没有丝毫讶异，仿佛看到的那一个个点，还是各种色彩的小动物们。这是最初的直观概括与抽象。

调皮的小动物们，调皮的点点们，到了晚上，还不回家，一起去了天空，变成了什么？烟花。孩子们用水粉来表现烟花，我们可以从中体察到孩子们表征、概括和抽象现实事物——烟花的一系列思维过程。思想的世界里，想象是可以不受任何条件限制而纵横驰骋的。是啊，在主题课程的生活历程中，我们期盼孩子们拥有的还有这无比奇妙的世界。拥有这个世界的人，生活永远不会无聊，生命永远不会干涸，不管在何种境地下，他们的心灵都饱满活力。

(四)小蓝和小黄的生活

第二周，小鸡还是那个主角，只是经由《点，点，点》变成了小黄而已。不过这第二周我们专门讲述了小黄和他的好朋友小蓝的生活故事。

回望到第一周，我们可以感受到生命成长的一个历程：小鸡出生了，开始了生命的最初社会化历程——进入森林；在这个最初的成长历程里，小鸡认识了各种朋友；逐渐，小鸡就如同每一个小班小朋友要经历的那样，会有一个自己最先熟悉和深交的朋友小蓝。

在第二周的课程实施历程中，故事和生活是交替进行着的，思维是多向的，小蓝和小黄可以是人，可以是物，可以在故事上，可以在生活中。我们讲述《小蓝和小黄》的故事；小蓝和小黄就是我们自己，于是"小蓝"和"小黄"去操场活动比赛。我们用雪花片给小蓝和小黄拼插自己的家。小蓝和小黄喜欢躲猫猫，我们找一找它们藏在我们生活的哪些地方。小蓝和小黄喜欢躲猫猫，我们让它们在我们身上躲一躲，让一个孩子来找一找。我们回到故事文本，用音乐来体现故事文本；让"小蓝"和"小黄"第二天去比赛游泳和蹦跳了；让孩子们在更大的范围里找一找小蓝和小黄，在玩大型玩具的时候，在奔跑的时候，在生活的更多其他地方。

小蓝和小黄的故事是怎样的结局呢？就在故事行进着的时候，孩子们已经了然于心了。小蓝和小黄的情谊变成了绿色，爱的绿色。这是对人与人之间沟通、交往的一个表征，甚至还有更深层的意蕴潜藏在那。我们往往跟一个人交往太深，失去了自己，如何重新找回自己，需要经历一个哭泣的过程。这个哭泣象征着人必经的挫折和冲突，经历过了才能真正拥有独立的自我，不是以自我为中心的那个自我。那么经由这样的历程之后的我们彼此之间的相处才会真正进入爱的绿色境界。比起第一周，我们是在更深、更进一个层次上做自己的故事。

进入绿色的世界，孩子们用前面的经验可以来看看生活中的绿，并把它表达出来，形成了"绿色的诗歌"；而孩子们在整个第二周里获得的经验可以通过美术活动《小蓝和小黄》来表现和表达，让老师从中窥探孩子们的领悟程度。

(五)绿熊和红熊的故事

生活就是如此这般地回旋反复下去的。小蓝和小黄拥抱变成的小绿转而化成小绿熊开始了自己的故事历程。可以说这是一个继续"精确"的过程，更可以说这是一个开始有所综合的阶段，抽象出色彩特征的点点再次回到生活中具体的人，讲述一个传递下去的绿熊和红熊的故事。

回望前两周，故事是朝前发展和传递的，但在经验感知的层次上，也是呈现着一种适宜这个年龄的孩子认知的重复节奏的。对色彩的感知不时从书上回到生活中，通过去寻觅生活中的色彩来体察这一种色彩。我们在自己的教室里，在自己所在的幼儿园里，在自己生活的更大环境里，去寻找我们认知的这一种色彩。在这个第三周，我们给红熊和绿熊拼插自己喜欢的伞；用自己对生活中红绿灯的印象来玩红绿灯的户外游戏；观察生活中的各种标记上的红色在说着什么。

回望前两周，小鸡的故事是一个个体认识世界的故事；小蓝和小黄的故事，是一个个体和另一个个体认识并在对方那里找回自己的故事。到了这一周，绿熊和红熊的故事已然就是一个人类的延续故事，是我们现实生活的反映。

经由这样的课程进展，孩子们会潜在地感觉到一种关系以及这种关系的不断发展，潜在地体会到逐渐广阔的一个视野。只是，眼下，只是孕育的那个土壤，也或者是萌芽的那个开端的一点点。

众多的色彩，色彩世界里众多的人，人的个体独特性，经由我们的自编歌曲《太阳喜欢》来综合体现。太阳喜欢万物，给他们色彩；太阳喜欢万物中生存的生命，给他们彩色。我在其中体会到了一丝丝信仰意念，太阳是包容万象的，犹如我们的信仰。

（六）联欢式的总结和梳理

我以为人和事的发展和变化最终都需要一个呈现和表达，这是协助孩子们在脑海里厘清和梳理自我生活历程的一个必经过程，更是从中感受自我、认识自我的一个方式。

主题末我们通过更具自身融入性的童话剧表演的方式来感知我们所经历的主题课程实施历程。我们从色彩诗歌和歌曲开始导入彩色世界里的颜色旅行；首先是孩子们的故事表演《我的颜色旅行》；其次是爸爸妈妈的《小蓝和小黄》故事表演；再次是孩子们表演的律动《小蓝和小黄》，当小蓝和小黄拥抱成绿色的时候，他们歌唱表演《在那高高的银杏树下》；继而小绿就是小绿熊，小绿熊又开始了自己的生活，爸爸妈妈表演故事《绿熊和红熊》；最后绿熊和红熊一起生活，有了许多小宝贝。这些小绿熊们和小红熊们各自就像自己的爸爸妈妈那样喜欢各自颜色的东西，但是他们如同小鸡那样积极敞开自我：
"你愿意做我的好朋友吗"，通过对话"我非常愿意"来接纳彼此，一起找朋友，唤来更多的朋友，囊括三周以来所有的故事人物，其实就是我们自己。

最后，所有的朋友一起对唱《太阳喜欢》，一起歌唱《彩色的世界真奇妙》。

当我们越发朝向事物更深处探寻的时候，事情越发地呈现错综复杂，越发地呈现一种整体性、全息性，无法用一个非此即彼的简单论调去表达和呈现。它既体现朝向的规则、规律性，即尺度；又呈现历程经历的复杂、当下性，即弹性。

这小班年龄段的学习，就在于每一天日积月累地在创设之环境中的熏染，就是怀特海所言的大量的浪漫感受。但即使就在这大量的浪漫感受中，也有具体细节中的细微精确和综合运用。

孩子周围的所有成人和整个社会，都是孩子的环境。一个教室的力量到底有多大？从某种程度上来说，家庭的力量是超过教室的，甚至教室还会因家庭力量而挪移。

或许，此时正是人们在努力挣脱这茫然、迷惘的躁动期，唯有理性走向前去，方得柳暗花明、百花齐放的光景。

找寻自我的精神家园

2016 年 3 月 31 日　星期四

我总是形容如绿色小精灵的那个小姑娘，每当好奇的时候，总是半张着嘴唇，眼神愣愣的，望着你。每当我努力尝试给予一丝拒绝，企图在教室里找寻自我位置和空间的时候，她就是这样望着我的。

而就近的那个男孩子，我终于发现屡次不舍却屈己的迎合，使得他一次又一次地"表现"自己，仅仅是"表现"自己，彼此都失去自我就是这样的感觉。忧心不知不觉地就冒了出来，我想要一些独处或者观察空间的需要却憋着的感觉郁积于心。我憋着自己去曲意应对你，因为我觉得你是孩子；你以为我需要这样的表现而曲意向我表现，因为你觉得我是老师。这种关系怎么如此的面熟呢？这不就是人情世故吗？我拿着你送的我不合意的礼物，你吃着我给的你很不喜欢的水果，大致是如此吧！

人对事物的情态真是无法自我掌控的，你能面对自己不喜欢的食物让内心滋生渴望品尝它的欲望？你能身在不合意的空间里表露出欢快的面容？

调动热情不仅仅是个人内在的事情。我望着，那个小男孩做了一个有把手的圆筒，名之望远镜。他正坐在那后面的圆形柜子上用它望着前面跟着节奏舞动的人们。前面图书馆里挤满了孩子，因为那里有上周五他们做完的自己的书。我忖我心，有着欣赏，却没以往那么激动，是不是因为感觉到欣赏之后有可能的浮躁、得意，再也没有心力去面对这些才导致削弱的热情？

前面的那些书似乎也少了很多触发我阅读欲望的内容，因为那里面更少了我创造的体现。"我创造的体现"？当然，我创造的体现就在孩子们的思考上。如果孩子们参与度少了，又如何激发我的好奇去了解我创造体现的多少？就在这所谓教育的泥潭里，我有一种无力感。

我发现，从长远来看，自己表里不一的行为是没有益处的。在我生气和不满时，做出一副平静和友善的样子，这是没有用的；不懂装懂，是没有用的；在某一时刻实际上充满敌意，却装作一个仁慈的人，是没有用的；如果实际上既害怕又缺乏信心，却做出非常有把握的样子，是没有用的……①

——卡尔·罗杰斯

我还是要读一读于自己心有戚戚的话语，才能把握到心理的真实，进而把握到生命的现实。

是的，我终于厘清，我想要的并不是把握世俗生活的现实，我想要把握的是生命生活的现实。

从心理学的角度来说，家是什么呢？家是内在认知的协调统一；从哲学的角度来说，家是什么呢？家就是找寻到自己人生的信仰之路，从此人就找到了自己的心灵家园，始终走在皈依的路上。

我的生活单调枯燥。我追鸡，人追我。所有的鸡都是相像的，所有的人也是相像的。我有点儿厌了。但是，你驯养我，我的生活会充满阳光。我听得出某个脚步声跟别的脚步声不一样。别的脚步声叫我钻入地下。你的脚步声好比音乐，引我走出洞穴。还有，你看。那边的麦田，你看见了吗？我不吃面包。麦子对我是没用的。麦田引不起我的遐想。这很不幸。但是你有金黄色头发。你驯养我后，事情就妙了。麦子，黄澄澄的，会使我想起你。我会喜欢风吹麦田的声音……②

——狐狸

在"你的家，我的家"主题末自制绘本之前的梳理 PPT 里有这样一段

---

① ［美］卡尔·R.罗杰斯：《个人形成论》，杨广学、尤娜、潘福勤译，15 页，中国人民大学出版社，2004。

② ［法］圣埃克苏佩里：《小王子》，马振聘译，72 页，人民文学出版社，2003。

话，大概是在场的很多人都没有注意到的，或许也有人注意到的吧。这段话诠释了整个主题课程的历程里想要传达的意蕴。不过我深知并没有做到这一点，或者说我自身并没有足够的心劲儿去做到。

生命是轮回的，到了一定的年龄就有了那个年龄内心的期盼和需要，不到那个年龄是如何也体会不到的。正如《麦田里的守望者》里所说的那样，总有一些人将这些体验和感受记录了出来，如果我们有阅读、领会，才会真正设身处地有所感，唯此才会滋生理解、宽容、仁爱。

在这一轮讲述兔奶奶《幸福的大桌子》的过程中，我突然体悟到这一点。看到兔奶奶在厨房的光景，我脑海里飘过许多个有了一定岁数朋友的感慨和叹言。我时常思忖，包括我在内有多少人能用心地体悟到兔奶奶的这种心情呢？也因此，在这节关于家的主题课程的历程里，兔奶奶的故事如同生活一样是没有结束的，一直延续了下去：从兔奶奶在过年里的孤独，对过去家人生活在一起的回顾，那孩子们小时候的生活恰是应了眼下孩子们的生活；二儿子过年回来的探望，引起了盼元宵节团圆的心愿，心愿是表达出来的，说出来的，唱出来的；元宵节的团圆里，子女们决定的是定期回家看望自己的妈妈，于是《回家》的歌声就将故事延续了下去。这暗示的是什么呢？一种行为方式。

整个家的课程历程里，始终贯穿的是孩子们的家：从认识兔奶奶的家，到认识每一个小朋友的家、家的外形、家的内部结构、家里的物品、物品中爱的构成；邀请朋友来家做客；从认识兔奶奶家的团圆饭到自家的团圆饭，家里人的构成；最终体会什么是家，思索什么是幸福、为什么兔奶奶家的大桌子是幸福的大桌子，以及在纷杂的家居物品中，什么东西如同大桌子一样体现了自己一家人的幸福。

回想遥远的过去，终于与过去划了一道大大的鸿沟。学习怎么可能是学习几首儿歌、复述几个故事、唱上几首歌曲就行的呢？学习是心和思的投入，是一种生活方式的暗示，是一种意识形态的熏陶。兔奶奶家有这样一张给予全家人其乐融融生活的大桌子，我们的生活里呢？我心里知道，孩子们为什么表达匮乏，那是因为生活没有给予足够的经验基础。我家里呢，怕也只是偶尔的此时此刻，惯常却是没有的。对于中国的家庭来说，这是一种新的生活方式，拥有本真生活的浪漫方式。

从温尼科特那里，我们可以感受到，家，是人心灵的发源地。主题课程渗透的就是经常回家，在过去的岁月寻找自我之根，一如兔奶奶的孩子们那样。我一直相信，人只有认识了自己，善待了自己，才有可能认识他人，善待他人。

我始终相信，哪怕如今再是怎样浮躁、虚妄的光景，人们总有一天承受不得而崩塌。那么崩塌的日子就是人们回归自我的时刻。因为这是人们的天性所向。所以就让一切的荒诞来得更猛烈些吧！我自是踏在这林中路上缓缓行着吧！

走在流逝的时间里

2017 年 11 月 17 日　星期五

路边的银杏，黄得通透，枯得恣意。

走过主题课程"我的幼儿园"生活历程的时候，我脑海中时常呈现一些意象：走在缓缓流逝的时间里，看过，摸过，听过，闻过，思过，世界却不曾在我们的心灵之中留下一丝一毫。一切所感如烟如云，痕似碎片，随风来去，杳无踪迹。感之切，思之深，促使那时那刻的时间，在如流的消逝里绾出一朵花来，在缥缈的虚空里绽出一丝亮来，在空乏的心灵中，在流逝的时间里，闪出一条路，经验之路。

在实实在在走过课程生活的历程当中，我越来越坐实一些察觉、体悟和发现。我们凭借着做某一件事，感受、寻觅、找到生命活着的滋味和奥秘。"某一件事"是见证我们如何活着的载体，具有体现生命全部的全息性。那么"某一件事"是什么，却是不那么重要了，重要的是你如何经历"某一件事"。

生命走向自由，表现在做"某一件事"时，能够充分地展现真实的自我，不拘不束，却因拥有自省、朝向事理本身而不逾矩。

主题课程"我的幼儿园"，就是这"某一件事"。

我常常在想，做着一个又一个的课程，有没有厌烦的时候？在以后的时间里，拓展更多的主题，是一个对策。可我慢慢发现，每一个主题课程历经的结构模式、思维框架越来越趋于成熟的时候，就意味着于自己无意义的重复。

但是走在生活的深处，就像《非理性的人》里所言，将整个人没入生活之中的时候，真实触碰、真实摔打、真实纠结、真实省察、真实感受，那么生命从来就没有重复的可能。就像走在主题课程"我的幼儿园"历程中的时候，于我自己而言，越来越能够追溯自己心灵深处的真实自我，找到自我形成深处的各种原乡情结，越来越有能量在现在的生活中，显现这个本真的自我，越来越有能力在现实的生活中去融入这个自我，促使这种自我继续生长。当感受到这些的时候，我体会到一种生命生长的满足感、丰盈感。

对自由的误解，促使很多人以为它就是放纵。或者我在内心权衡这件事在我的标准中是好的，我就放任你去做；这件事在我的标准中是错的，那我就绝对控制不肯你去做。

自由意味的是自我的感觉、感受能够得到舒展、表达。这点对于现在的孩子来说有点儿奢侈，不管是吃饭穿衣，还是学习探究，哪里还会顾孩子本来的感受？对于童年的我来说，这一切却是自然而然领受到的。不管是纠结的心境，还是不善表达的窘境，都有类似《野兽出没的地方》那个小男孩恣意想象驰骋的自我调适时间和空间。这就导致现在的我，能够如此清晰地追溯自己的精神过往。

在主题课程"我的幼儿园"的历程中，可以时时处处照见自我。

每一个人的人生都是一个故事，不同的是故事的精彩程度不同。所以我希望主题课程"我的幼儿园"的历程也是一个故事，一个因时因境不断发展的故事。所以在课程历程中，我渴望着一切真实的、活泼的、无法预料的生活回应、生活图景，铆足所有的接纳在期待。

故事是从《小海螺和大鲸鱼》这个故事里孕育出来的。故事一旦走进生活，生活的纷杂就无法由你完全掌控，你只能驾驭故事中的你自己。

从来都没有注定的成功，梦想从来都不是靠幻想实现。小小海螺的字象征着我们将自己天性里的成长可能经过淬炼，经过打磨，使得可能变成现实。这是课程所要传达的整个精神气质。

而在小海螺的生活层面，游历世界，遭遇危险，那是一辈子都难忘的事情。可恰恰是自己协同幼儿园的孩子救了大大的鲸鱼。无疑，小海螺和大鲸鱼必定于幼儿园都留下了深刻印象。于是整个课程故事就围绕着这样的情感线索走下去。

我们在教室里安装自制的游戏电话，小海螺给幼儿园的我们打来电话，想要进一步了解我们，了解我们的生活。于是我们对自身周围的生活环境的感受、观察和体会就这样展开了。而教室地图、幼儿园地图的绘制是帮助我们把周围环境平展开来便于我们体察的更直观的方式。从周围生活环境的了解，再到周围生活环境里跟我们生活密切相关的人的认识，是一个层层递进的过程。我喜欢事情体现逻辑特质，想要更充分地对空间觉察感知，愿意以省察的姿态抽象关于周围生活环境的感性经验。这是我在课程历程中时时刻刻想要影响和熏陶孩子的。老师自身才是孩子最好的环境，非事物本身。眼前正好在播放电影《了不起的菲丽西》中两个女生不同的舞蹈姿态，也恰恰验证了我这样的教育理念。

由此可以确认，事物感知必然要和人的生活、人的情感密切关联起来，否则毫无意义。也就是说一切学习最终是为了更好的生活。

所以主题课程"我的幼儿园"中历经的一切，都是紧紧围绕着我们自身的生活的。在和小海螺交往的过程中，对于我们自身教室的了解，也偏向于孩子生活更多的活动室；对于我们的幼儿园，选取了与我们衣食住行密切相关的场所，舍去了以往参观的形同虚设的舞蹈室、美术室或图书室；对于幼儿园的人亦是如此，感受与我们生活紧密相连的人，比如保安叔叔和我们的关系，比如保健老师和我们的关系，比如采买老师和我们的关系等。一切基于孩子扎扎实实的生活，剔除空设。踏实和充实应该就是这样的感觉。

基于此，我们从对事物的感知层面，体现逻辑、体现觉察、体现最初的抽象概括；从我们的生存层面，体现依存关系的感知，体现情感关系的感受，体现彼此互动的真诚；最后从我们的生活层面，其实也就是文化层面，我们把我们的感知写成诗、唱成歌，编成绘本，制成游戏棋，设计成游戏活动，都是将生存转化成文化形式的体现。我们不仅仅是生存，我们还需要浪漫的生活。

主题课程"我的幼儿园"历程之"某一件事"恰恰参透了生命的全部讯息——从物的感知，走到人的生存，最终因表达走到生活的文化层面。人类的生生不息，恰因为这文化的传承而形成。由此，人得以走在流逝的时间里。

在教室里，我就是一只狗，可不可以？

2019 年 2 月 20 日　星期三

我把 2019 年定做游戏年。

但是不是有了游戏，就不做课程了？当然不是！甚至我还认为，做课程，只不过是老师占主导角色的游戏而已。问题是你能不能把课程做到游戏的深度？复杂的问题又来了，也就是你理解中的游戏和我理解中的游戏是不是一回事？

以某个事物为中心来进行一系列的感受、阅读和思索、研究、思辨和发现，让裹挟在这个进程当中的人，感悟点儿什么，熏陶点儿什么，觉知点儿什么，使得人在认知上、意识上、思想上乃至生活方式上有某种领会、顿悟或是影响，这是课程最显著的特质，也是我理解的课程特质。用游戏的行话来说，这更多伴随的是老师的游戏主意，但却是老师阅读儿童心灵之后的游戏主意。虽说课程的缘起可能是孩子的某个想法引发的，但这不正是老师阅读孩子心灵的一个部分吗！要说孩子有能力因为某个想法就能够持续进展一系列有文化特质的课程游戏进程，我觉得这是妄念，是对儿童各方面能力认知常识的脱离。

这也是老师们"自己和孩子"之间的关系难以在台面上保持一个真实想法的缘故。

奉行"儿童主体性神话"的人认为孩子无所不能，他们是先天论者，所以奉行绝对的"老师在后，儿童在前"。当这种观念盛行的时候，老师们是不敢说实话的。他们会把所有自己的想法都乔装打扮成孩子们的。他们掩盖自己内心强烈要教育孩子的意欲状态，通过另一种隐晦的方式宣泄出来。

在这种观念下，有两种人。一种是真的认为孩子自然的一切包括所有的欲念和本能都可以接纳的人。这种人很少，书中我见过，比如尼尔，现实生活中我还没有见过。但更多的是另一种人，就是在言论的层面他奉行这个观念，但在自己个人行为的层面他奉行的是庶民观念，即孩子是有待接受教育的个体。

再说，是不是你是这个课程游戏的主导角色，或者说一开始的游戏主意是你提出来的，你就完全可以百分之百主宰课程进程发展了？那是妄念，因为课程是一种对话，是一种互动，是一种有计划但无法完全预料的进程，裹挟在这个主意施行过程中的人，会有无法预料的观察发现、思索想法，而这些才是主导课程进程的主要要素。补充一下，要做到这些，还需要依赖老师和孩子个体内部已有的自主能力。孩子进入幼儿园之前不是一张白纸。所以，玩课程游戏，要有事先的框架计划。但因为进程的无法预料，就必然有过程的叙述，结束后的再梳理。

甚至，一个课程的缘起，在于老师，还是在于孩子，都不是至关重要的。如果师生彼此都能感觉到对方平等对待自己的话。这个主意是你提出的，但我感兴趣，我想要跟随你去探究，这是我的意欲，那么这就是我自主选择的。更重要的是在这个施行的过程中，我能够随时随地感觉到你对我所有想法的聆听、呼应和吸纳，能够丰富你的游戏，能够在你的游戏中滋生更好的主意。自主的内涵是这样的。反过来，主意是我提出的，对于你，亦然。

在我看来，课程生活中儿童的主体性，更重要的是指儿童的主观能动性。首先，每一个个体都有内在的"我能"结构。《中庸》里是怎么说的呢？天性，天命之谓性，自然的生，让一切有了可能，能知的可能，能善的可能。蒙台梭利怎么说的呢？就是每一个个体都有初生的"精神胚胎"。埃里克森怎么说的呢？孩子在产生自主欲求的时候，产生自我感受的时候，能够得到积极的回应。这使得孩子能够由此感觉到自己的存在。其次，他们能够做出选择，感觉到自己且能够体会到对自己的驾驭以及驾驭的力量，滋生那种"我就是我所能自由意欲的"自我感。最后，孩子感觉到自己的任务处理能力，能够把控一个任务的前前后后，滋生"我能"的自信。

如果一个老师不会玩课程（游戏）的话，那么她必定也不可能真正支持孩子游戏。如果非要做，必然会有两张面孔过生活了。

好吧，你有课程主意，孩子因为你是大人，给你面子，愿意和你一起走。但是，孩子的游戏主意，未必会给你面子，愿意让你进去一起玩。他们也会在你假装进去的时候，配合你一下，但当你离开的时候，他们会玩他们自己的游戏。

就像教室里的小何，尽管她认为我是她最好的朋友，但是在开学初，她需要再次和教室生活进行连接的时候，我能够敏感地觉察到，我并不足够有资格去做这个连接的桥梁。正因为了解，才有理解，所以我喊了绚去接她，窝在奶奶怀里的她，立刻地，看似扭捏却欢欣地，被绚拉着手，进了教室。

你问我，有没有酸酸的感觉？还真没有。要放在以前，我可能会有的。因为我非常清楚自己不是无所不能的。

教室南侧的两张桌子之间，仿佛被小狗撒了尿，圈定了地盘一样，被孩子默认为狗窝了。在那里窝着砚、凯等好几只"小狗"。狗的故事不复杂，要么就是被"主人"晨用丝巾表征的绳子拉着去遛，要么就是自己爬到各处去"汪汪"，有时候会来到我的膝下，绕膝磨蹭，但还是"汪汪"。

你会在这些"小狗"身上，看到一种对规则的持守。他们只会"汪汪"，不会说话，就是对小狗的界定。

这个游戏的故事，是从哪一年开始有的呢？我记得 2011 年小班的卧室里，在那些床与床的空隙间，似乎就开始了，表征绳子的同样是丝巾，只不过狗窝的地盘不同而已。

你想到孩子的这些游戏与老师事先在教室里设定医院区或美容院的区别了吗？你确定你有能力让孩子进展自己的游戏吗？

导一场电影，写一部小说，做一个课程，都是一样的

2020 年 4 月 1 日　星期三

课程，游戏，都是在讲故事，讲故事的人随时在发展故事，故事与人，都有决定故事走向的力量，有时甚至故事影响故事走向的力量胜过人。我曾经看过这样的电影，最终写小说的作者自身，被故事、故事中的人物牵着走了。

写小说的作者就如同老师，小说的人物就是孩子，小说就是老师和孩子共同行就的生命进程。唯有小说的作者，用自己的生命在写故事，这个故事才够精彩，故事中的人物才够鲜活，才有可能鲜活，乃至活出自己来。

所以想要在教室里进展一个春天的课程，老师自身无法活在春天里，没有和自然世界有着一个敏感的觉察，那么怎么可能将孩子的生命裹挟进春天的觉知里呢？有多少人行走在花丛里，却从来没有为一朵花驻足过？有多少人行走在天空下，却从没有仰天欣赏过一朵云……春来夏往的时候，有多少人不曾有过惊异的感觉？

我甚至认为，做好课程的第一步，就是要将老师这个本尊，从外在行为到内在心理，都唤起所有关于春天的意识；从童年到当下，都唤起所有关于春天的记忆和故事。

所有的物，本身没有意义和价值，唯有赋予人的驯养，才生出意义和价值。这是目前所有的课程实施所无力思及的根本问题。大多数人认为施于"物质"的极度丰富，就一切皆得了。物质占有的最终结果还是虚空和妄念。

此时此刻，我想到了维果茨基的最近发展区，所谓最近发展区，可不仅仅是跳一跳摘果子，甚至不是这样。而是一个孩子在一定的环境里能够被荡开的精神世界有多广袤，这个荡开的精神世界的弹性大小，才是最近发展区。而这个最近发展区的弹性空间，取决于谁？当然是老师。

通俗地来说，有很多层呢。

走在春天里，行色匆匆，生存很忙，四季变更视若未见。

走在春天里，看见一朵美丽的花，凑过去拍了自拍，发了个朋友圈，写下了春天来了。

走在春天里，看见一朵美丽的花，凑过去闻了闻，香味绕鼻，慨叹春天的美。

走在春天里，看见一朵美丽的花，你发现那是杏花，你看到了那花瓣，想起了类似的樱花、桃花、李子花或者海棠，生命如此神奇，怎么会造出如此不同的生命来。

走在春天里，看见一朵美丽的花，你发现那是杏花，你看到了复瓣，你看到了单瓣，你在想，它是如何嫁接、改良或者形塑而来的呢。

走在春天里，你们都看见一朵美丽的花。你发现那是杏花，想到了宋徽宗的形容"裁剪冰绡，轻叠数重，淡着胭脂匀注。新样靓妆，艳溢香融，羞杀蕊珠宫女"。你想到了宋祁的"绿杨烟外晓寒轻，红杏枝头春意闹"。你甚至想到了他们两个生命那时那刻不同的当下，不同的感怀，不同的生命体悟……

那么你觉得，这些个不同的人，和孩子在一起，产生的影响会是一样的吗？教育的根本又是什么？是关系，是人对人的影响，而且你口头的意识层面的言教，比起你下意识层面的言传，后者的影响就更大了。

不管是老师和孩子之间，还是父母和孩子之间，越来越多的教育现实启示我们，唯有成人自己能够改变，才有可能影响孩子。

所以课程培训可以说是教师培养的第一步，也可以说是课程实施的第一步，就是丰盈老师的生命，拓展老师的最近发展区，唤起老师天性深处的好奇，让老师体悟到生命的神奇、探究的乐趣以及追逐自由的精神向往。

如果我是这个春天故事的作者，我必须要搅动起我自己内心所有关于春的意象和情愫，必须要搅动起将要进入这个春天故事场的所有人关于春的意象和情愫，必须要在这些经验、情愫的基础上，裹挟进更多古今经典中那些作者关于春的意象和情愫。我的表达，你的表达，经典的表达，这所有表达之下我们自己的发现、表达和创造，才是课程的核心价值和意义。

是的，一个老师即将进行一段课程旅程，就像作者即将创造一部小说、导演即将导演一部电影一样。小说或电影中的每一个人都将需要被激发最大的创造能量，共同来成就一部小说或电影。

新时代的老师，都将是这样在课程中活出自己的老师，也将是能够充分体验到生命意义的自我实现的人。

试想想，如果即将进行一个春天的课程，我们可以有哪些好玩、有趣的方式，来唤起我们内心的感受之眼，去体会我们周遭的春、我们心灵中的春？

我最擅长的就是回到我的童年时代，看那时的我眼中掐得流汁的草茎，看那时的我手中缠绕的柳叶环，看那时的我心中觅到蚕豆耳朵的窃喜，看那时的我望向绿油油麦田的内心饱满，看那时的我和同伴大踏步走在春意中的雀跃……

你呢？

吟一首春天的诗？

唱一曲春天的歌？

抑或，来一次春天的纸鸢放飞？

第五部分

因为爱而幸福

——我和家长的爱心联系

爱——在这里逗留，思——在这里起步！爱因为思而理性，思因为爱而成熟。让理性的爱和成熟的思托起孩子成长的天空，让孩子欢快、有力地飞翔！爱就这样从老师—家长—老师—孩子—家长—老师迂回地流淌在每个人的心间。

因为爱而幸福

2005 年 4 月 11 日　星期一

（一）

　　前几天我拟订了给家长的第 10 期"爱心家园"：先给家长们讲述了一个温馨的故事《猜猜我有多爱你》，故事讲完以后向家长发出了下面这样的倡议。

　　当你很爱很爱一个人的时候，也许，你会想把这种感觉描述出来。但，就像小兔子和大兔子所发现的：爱，不是一件容易衡量的东西。孩子们渐渐长大了，看着每一个孩子，想着每一个孩子的个性，分析着每一个孩子的长处……每一个孩子都有着自己与众不同的地方。孩子们是一张张洁白的纸张，等待着我们给他们涂抹上绚丽的色彩，给他们种下美丽的种子。在这个涂抹、播种的过程中，父母是最心甘情愿的也是最辛劳的，老师在更大程度上关注的是孩子们的学习、教育生活。但有一种是共同的，那就是爱的种子，谁都需要播撒爱的种子。播撒爱才会收获被爱。

　　研究表明，孩子从出生起就具有同情心。一个 9 个月大的婴儿在看到另一个婴儿啼哭时也会触景生情，情不自禁地落下眼泪。这是爱心最简单、最原始的表达方式。但是如果不加以培养，这种好的品质就会丢失。曾经听一位 14 岁孩子的妈妈唠叨："孩子口中的一句话让我震惊半天！让我开始反思自己对他的爱。"什么事情让这位妈妈如此感慨？她说："平时孩子吃虾，都是我剥给他吃，从小到大都是这样。也不是想省给他吃，因为剥给他吃，自己也就没时间，忘了自己吃，没想到自己吃；有时候也是嫌麻烦，就不吃了。有一次，我无意中也吃了几只虾，孩子却睁大了眼睛看着我，惊讶地说：'妈妈也吃虾呀？'你说这虾好像不该是我吃的一样，这孩子都这么大了……"

　　爱的种子怎样播撒？怎样用生活中的一点一滴、一言一行去传种？您听了这位妈妈的话有什么感慨？您对这位妈妈有什么看法？如果是您，您是怎么做的？您觉得在生活中该如何表达对孩子的爱？您想收获孩子对您的爱吗？您的孩子又是怎样表达对您的爱的？您是怎么做到的？……请您就"爱孩子"和"孩子爱我"这两方面，通过具体的小事来描述生活中的爱，让所有的家长共同享受、共同交流。您也可以和孩子来做一个大兔子和小兔子比爱的游戏，然后将您和孩子的对话写下来。

您可以在反面写上一小段，也可以另外用纸拟题撰写。谢谢你们的支持和帮助！

（二）

早晨我像往常一样进了教室，看到许阿姨和谢老师埋头在看着什么，许阿姨好像还拿着用信纸写的稿子。我走近一看，才知道星期五发的"爱心家园"回收了。这一次"爱心家园"没有像往常一样动脑筋设计选择题，其实那是很费脑筋的一件事：需要把正确的观念化成各种各样的或正确或错误的行为，然后让家长选择，通过选择让他们明白正确的做法。这一次我省事地让家长来说一说、谈一谈自己对"爱孩子"和"孩子爱我"的看法。名义上是发挥他们的主观能动性，实际是我的大脑要休息了。我忍住想看的好奇心，先和孩子们出去做早操。早操的时候仍然和往常一样跳着，不过我不再像以前有顺序地变兔子、小狗、孔雀、梅花鹿（四个乐段）。而是我自己打乱顺序在跳，看看有没有观察仔细的孩子能发现这些改变。我想起以前做早操的时候，发现站在前排的一个小男孩，右脚总是踮着，好长时间才发现我自己也是这么站的，由此慨叹这个男孩对细节的观察入微。我也想看看我们班哪些孩子有这样的观察能力。我发现对面的情情发现了我的变化，也在跟着变，后来又发现了几个孩子也在变。我细细思量之下，有的孩子变是因为他们并没有记忆这些动作，而是做什么动作都要看老师怎么做，也就怎么做，是惰性导致了他们的变化，跟以前那个男孩的变化有了天壤之别。唉！

第一节课我迫不及待地看了家长有关爱的回复。我看到娇宠孩子的一唯妈妈话中的羞涩和不安；看到对孩子不知所措的薛檬妈妈话中的诚恳；当看到霖欣妈妈的《释放你的爱》时，一股丝丝缕缕、细细纤柔的疼爱由心底涌出，让我一下子想到我和自己孩子的那种绵绵的、浓浓的爱意，可我没有这么形象、逼真地描绘过。看了以后，我忍不住又看了一遍，思绪纷飞，一下子想了很多。我要写读后感并介绍给所有的家长一起分享；要朗诵给孩子们听；做了家长以后也要让我孩子的老师有这种幸福感（因为我和我的孩子而幸福）。

充盈着满腹的幸福，我开始了今天的活动"大鞋和小鞋"。我拿出小凯妈妈（孩子们一开始很惊奇，谁是小凯妈妈，等到我告诉他们就是许阿姨时，个个哈哈大笑）也就是许阿姨的大鞋让孩子们来试一试穿起来是什么感觉。于是我就请一个孩子来穿后走给大家看，看着穿大鞋走路的样子，孩子们都哈哈大笑。我就让孩子们说说，穿大鞋走起来有什么声音？是怎么走的？孩子们都说不好走，在地上拖着走的，"啪嗒、啪嗒、啪嗒"的声音。我说有一个小男孩不是穿的妈妈的鞋，他穿的是爸爸的鞋。他还编了一首歌呢！（一方面让孩子们知道歌曲也可以是孩子编的，感觉更亲近一些；另一方面让孩子们感觉到自己也是孩子，兴许也会编）我就清唱了歌曲，开始的三句好记也好理解，但后面的象声词就不好唱了，而且孩子们被象声词的动作吸引住了，一个劲儿地跺脚而听不见歌声了。于是我灵机一动，伸出大拇指和小拇指，动动小拇指尖声说："我要做爸爸，我要做爸爸，嗯，我穿上爸爸的鞋不就变成爸爸了吗？"于是我就学着小男孩的声音尖声唱起来，孩子们的注意力一下子被吸引了过来，也跟在后面尖声尖气地唱起来。然后我动动大拇指粗声说："我是爸爸，我也会唱。"孩子们又用粗声唱了起来。我再动动小拇指："我要做爸爸。"（再学小男孩唱）我动动大拇指："我也要做爸爸了。"（用更粗的声音唱）唱好后我动动小拇指："爸爸的爸爸是谁呀？"孩子们歪头思考，有孩子说"是爷爷呀"。于是我动动小拇指："我要做爸爸的爸爸，我要做爷爷。"于是我唱"我穿爷爷的鞋"，孩子们不知不觉地就学会了歌曲。

中午，我迫不及待地写下了给家长的"爱心家园"。

释放你的爱

尊敬的各位家长：

"爱心家园"一直是为老师和家长更好地交流、沟通而设计的。每一次我设计"爱心家园"的时候，都是利用工作之余，绞尽脑汁构思而成。虽然辛苦，但每次总能得到各位家长也可以说是朋友的热情响应。由于大家的热情才使"爱心家园"一期一期地坚持下去。这是我们对孩子的爱，爱不一定是嘘寒问暖，爱不一定是询饱问饥。有一种爱是默默的、背后的。不知从哪一天起，我们的爱不再"细腻"：高兴的时候，亲你亲不够；不开心的时候，这孩子怎么不懂事，不听话。不知从哪一天起我们的爱开始"霸道"：我觉得冷，你就应该穿多一点儿；我觉得你吃得太少，你就应该还得吃；要带××，你是不是说谎？等我问老师；我觉得……

看到各位家长的话语，哪怕是一两个字（就像栋杰妈妈每次在问题后的注解）都觉得亲切、温暖、真诚。这些字眼饱含着大家的回应、热情、支持。这也是您间接地对孩子的爱。爱就在我们身边，有人说：有什么样的妈妈就有什么样的孩子！妈妈对孩子的影响是不可估量的。嘉仪："妈妈，外面雨下这么大，也不知道爸爸有没有带雨披？"珂珂："妈妈，等我长大了，你也老了，你洗不动脚，我就帮你洗。"纬涵："妈妈，坐起来用这个靠垫垫背。"月月的"妈妈病中送吃的"，倩倩的"妈妈我爱你"，振西的拾香蕉皮，薛檬的给大人换鞋，唐乐的"我们大家一起吃"……这些都是我们给予孩子的影响。我们虽然做得不知不觉，但带给孩子的影响却是永久的。感动之余，我们把孩子说成了故事的主角，通过故事再现了孩子的做法，孩子们一个个为之而高兴，当然最高兴的还是那些被说的偷偷乐着的孩子！"爱心家园"所要体现的爱就这样从老师—家长—老师—孩子—家长—老师迂回地流淌在每个人的心间。霖欣妈妈的《释放你的爱》，字里行间，牵扯出内心许许多多丝丝屡屡的、柔柔的、疼疼的母爱。爱原来可以这么纤柔、细腻；爱原来可以这么温和、理性。让我们都来欣赏欣赏吧！让我们每个人都来释放爱，让周围的人因为你的爱而感到快乐和幸福！

释放你的爱

宝贝，尽管你特别喜爱看动画片，但妈妈还是跟你约好了只有休息天你才可以尽情地看你的动画片。对不起！妈妈不是有意限制你，只是想让你养成好的习惯，慢慢地理解什么时间做什么事，希望你以后能充分地利用时间、安排时间。尽管每个星期你都要看一遍你百看不厌的《狮子王》，但妈妈还是动员你把最爱的东西带到幼儿园与小朋友一起分享。妈妈是想让你知道爱动画片的同时，也要懂得爱别人。

今天，当我说要放昨天你从幼儿园拿回的那张两三个星期没看的《狮子王》碟片时，你高兴地直喊："耶！耶！"

"妈妈，你真好！"你脱口而出。妈妈低头看着你，摸了摸你的小脑袋，给了你一个灿烂的微笑。

"妈妈。谢谢你呀！"你抬头看到妈妈的表情又补充了一句。

"不客气，宝贝。"妈妈忍不住地亲了你一下，并加以赞许。妈妈真高兴你已能将礼貌用语用于表达对别人真诚的感激。

"妈妈，我爱你！"当我打开电视，从身后又传来了你甜甜的声音。我转过身，看见你正微笑地看着我。妈妈蹲下身子将你抱在怀里，有点儿内向的你能一连串地说出这些话。妈妈真的很为你的进步感到高兴，也为自己高兴，平时对你爱的播种，也开始有收获啦！

对别的小朋友这些或许都不足为奇，但对有点儿内向的你来说这确实是个很大的进步。宝贝！还记得刚进幼儿园时，你总是不能融入这个集体中去。在幼儿园你总不爱动手，你不会主动跟别的小朋友搭话，不知道怎样跟别的小朋友交流。每次去接你总看到你一个人静静地坐在座位上想着什么，而别的小朋友都能玩得很开心。问你为什么不跟小朋友玩，你总是说："不好意思。"妈妈发现你的小脑袋里已滋生了两粒种子："害羞"。

妈妈很高兴你已知道"不好意思"，说明你已经慢慢长大了。可你知道吗？宝贝，在生活中，如果出现了太多的不好意思，将会束缚你更精彩的生活。在这个集体中，如果你总不好意思与别的小朋友、老师交流，将会被遗忘在角落里，你的不好意思将会变成可怕的孤单。妈妈希望能帮助你从这种思维中解放出来。与小朋友相处，你要爱他们，只有爱他们才会喜欢他们，只有喜欢才能相处。宝贝！不要吝啬你的爱，大胆些！爱同时也是需要表现的。哦！不要怪妈妈，当时总教你在幼儿园帮小朋友做些力所能及的事情，有时还早早把你送到幼儿园，让你一个人帮小朋友把椅子都从桌子上搬下来一个个放好。妈妈想让你知道，释放你的爱，帮助别人的同时，你也会分享别人的爱与快乐。同学的爱，老师的赞许，这些都是家人所不能给予的，都要靠你自己的努力。

所以，现在妈妈看到你的进步，很为你高兴。我们仍需继续努力呀！

抛开你的"不好意思"，妈妈希望下次也能听到你对小朋友、老师大胆说出你的爱，你的感激之情。

宝贝，不要吝啬，尽量释放你的热情，你的爱。它会像小树苗一样越长越大，开花结果。你会经常品尝到你播种的爱、收获到的果实。

今天刚好老师发了第 10 期"爱心家园"，妈妈把这些写下，希望以此鼓励你继续努力。

妈妈不要求你与别人比做到最优秀，但妈妈希望你做最棒的自己！

妈妈不要求你以后能拥有多少名和利，但妈妈希望你拥有无尽的爱与快乐！

妈妈也不要求在我老年白发时你能天天陪着我，但妈妈希望到那时你依然会像现在一样搂着我的脖子对我说："妈妈，我爱你！"

对了，妈妈也要大声地对你说："霖欣，我的宝贝。妈妈永远爱你！"

霖欣妈妈　2005 年 4 月 8 日

谈心的快乐

2005 年 4 月 13 日　星期三

春天到了，到处暖洋洋的。早晨，我把孩子们带到已经被踩得绿一块秃一块的草地上玩耍。今天谨尘是爸爸送的，爸爸从南京回来了，他显得特别高兴，满脸洋溢着快乐。我先跟他爸爸说："在这个星期活动的时候，谨尘知道用眼睛与老师交流了。他的眼神里渴望着老师的关注与表扬，而他也努力坐得很正。我懂得他的心意，他还常常害羞地在老师身边浅浅地一笑。"他爸爸笑了。我说："不过我总觉得他的眼神里有一种犹豫、忧郁的东西。"他爸爸说："我一回来他就特高兴。"我说："是的，是不是你总陪他尽情地玩呀？"他说："是的，一回来就只陪他玩。所以他天天打电话给我，说想我。"我说："其实他很在乎你们，很在乎你们在不在身边，所以眼神里有那样的神采。"他爸爸说："他生下来的时候我就发现他的眼睛里有忧郁、孤独的眼神。"我说："其实他妈妈一个人在家带孩子挺辛苦，这孩子需要有个人耐心地、长时间地和他用心交流、沟通，他说话结巴在幼儿园并不明显，因为我们都是用与平常没有两样的表情和他说话，等他说完。而在家他可能要引起你们的注意，一紧张就容易结巴了。要尽量避免在家时和他尽情地玩（有一种补偿的心理），但是对他的教育行为要一致，该教育时和妈妈一起教育，要玩时和妈妈一起玩。"我们笑眯眯地望着谨尘，谨尘也笑着望着我们。看得出来他很开心，没有往常躲躲闪闪的眼神。老师善于发现孩子内在的一些特点，又和父母的发现不谋而合的时候是最有成就感的，这样的交流是大家都感到快乐的。

今天的晨间谈话，我就几个不认真和老师、同伴交流的孩子谈了幼儿园是爸爸妈妈花了很多钱才可以上的事情。不要忽视孩子们的理解和感悟能力，他们都知道如果不好好学本领，这些钱就浪费了。"学不到本领的人，"我说，"来到幼儿园，说'园长你让我工作吧。'园长说'你没有什么本领可怎么做老师呀？'又来到医院，说'院长你让我工作吧。'院长说'你会看病吗？'……"孩子们都知道说没有本领的人到这儿找不到工作，到那儿也找不到工作。真的很感慨于孩子的悟性，我们要相信孩子，让孩子从内心心服口服地愿意做着我们让他们做的或者对他们成长有利的事情，尽量避免强制和压迫的学习生活。

言言昨天在我进幼儿园大门时跟我对视之后，一直到今天自由活动的时候，才跑到我身边对我说："我还看到你了呢!"她对我说的时候，我也笑着说："对呀! 我也看到你了。"她就高兴、满足地走开了。我也满意地感受着孩子们的开心。我今天到小四班代了一节课"大小配"。他们在早晨做操的时候看见我戴着我们班一个孩子红帽子的俏皮样，也和我们班小朋友一样在大笑着。我问他们："为什么要笑呀?"他们说："真好玩，帽子小，你的头大。"我说："我的头大，是因为里面装着很多的故事呢，我来讲一个给你们听听，好吗?"教材上的故事很生硬，我就让故事中的小动物在森林中走动起来，比如，"小兔子说'我很大'，它走呀走呀遇到了大象，哎呀! 谁大呀?"孩子们说当然是大象大了。我又绘声绘色地用声音加上动作说："走呀走呀，又遇到了小老鼠，这次小兔子可神气了，为什么呢?"就这样孩子们跟着我的神情、动作，或喜或忧地一边回答一边听。然后我又随手拿起他们班的铃鼓、茶杯盖和一个小小的圆形指南针边讲边比："我最大! 我比你大，呃! 我才比你大呢!"从调皮的语言中他们终于明白了和不同的东西比会有不同的结果。我们在后面"小猪吃苹果"的游戏中就是顺着大苹果的方向帮小猪找到苹果的。内容很简单，一会儿就结束了。我让孩子们将自己的手指变成小动物，比如，一会儿用大拇指变成小鸭子，一会儿用食指变成毛毛虫等顺着大苹果的方向走，有时我有意走错，孩子们就"啊"（很害怕的样子）地提醒我："小心! 要被大灰狼吃掉了。"孩子们自己变着不同的动物走着，笑着，玩得很开心。

回到自己班，正好可以和孩子们一起进行"几号鞋"的活动，我引导孩子们观察自己的鞋是几号鞋。我注意到有几个孩子穿的是布鞋，没有号码。我给小朋友讲了我小时候穿的就是像月月、昊楠、张钰、霖欣、倩倩穿的这种布鞋。我一个一个走过去，看他们的鞋，和大家数一数一共有几个人穿的是布鞋。这几个人都很自豪，居然和老师小时候穿的是一样的鞋。

我对说话轻轻的珂珂的奖励是教他弹《摇呀摇》，而不是奖励吃的，或表扬或送五角星之类的。我告诉孩子们我会很多本领，弹吉他、吹笛子、拉小提琴、吹口琴（上次带到幼儿园他们看见过，家里有这些乐器，可一样都不精通，"演绎"起来像蛤蟆叫一样），认识各种各样的动物、植物（上学时很自豪自己辨认植物的能力），谁在活动时很积极举手，说话很轻我就将这些本领教给他。孩子们艳羡地看着珂珂和我。我得意极了。原来不一定用物质的东西就能蒙住孩子，把这些大人认为有用的本领奖励给孩子，给他们制造一些有关这些本领的神秘色彩，反倒能引起他们的学习欲望。

大自然中的无限乐趣

2005 年 4 月 17 日　星期日

　　本来周末的时间我是完全留给自己和儿子的，但仿佛得了职业病，也可能是自己的大脑太会联想（联想到小林校长和孩子们的野餐、露营），在第 11 期"爱心家园"里我给家长发了这样的倡导信（我怕别人的闲言碎语："不是自找麻烦吗？""就她多事。""平时够累的，是不是傻呀？"但还是激情难耐）：春暖花开的日子里，爱孩子的父母就开始带着自己的孩子到处寻青了。如皋的烈士陵园是个幽静、充满花香的地方，那儿的花一定开得正艳，绿一定抹得正浓。有空闲的家长可以在这个周六带着孩子，骑着自行车，一起去踏青，一起去找春天。到时班上的孩子们可以在幼儿园以外的地方见面、玩耍，一定惊喜万分。孩子们还可以在午餐的时候互相交流、互相分享自己的东西。孩子们不仅在野外认识了我们想要他们认识的春天的特征，也培养了各种能力。而父母也不会闲着，可以互相交流心得体会。这样寻找、体验的快乐，这样亲子融融的乐趣，是我们和他们终身都难忘的。让我们相约星期六。

　　昨天我早早地起床为孩子买了一些吃的，和先生（我先生是被我诓去的，他问有没有家长去，我说没有呀。他大概知道一般情况下妈妈和孩子去得多吧。我知道他会因为许多妈妈在一起，而就他一个男士很别扭呢）一起骑着车，带着孩子和许阿姨在育贤桥头碰头，然后向目的地奔去。沐浴着春风，我和许阿姨一路说一路笑地猜测着班上 56 个孩子谁会去。当然我们心里更乐的是我们和我们的孩子（而我的孩子大概由于遗传，表现得很内向，这正是为他找同伴、找机会改善的时机呀）也一起得到了游玩的快乐，谁说家庭和工作不能兼顾呢？

　　刚来到目的地，我就听到丁楠激动的招呼声："高老师来了，高老师来了。"她妈妈笑着说："看把他给激动的，一大早就起来了，吵着走走走。"我们在斜坡的草地上铺好了塑料桌布，将行李一一放下。陆续地又来了许多孩子：说话小声的珂珂、不太开口的纬涵、默默的言言、不善言语的霖欣、调皮的薛檬……看来来的大多数是内向的孩子，他们的父母也希望通过这些活动改善改善吧。在幼儿园之外的地方还能看见自己班上的这么多小朋友，孩子们迫不及待地呼朋唤友，自发地去玩了：有的在踢我家小子的足球；有的在兴奋地说着什么；有的在赛跑；有的在大声地叫着比赛爬草地的斜坡；有的在玩着自己带来的玩具；有的在攀爬池边对于孩子来说有点儿高的墙壁；有的跟随着一位爸爸在爬那棵枝丫纵横的老树……这种乐在其中的感觉，其间孩子们得到的发展，任何语言的描述都显得苍白了。

远处，桃花、紫荆、樱花争相怒放，满眼的绿色中，孩子们在开心地玩耍，父母们在快乐地交流，我的孩子也不知不觉地融入其中。好不容易来了两位爸爸，我家先生也没有那么拘束了，和孩子们踢起了足球。我仿佛又看到了我们恋爱时他和那时我们班孩子踢足球、玩老鹰捉小鸡的场景。或许就是因为他的这份童心，我才把心交给他的吧！呵呵！

午餐的时间到了，许多家长准备不是很充分，一看就知道没有野餐的经验，有许多人在说，下次再来就知道带什么了。我让我家孩子分发着自己的东西，孩子们又继续分发着自己得到的东西。在树叶沙沙落下的"音乐"声中，孩子们兴奋地吃着、笑着……

下午又来了一部分孩子，我们开始转移到平坦的草地上做游戏。我率先将我家孩子的衣服脱了，鞋子脱了，他又说："把袜子脱了。"赤脚在草地上的感觉真是太好了，我也要试试。我和孩子都赤脚走在草地上，痒痒的，软软的，舒服极了。那些给孩子穿太多衣服的父母也经不住孩子的软磨硬泡，一一效仿，看得出孩子们第一次体验到了这种从未有过的快乐。

追忆的时候总感觉语言无法描述当时盈满心间的幸福和快乐，孩子们在太阳要下山的时候仍然意犹未尽，舍不得离开，真想这样的活动能多一些，支持这样活动的人更多一些。

如何让家长理解我们

2005 年 4 月 26 日　　星期二

昨天仇老师刚刚和我在网上讨论如何让家长理解我们的工作的问题，在今天的业务学习中，园长就叫我们反思这方面的几个问题。

反思一：听到家长的意见有什么想法？

每当听到家长对我们的工作有异议或意见相左的时候：我家孩子今天怎么尿裤子了？我家孩子今天的衣服怎么没拉好？老师你帮我孩子倒水喝了吗？老师你要帮我孩子上厕所呢，老师你要帮我孩子脱衣服呢……做老师的心里总是有许多懈怠和愤懑的情绪。这些家长太娇宠孩子了！这些家长认识不到娇惯的严重性，以后后悔也来不及呢……不过牢骚发归发，问题还是要解决的，家长的意见正好显现了他们的观念水平，也提醒了我们该做什么样的工作。中国人不习惯别人揭自己的短。其实经常揭短，尤其是健康、有益于发展的揭短会有助于工作的改进，即使是不正确的也有利于认识到对方的特点，让我们思考该如何去面对问题，解决问题。

反思二：如何树立自身的形象？

无论面对什么样的家长，我都要保持自己的人格，做到不卑不亢。人的尊重是相互的，家长和老师都是人，那么也应该互相尊重，这是最起码的文明。在对孩子的教育问题上，往往老师因为自己的职业关系对教育的问题比较敏感、敏锐，那么我们和家长交流的时候，既不能因为家长的满意度而过分迁就，也不能因为自己的教育知识多一些而居高临下。在面对不理解的家长时，我们要让他们认识到一点：我们共同的目的是教育好孩子，是为了他的孩子。冲着这一点，家长终究会理解你的良苦用心。当然说服的艺术是要有的，家长毕竟不是教育工作者，他们可能懂的并没有我们多，浅显易懂、耐心真诚的解释是大家取得理解和支持的途径。

反思三：自己班级中有无忽视孩子生活问题的情况？

在我们班，尤其是刚刚过去的冬天，孩子尿裤子是时常有的事，也常常有家长来询问这个问题。一方面，我们通过"爱心家园"向家长介绍了幼儿园的作息和一日生活常规；介绍老师怎样提醒孩子一下课就去上厕所、喝水等有关生活问题；介绍老师怎样帮助孩子学会自我服务，讲解自我服务对孩子学习的有利之处。另一方面，因为我们的许阿姨是个细心、耐心，有着自己教育观念的人，在耐心地给孩子更换衣服的同时，她总是注重去教会孩子，而不是直接帮着孩子做，并且跟着我们一起说服家长理解这样的教育观念。所以在生活问题方面，家长总是支持我们的，有的时候孩子不留心尿裤子了，他们总是一个劲儿地说："谢谢，麻烦了！你们照顾这么多孩子！"

反思四：对家长工作的建议。

现在幼儿园的生源扩大到农村，许多人都想把孩子教育好，可又不知道如何教育。他们一方面很娇宠孩子，另一方面对孩子的学习又很注重。怎样去引导他们更好地教育好自己的孩子呢？听大型的讲座不是他们喜欢的形式，不经常地观摩孩子的活动也只会让他们片面地了解孩子（因为不经常来，孩子总是兴奋），责怪孩子不认真参与活动。所以老师除了日常与家长的交流之外，我觉得在我们幼儿园比较适合定期举行家长育儿经验交流会，通过交流会让他们互相交流，通过老师引导让他们认识到自身教育的优点和存在的问题。

今天石伟奶奶送孩子来的时候我在弹琴，她像往常一样向我招招手、打招呼，我对着她笑。她在门口的时候又向我招招手，她一向是个很热情的人，我也没在意。过了一会儿我到门口的时候，她居然还在门口。看她的样子很难过，我问为什么，她说女婿责怪她太惯孩子，把孩子都惯坏了。我立刻想起上次和石伟爸爸的交流。我希望他爸爸妈妈能经常陪陪孩子，因为平常都是看见奶奶一个人在带着孩子。真没有想到他爸爸居然去责怪老人。面对难受的奶奶，我有点儿歉疚。我对她说："可能他爸爸也没有说清楚。老师是希望爸爸妈妈能多陪陪孩子。"她说："老师，是的，是的，他们下班回来就只顾着自己玩电脑、看电视，从来想不到孩子。我就像个老妈子一样服侍他们，他们还怪我。你说，教育的责任怎么是我的呢？"我忙说："对的，对的，教育孩子是父母的责任。没有关系，恰当的时候，我来和他爸爸妈妈婉转地交流一下。"奶奶千叮咛万嘱咐："不要说是我说的。"我说："我懂的。"带着对石伟奶奶的歉意，我开始想怎么和石伟的父母谈这个问题。

这一周的主题活动是"蔬果舞会"。这个活动是需要家长配合和支持的。在这个活动中，往往会有孩子不按照要求带东西来幼儿园。这时候我们做老师的常常会抱怨家长的不配合甚至小气。确实有的家长素质不太高。例如我们倡议家长在这个春暖花开的日子里带一些常见的盆景来幼儿园，给活动室增添一些春色。居然有家长是掐的广场花圃中的蝴蝶花插在花盆里带来了，为什么没有直接拿花圃里的软塑料盆，恐怕也就是怕别人知道吧。所以我们常常会教育孩子不要小气，或者会不知不觉地在孩子面前抱怨他们的小气，"你不带是吧，那你就不要吃了，你就不要玩了"……这时候常常有老师会给带东西的孩子发五角星，以刺激他们下次活动中要主动带东西。我潜意识里总觉得孩子是无辜的，他们也非常渴望自己的父母能配合老师。我主张老师和家长直接沟通，讲清带来的东西有何用处，尤其是对学习的用处，让他们明白重要之处；或者可以在"家长园地"中用表扬信的方式感谢一些支持班级工作的家长们，用这样的表扬激励其他的人，而不要在这件事情上用孩子来教育家长。我总觉得我们开始缺少一种叫善良、友爱的美好物质，更没有让这种美好的物质在孩子们中间流淌。

成了朋友的家长

2005 年 4 月 29 日　　星期五

通过几次交流，我发现思源妈妈还真是个心细的妈妈，对内向、乖巧的思源的教育耐心、得法。真是庆幸，班上多了这样的家长，对于我来说应该是件幸福的事情，因为有人可以谈谈说说了。思源刚到班上不久，细心的妈妈就发现自己的儿子没有茶杯、毛巾。幼儿园因为孩子多，有许多事情常常会忽略掉。于是我们给他领了毛巾、茶杯，贴上了他的照片。可是前几天思源的妈妈又来提醒："好像思源没有茶杯。我这儿子特别胆小呢。"我想不会呀。我提醒思源自己去看看清楚。我知道他是班上比较大的孩子了，这些事情一定能够做到的。可是今天思源和妈妈从厕所回来时，他妈妈就告诉我："你看，今天才找到自己的茶杯和毛巾，你看他笑得开心的样子。"我寻思：他的妈妈是不是太关注他了，所以造成他如此胆小和怯懦。这时候他妈妈继续说："我儿子太胆小，就是需要多多的表扬和鼓励。"因为有以前交流后的了解，我坦言："这一点，我跟你想法有点儿不同，他刚来的时候，我知道他内向，所以一直给予鼓励，希望他能感受到新环境中的接纳和关爱。而现在他已经很了解老师了，而且还很喜欢这个环境，我就觉得表扬和鼓励应该就他的实际情况而给予，如果是他应该做到的就可以不给予表扬和鼓励。而像找毛巾、茶杯这些生活上他力所能及的事情就应该鼓励他单独去做，要让他渐渐脱离你的帮助，你不可能老帮他呀。"这时候他妈妈说："嗯，是的，他和我总是分不开，我晚上要是很晚回家，他就不睡觉等我一起睡。想分床，可看着他可怜巴巴的眼神又作罢。"我说："是不是因为他的内向，你太关注他了？是不是可以尝试着少一些关注，分一些关注给家里的其他人？或者让他知道不管你在什么地方你都是爱他的。"

因为我在忙着早操比赛，他妈妈看我忙碌的样子，不好意思地自己中断了谈话："等下次吧。"

早晨我进行数学活动"小白鹅"的时候，四年前的一位家长，煜民的妈妈在窗外和我招手。我稍稍镇定了一下激动的心，想让她到办公室里等我。她却笑嘻嘻地推开门径直走到教室的后面，拿了一把小椅子坐下来。我今天居然不紧张（一般有人听课，我心里不会那么放松），依然神采飞扬地和孩子们玩着手指游戏：5 只小白鹅（左手做小白鹅），跑跑又跳跳，跑到大树下(右手做大树),突然不见了,妈妈(大树变妈妈)急着叫,嘎嘎嘎。然后我快速地变换出示的手指数量:5 只小白鹅,4 只小白鹅,1 只小白鹅……又突然出示大拇指和小拇指,有孩子大叫:"6 只小白鹅。"我"嗯"(升调)了一声,有孩子说:"不对,2 只。""到底几只?"我指着大拇指问,"这是谁?(鹅大哥)我指着小拇指:"这是谁?(鹅小弟)那么是几只鹅呢?"孩子们恍然:"2 只。"我再出示食指和大拇指的时候,孩子们先说"8"后改口"2 只"。哈哈,孩子们变机灵了。

孩子们开始操作的时候,我来到煜民妈妈身边。她上次就邀我和孩子去她的老家锦州,今天一定是来告诉我是什么时候的火车票的。我刚走过去,她告诉我:"1 号的票。"我兴奋地看孩子们在操作,她说我来帮你做老师,给你收本子。看着孩子们由惊奇变开心的样子,我乐滋滋地坐在一旁。

今天已经是星期五了,因为"五一"放假的缘故,这个星期六补课。心已经飞走的我,真希望孩子们明天放假。我对谢老师开玩笑说:"要是明天他们不知道来才好呢。他们不问我们不说。"话还没有说完,门卫阿姨就来问我班借黑板出通知了。哈哈!

不过还好,今天不开会,不学习,孩子们走了,我们也可以放松了。我骑着车经过小学门口的时候,路两边站满了接孩子的家长,一路招呼,一路笑。路遇子由(自己的孩子),我载着他在雨后的街道漫游。雨后的空气飘散着清新,树更绿了,花更亮了。在绿荫已浓的河堤边,我们遇到怡然爸爸(我工作第一年的家长),好长时间没见了,他开始汇报孩子的近况。每次遇到,他总是一丝不苟地汇报孩子的近况。

心情如这雨后的天空,空旷、纯净,生活可以这么美好。

和家长交流亦喜亦忧

2005 年 5 月 13 日　星期五

(一)和海洋妈妈的谈话

中午在园午餐。孩子快要吃午餐的时候,海洋妈妈来问海洋有没有被接走。我说他爷爷接走了。她犹豫着告诉我:"昨天我们家为孩子的事吵架了,你说,孩子一回家,他们就给孩子一杯豆奶粉,两袋饼干,八片呢!晚餐又早,孩子不想吃,他们还怪我不喂孩子。我赌气说我跟老师说了,明天我要让孩子在幼儿园吃饭。我不放心,来看看孩子怎么样了。"

我想起海洋刚刚入园的时候,有一次他爷爷送他来,对我说:"老师,你要帮海洋上厕所呢!"意思叫我端尿。我说:"你放心,我会教会孩子上厕所的。"谁知他到幼儿园大门口大吵:"这些老师不负责任,嗯,你们校长还怕我三分呢!我儿子是……的。我要到校长那儿告你去。"阿姨从传达室倒茶回来惶惶地告诉我。我心里一慌又立刻镇定下来,通过观察我只有和他的妈妈沟通会比较好。我打了个电话给他的妈妈让她第二天有空到幼儿园来一趟。我想这个事情尽早说明白才好。第二天早晨海洋妈妈送孩子时对我说:"我先去上班,过会儿再来。"第二节活动的时候,海洋妈妈匆匆地来了。我笑着问她:"昨天海洋爷爷回家有没有说什么呀?"她纳闷:"没有呀!"我向她详说了事情的经过,她一听舒了一口气说:"老师,你别理他。他是耳朵不好,有时候我们说什么他总是听不清楚,还自说自话。他就是这个坏脾气。"我也舒了一口气。我笑着对海洋妈妈婉转地说了海洋的情况:"不管我们问他什么问题,他都说'我叫海洋,今年四岁了'。"妈妈也诚恳无奈地说爷爷奶奶霸道地要带孩子,不让他们多带孩子。晚上海洋爷爷来接孩子的时候有点儿不好意思地笑着。他低着头看着别的地方说(以前他是不怎么理会老师的):"海洋,跟老师再见。"后来有一次我在幼儿园拐角处碰到他,他说:"我家海洋还小呢!"我悠然说:"哦,几月份生日呀?""8月。""也不太小呢,班上还有12月生日的孩子呢。"

我回想的时候,海洋的妈妈仍然在絮叨爷爷和奶奶。我开玩笑说:"上一次他爷爷说,我自己的儿子还喂饭和穿脱衣服到初中呢!""唉!你看吧!他爸爸也不支持我,他说就这样省省心吧!吃现成的,吃完嘴一抹就走多省心。你说,唉……"(她眼泪都含在眼里了)我难过地说:"你也没有办法,你工作很忙,想改变也力不从心呀!""是的,唉!孩子不饿,还硬要喂,孩子就跑,他们怪我不追。我也想自己苦一点儿将孩子接回家自己烧饭吃。可那样有时候就不能及时接孩子。"我说:"没关系,只要你想改变,我支持你。晚一点儿接没关系。说实话有许多事情我们也不敢跟他爷爷说,怕他的脾气。你真不简单,在你们家只有你一个人真正为孩子在考虑。别担心,我们会支持你的。"望着海洋妈妈的背影,我无奈地摇摇头。

(二)和小畅外婆的谈话

今天是星期五。孩子在吃副餐的时候,小畅外婆来接孩子下乡。她一进教室就抱起自己的孩子,正要和小畅说再见的我和许阿姨突然听到小畅外婆"热情"、大声地跟我们说:"老师,小畅表现挺好的,你给拿一个五角星吧!"我们顿时愣住了。小畅似乎有点儿狡黠地看着我。许阿姨也担心地看着我。我吸了一口气说："哦，对了，这一段时间小畅上课（老人家只听得懂通俗的上课，她对新鲜的教育术语是不懂的）的时候能坐好看着老师了（也就是注意力集中了，能专心做完一件事了）。"小畅外婆笑着说："是的，孩子应该多贺贺（她的意思是要多表扬）！你给送个五角星吧。她都好几个星期没有五角星了。"我终于找到突破点："哦，外婆你可能不知道，我们不是每个星期都发五角星的。有的时候第二节安排有活动，就没有时间发五角星了。（为了维持原则问题而糊弄她）你看今天，我们马上就开始用蔬菜、水果的截面来印章了。"小畅外婆仍然站在这儿等着。我又说："小畅你知道我们的五角星是老师和小朋友一起评的。不是老师一个人说了算的。"我又面对小畅外婆："我们发五角星时，不因为孩子多随便发，我们都要告诉孩子大家为什么将五角星发给你。而且五角星是分好几等的，老师给孩子一个目标，你如果怎样就会得到进一步的五角星（有大小和颜色之分）。比如，要是你能等待别人说完后再说，你就能得到红色的大五角星了。如果没有发给你五角星，我们也会告诉你具体的原因，而且会提醒你，你的五角星暂时放在老师这儿，如果这个小毛病丢掉了，五角星就会回到你的身边。"看到小畅外婆仍然没有放弃的意思，我说："其实老师的五角星都是园长从市场上买的，有很多，如果想要的话，（我开玩笑的样子）哦，就像有的爷爷奶奶在家里也买了许多呢。"我看了许阿姨一眼，许阿姨会意地点点头。我接着说："你带孩子还是挺有一套的，不像有的奶奶那样总是溺爱孩子。五角星是有的，我们是不随便发的，那样对孩子来说就没有意义了。"小畅外婆看着很勉强但还是笑着说："哦，原来是这样的呀！"我说："是的，今天我们不发五角星了，但是老师今天不是已经表扬小畅的进步了吗？对不对，小畅？"小畅点点头，小畅外婆犹豫着，勉强地走了。我终于松了一口气。

（三）"六一"的节目

老师并不是想象中那么美好的，他们也是凡人。今天我和配班老师讨论"六一"节目的事情。她说想得都睡不着，同学建议她要不就排个舞蹈什么的。我告诉她在网上查询依然没有头绪。我心里其实就想着蔬菜水果的创意。那样每个孩子都可以得到上台的机会。我跟她开玩笑说："你看我走不出这个套路了，就想着这些孩子熟悉的歌曲。我总觉得孩子唱《果菜汁》唱得好听。"我说："你看一开始你带着孩子变魔术，变出一个大的红草莓、黄的香蕉、绿的西瓜。接下来你和孩子对唱《蔬果在哪里》，每个水果唱一遍，让孩子从水果中间抠的洞中伸出手来招手，最后一遍唱‘水果水果在哪里’时，让孩子将头从洞中伸出并摇摆。然后再开始做果蔬汁。其他的孩子一起做，银色的杯子将水果围成一个圆，可以用银色的毛毛虫将孩子装扮起来做杯子。中间是红黄绿彩色的，舞台上的色彩效果肯定好。"

她听着也觉得特别有趣，就说："水果怎么做呢？怎么变出来呢？"我们说着说着就将孩子给忘了，她说："不如让孩子看会儿动画片吧。"我正想得、谈得兴奋，就说："好的。"等孩子静下来的时候，我们又开始讨论水果的做法。两人忽然想到让她扮演《妹妹背着洋娃娃》中的妹妹带着两个布娃娃来看花。而这时扮演水果的孩子是变成花的造型在那儿。她唱完后配音："宝宝不要哭，我们来吃水果。"接下来问水果在哪里，也就是唱《蔬果在哪里》。而我和许阿姨可以做杯子的把手，因为没有老师的引领，孩子可能不会围成一个圆圈呢。哈哈，这样班级的每个人都参加了"六一儿童节"的演出呢！两人都为自己的创意而兴奋、开心。我们又具体讨论了孩子的服装、头饰等问题。

终于我们的节目可以定下来了。我们停下了动画片《海底总动员》，和孩子一起唱起了节目中需要的歌曲。

家长的支持

2005 年 5 月 18 日　　星期三

并不是每个家长都会支持你，附和你的教育，而这也是很正常的。对于教育，每个人都有自己的想法。小县城的大多数家长对于教育没有自己独立的观念，但是他们是朴实的，对老师说的道理总是心悦诚服地点头："是，是，是的。"也有文化素质很高的家长，他们懂得在各种育儿杂志中吸取教育的方法，领悟教育的真谛。他们也是能对你的教育提供支持和理解的人。但也有一小部分人，他们个性很强，懂得一些育儿的知识，但又不尽理解全部含义，断章取义地理解后，喜欢教导别人来听取他的意见。例如，有家长认为孩子在和同伴玩耍过程中会争抢玩具就是有个性；别人碰到自己的时候会反击，这样的孩子到社会上才不会吃亏；老师应该送五角星给孩子，孩子是需要鼓励和表扬的……有时候碰上这样的家长，首先要耐心倾听，其次要会借故走开。但事情并不是从此结束，我们不能因为他而消极地面对。牢骚过后，我总是尝试在他的孩子身上进行突破。

自从上次回绝小畅外婆以后，我心里一直惦记这个事情，希望事情有个圆满的结局。这个周一早上我和送孩子的小畅爸爸稍稍谈了一下，她爸爸反应激烈:"哦,她外婆呀!就这样!只要来两天,孩子准不听话。还是做老师的呢!那样送五角星,五角星不就没有意义了吗?"我心宽了许多。不过我知道她妈妈好像对教育孩子很自信的样子,不知道有没有什么想法。我渴望有个好的沟通。今天看到她来送孩子,我随便地说起上次的事情。我抢先说起现在为了淡化大家对五角星的概念,这几个星期我们都不打算发五角星了。我又说了现在有家长买了许多五角星给孩子,有孩子拿到幼儿园来发的事情。她很勉强地笑笑:"是的,没关系的,她外婆也没有说。"我说了小畅现在确实有进步了,懂事了,但是我们表扬的方式有很多种,不仅是发五角星,还有摸摸头呀,竖一个大拇指呀,或者口头表扬呀。我边说边看着小畅说:"对不对呀?"因为孩子有了进步,确实又表扬了她,小畅点点头。我又说起我们怎样发五角星的经过。她妈妈问:"现在小畅和其他孩子交往还好吗?"我犹豫着说:"其实小畅个性挺强的。""是的,在家也这样。""这样愿意跟她交往的孩子就不那么多了。"……总算还是有那么一点点顺利地结束了谈话。

我无意中在班级 QQ 群里和晓晓妈妈说到班上来做义工的事情,因为常常听许多家长说我们的工作多轻松,天天和孩子们在一起就是玩,好像并不能体会到我们工作的价值,常常会很轻视幼儿园的老师。所以我家园工作的一部分常常是通过许多方式让家长了解我们,了解我们的工作,以便支持我们的工作。出于此,我常常鼓动家长来幼儿园听课、上课,亲临感受和体会。以前带班的时候我也常常这样鼓动家长,但是从来没有成功过。没想到晓晓妈妈却是认真的,从上个星期起她就已经开始筹备进行什么活动,需要准备些什么材料,详细解说了自己设计的体育活动"救小球",并且准备了用大型电视机箱子刻出的山洞、大量的乒乓球、篓子等活动材料。她打算让一个孩子先跨过栏杆,走过小桥,钻过山洞到固定的地方"救"出一个球,然后回到原来的地方让第二个孩子继续,让孩子们来比赛看哪一组赢。今天布置完活动场地后,她在楼上事先给孩子们讲解了活动的方式,还请孩子们事先示范,然后到操场上开始分组比赛。最后她给每个孩子发了奖品——乒乓球。

不管这样的比赛活动是否适合中班的孩子,每个孩子确实都非常感兴趣于跨栏杆、走小桥、钻山洞这样的过程,毕竟平时这样的活动已经很少,甚至绝迹了。活动结束后回来的时候,兴宇还在教室门口的山洞逗留:"我喜欢玩这个。"当晓晓妈妈发乒乓球的时候,孩子们更是兴奋不已。我感动于晓晓妈妈的激情，感动于她的做事认真，感动于她愿意为自己的梦想（她告诉我们她从小的梦想就是做老师）而尝试，感动于她的生活状态与态度。从中我们也感受到了我们工作的价值，也不是所有的人都能来组织孩子的活动，组织这么多的孩子进行一次活动是需要一定的能力与技巧。尤其是晓晓是否也重新认识了自己的妈妈呢？当他想拉自己妈妈的时候，我们说："晓晓，现在你的妈妈已经变成姚老师了，老师就是大家的了。"他就放下了妈妈的手回到了孩子们中间。此外，这是否也触动了其他的家长来体会感受一下呢？不管怎样，我相信家长会越来越懂得我们，理解我们并支持我们。

朋友的孩子该如何对待

2005 年 5 月 27 日　星期五

当曹老师告诉我他们班有一个管理大礼堂的家长，可以抽一个时间段让我们去彩排时，我心里的感激是无法用言语来表达的：一是曹老师这么为我着想，二是可以让孩子们去试一试场。当我告诉孩子们要先去看看大舞台在什么地方的时候，孩子们也兴奋极了。

今天家长们早早地将孩子们送到了目的地。孩子们兴奋地在舞台的木地板上踩着脚。开始彩排了，我发现家长们比孩子们还兴奋，居然有家长带着照相机已经开始了照相、摄像。通过彩排我们知道哪些地方孩子们还没有明确，哪些地方孩子们已经表现得很好。下午我们给孩子们穿上了服装彩排，发现对于如何使用服饰还需要一定的技能。孩子们对漂亮的水果衣服很感兴趣，但对于一遍一遍地练习没有兴趣。在孩子们没有兴趣的时候，我说："小朋友们，我们来变魔术吧！看谁变得快。先将手从水果衣服的最下面伸出来，我说一二三，看谁先变出水果来。"孩子们顿时来了精神，一个个地开始变，不一会儿就有几个孩子掌握了变化的技能。排练节目最容易产生懈怠情绪了，游戏性的语言可能有一些缓和的作用吧。

在这些天排练节目的时候，最特殊的要算怡然了。她总是懒散地坐在小椅子上，跷着二郎腿，吃着东西。我们喊她来排，她说："我还没有吃完呢。"可等到她吃完的时候，她又会说："我还要吃。"如果没有吃的，她就会没完没了问你那句话："我妈妈会来接我的吧？我妈妈什么时候来接我？"她问了很多次，我们回答了很多次，她仍然会"执着"地问。如果没有你的回答，她就开始哭了，而且一边哭一边问，问得三个老师精疲力竭的。你懒得说了，她依然要追在你的屁股后面问，非要一个她早已听了好多次的答案，甚至还说："你就再说一遍吧！"我们真是佩服！唉！她的根本问题在于缺少真正的细心的爱呀！

正好这几天排节目常常需要家长来做一些钉亮片的细活，而怡然的父母都是在公安部门工作的，是连照面的时间也没有的。她的那一份活总是别的家长代做了。于是在今天正好她妈妈来接她的时候，我说："什么时候请个假来谈一谈吧！"她说："是不是就像晨曦（晨曦的爸爸也在公安部门工作）一样呀！"我哈哈大笑。

于是我想起晨曦的变化。以前的晨曦是很懒惰的，手懒、眼睛懒、头脑懒，活动的时候没有看见过他对什么事情有兴趣，总是心不在焉地游离活动之外的发呆样子，要么就是做一些小动作：摸衣角、小纸片什么的。观察好长一段时间后，我发现这跟他们家的家庭氛围有关。外婆外公和妈妈都特别地娇宠他，晨曦在幼儿园都已经会穿衣服了，偶尔他们还会到幼儿园来帮着穿，并且对老师委婉的劝说不理睬。于是我决定和他的爸爸好好谈一谈。朋友面前一定能够说真话的，我详细说了晨曦的状况，他的爸爸说："我早就意识到了严重性。我天天接触离家出走的案子，经常回家说，可没有用。"……最后我们讨论出了方案：将孩子接回自己的家；爸爸坚持早上送孩子（以前晨曦总要到吃午饭的时候才来呢）；先让孩子在家吃饭，让爸爸妈妈尽量多一些时间陪孩子；对妈妈多讲迁就的危害，多向她说该怎么做……从这个学期的状况来看，晨曦与以前是大不一样了：活动中积极表现、积极动脑、积极动手。尤其是他妈妈说："这孩子变听话了，懂事了。"我正好将孩子在幼儿园的表现再这么一说，她就更高兴了。现在她看我的眼神变了（以前她一定这么想：嗯，还朋友呢！也不照顾照顾我的孩子）。我心里既为孩子的改变而高兴，更为她的态度转变而高兴。

什么时候和怡然的父母谈谈吧！

面对这样的家长

2005 年 6 月 6 日　星期一

早晨我在弹琴的时候，瞥见萧骁的奶奶将他送进了教室。萧骁向自己的座位走过去，走到座位跟前的时候又慢慢停了下来，好像在找椅子的样子，又好像找不到自己座位的样子。萧骁的奶奶在窗子外看着，三步并两步地走到萧骁身边，问："你坐在哪儿呀？你们谁坐了萧骁的座位？"我知道萧骁只不过动作慢了一些，他是有能力自己找到座位的。我已经不止一次地用开玩笑的方式和萧骁奶奶说："萧骁自己行的，你让他自己来吧！"今天她还是这样想"帮助"孩子。看萧骁的神情，他也为奶奶这样做感到难为情。我转过头笑着说："奶奶，萧骁自己能找到座位的。"她振振有词："老师，他坐了萧骁的座位。"哎呀！一唯哭了起来，他和萧骁就不是一个座位，这个老人家真是的。我说："老师会帮助解决的，你放心吧！"她依然没有走的意思，我又一次开玩笑地说："奶奶，将来萧骁上大学的时候，你不可能陪着去的，你让他自己锻炼锻炼吧！"对于这样不识字的老人家，只有这样通俗的比方她才会理解。她气呼呼地看着一唯还想说什么，我不客气地说："萧骁自己会找的，我们要上课了。"她不情愿地走出了教室，还在窗子外面张望着。我还是冷静地看着萧骁自己搬来一张椅子坐下。我和配班老师说，我们和萧骁奶奶沟通了这么长时间，好像一点儿改观都没有。

于是今天晨间谈话的时候我们和孩子们说，以后小朋友的爸爸妈妈、爷爷奶奶不要随便进小朋友的活动室（幼儿园以前也有这样的规定），更不要随便批评小朋友。有什么事情小朋友应该怎么做呢？孩子们说："可以请老师帮助。"我说："是的，你们这么多孩子到幼儿园来，老师会帮助你们、保护你们的。别的孩子犯了错误老师也会批评的，爸爸妈妈来批评好不好呀？"孩子们都说不好。看着萧骁很不好意思的样子，我对萧骁说："你告诉奶奶这样不好，你告诉她，'我长大了，我自己行'。"我又开始模仿小朋友的家长："×××，是不是他碰你的？嗯，让我来找他。"我再模仿小朋友："妈妈不要，我已经长大了。我自己能解决，而且老师也会帮助我的。"我一会儿模仿这个孩子的奶奶，一会儿模仿那个孩子的爷爷，直到孩子会熟练地说这段话。我尤其模仿了郭丽的爸爸，因为他前天还因为浩宇摸郭丽的脸不小心用指甲划破了一点儿皮（其实这两个孩子是特别要好的，并不是有什么矛盾）而找浩宇看似温和地教训了一通，并且还向来接浩宇的爷爷又告了一状，让我们老师也没有插话的份儿。其实我真正担心的是孩子们，不仅因为浩宇受到"教训"以后那个逆反的眼神，而且本来天真的郭丽眼里也多了一层狡黠的神态。我当着所有孩子的面说："郭丽你是不是很喜欢浩宇呀！"他点点头。我又说："他是不是也很喜欢你呀！"他又点点头。他知道浩宇其实是喜欢他才摸他的。我又模仿了鹏成的妈妈，她可维护自己的孩子了，所以鹏成有时候自己不小心跌倒了，也会向妈妈告状说是谁谁谁将他推倒的。我再一看，哦，鹏成今天没有来。他的心态真令人担忧呢！

这个星期的主题活动是"可爱的动物"，早上还没有将一周计划贴出去的时候，就有家长问这个星期需要带些什么。这个星期需要家有小宠物的将小宠物带到幼儿园来让孩子们了解宠物，爱护宠物。早上我们演唱了活动歌曲《在农场里》，下午进行了活动"宠物宝贝"，哎呀！还没有一个宠物，这个活动可怎么进行。其实我知道像这样的活动大家都是那样的。活动开始的时候，我说起了我家养的小金鱼。正说着的时候，我瞥见了窗外才来送孩子的海洋的爷爷手中的两只鹦鹉，很是感动和感慨。他是那个拍桌子要找校长的人吗？他可从来没有带过东西来幼儿园呀！孩子们看到鹦鹉时的心情和我一样激动。我们开心地看起、聊起了鹦鹉，又由此说起了什么是宠物，你家里有什么宠物。孩子们兴奋地说着自己明天要带的东西来……

灵感的激发也受心情的影响，这几天有可能是活动后孩子们注意力的不集中，也可能是评职称的烦心事，也可能是看到郭丽、鹏成的家长教训其他孩子让我们很被动地无法插话的不舒服，课堂上没有了以往的和孩子们互相交流的感情碰撞，没有了孩子们的积极回应，自己也仿佛泄了气的皮球一样，常常需要停下话茬儿来提醒许多孩子集中注意力。每个人不可能永远激情澎湃、灵感汹涌，也许有一段休眠期吧！一个人的精力总是有限的，等待调整后的再次恢复。

与家长的聊天

2005 年 6 月 21 日　星期二

早晨来到教室的时候，我看到海洋的爷爷正和配班老师说着什么。我走近一听，他在说："你们开家长会怎么批评到我们头上来了？""我们还没有时间提到海洋呢，又怎么会批评你们呢？""我也说呢，怎么会批评我们呢？"我们知道海洋的爷爷奶奶带着孩子，不愿意孩子的爸爸妈妈带，认为孩子的爸爸妈妈什么都不懂，不会带。"你们年纪大了，也该享享福了，就让他的爸爸妈妈多带带孩子。""噢，怎么能指望他们呢？你看，上次硬要带出去玩，孩子身上有这么多红疙瘩。还有小便，不会，大了不就会了吗？他不还小着吗？我还帮儿子洗脚到高中呢，不是也有出息吗？"因为他的耳朵有点儿背，自顾自地说着。看来我们说什么他要么听不见，要么不想听。我还记得他那句"校长还怕我三分呢"。面对他的时候我们知道没有改变的可能。中午海洋妈妈来接的时候，说起这事，她无奈地说："我也没有办法，他们固执得很呢！就像昨天，孩子看见我回家了，就要亲近我。奶奶说'带你白带了'。我平时还注意告诉孩子奶奶怎么怎么好。可奶奶看见孩子亲我的时候就会发脾气，而孩子看见了，就更不要她了。"孩子爱奶奶当然也应该爱妈妈。妈妈无可奈何地走了。虽然她很着急，但似乎又无法改变现状，只是耽误了孩子的发展呀！孩子连简单的一问一答也不会呀！从某种程度上来说，家庭教育确实比学校教育重要！

郭丽妈妈来接的时候咨询郭丽是否留小班的问题。郭丽比班上孩子整整小一岁呢，大小便都不能自理，动手能力更加不能和别人比了。但是在他这个年龄段中，他还是算不错的，积极动脑，敢于发言，知识面广，常常有不俗的回答。可毕竟因为年龄的差距，他没有大些的孩子理解能力、动手能力强，尤其是操作性强的作业常常不会表现。郭丽妈妈说："近来发现他懂事后，想法多了，也变调皮了。想想不能让他留大班，到时他会更调皮，会因为学过而一知半解，会因为懂事而不愿被别人说留级。"我说："你分析得挺仔细的，你平常和孩子说话也特别讲究方式、方法，很有耐心，挺不错的。上次家长会都没有来得及请你介绍。""哪儿呀！现在发现孩子变调皮了，可是留小班，又不能在你们手里了。""其实我们幼儿园的老师都不错的，都很耐心和细心。""有点儿舍不得，我想还是留中班比较适中。你看呢？"我笑了笑说："其实你知道的，我一直不主张让孩子早来上学，而来了以后留大班不如留小班，因为孩子会重新进入一个新集体，大家同样面对新的老师和同学，而不是插入一个别的集体，对孩子与小伙伴的交往有好处。不过这些都是要你们拿主意的，我们只是表达一些个人的想法。我们还舍不得孩子呢！他走了，来一个新的，又要重新了解、适应。"大家皆笑。

谁会陪你在雨中聊天

2005 年 7 月 11 日　星期一

"肯定存在着一种微妙的力量，使得儿童的个性关键在于他自身，使得他有一种发展的进程和必须服从的规律。"蒙台梭利的这句话一下子就说到了我多年以来的困惑。多年来我总在想象班上的某个孩子偶然进入了我的班级，可是如果他进入别的班级不照样会成长吗？我常常关注着自己班或自己熟悉的别班的进入小学的孩子甚至更高年级的孩子，事实上可能孩子不管进入哪个班，他身上的特质都不会变，他遵循着这种特质的规律而自我发展、自我成长。那么某个人在一个人的成长过程中起着什么样的作用？孩子或者世界从不会因为自己而改变，那自己的作用又在何处体现？可我有时候明明能感觉到一种能够改变孩子一生的作用。今天我无意中跟阿姨说起这个话题，说起班上的那个小龄孩子，整天游离于活动和群体之外而生活在自我的世界当中。一想到孩子可能会一直在这样的状态中度过他的学习生涯，一想到这样的状态可能会延续到孩子以后的学习生活中，会影响到孩子的中考甚至高考，我就觉得有责任去劝说这些家长不要拔苗助长。可能别的人就会抱有其他的态度，这是别人为孩子选择的路，与你又有什么关系呢？或者不同的态度真的就可以影响某个孩子的一生，这样一想，老师仿佛又有了不可估量的作用。有时候我也在怀疑老师的思维方式是不是会给孩子带来一生的影响，好像这样的影响并不是明显可以考察的。所以我常常觉得应该将自己看得更轻，自己只不过是大海中微不足道的一滴水。虽然自己常常这样想，可我对自己的老师却不这样想。我一直认为我愿意动脑的习惯是五年级的李老师给我的，他总是告诉我们不管做什么题目，都需要动脑筋思考这是什么类型的题目，什么才是最简便的方式。他的方法让我在数学题目中"所向披靡"。我总觉得他的思考方式对我的工作、我的一生起着关键的影响作用。

世界或许不是非自己不可，自己的力量确实微不足道，但自己还是需要凭着责任做自己想做的事情、需要做的事情。因为自己要对自己的生命负责，如果可能，自己的方式真的给某个人以积极的影响，生活一定会无比幸福。可是也有可能会给某个人带来不够积极的影响，也希望自己在不断地体验中不断改进自己。

外面依然下着蒙蒙细雨，我什么事情也不想做，只想找个人聊天，不是在网上，而是在实实在在的生活中。穿着雨衣走在凉爽的雨中，我准备去找好友聊一聊休息天到哪儿玩。车子快要拐弯的时候我看见了林枫——一个单纯、天真、可爱的孩子，已经上小学了。我穿着雨衣，她没有看见我。我喊了一声"林枫"，她抬头到处找，终于转到我的方向，发现了还架在自行车上的我，叫了一声"高老师"。聊了几句后，她说："我去喊妈妈。"我说着不用，她还是大步地走进了门，一会儿她的妈妈仍然是带着那副笑眯眯的谦和的神态出来了。我因为要去好友家，没有从车上下来，外面依然下着雨。我穿着雨衣架在车上和她聊天，她完全可以在走廊里和我说话，可在唠嗑的时候我发现她慢慢地走在雨中，只是为了说话的时候可以跟我保持一个适合的距离，一个尊重别人的距离。看着她淋雨，我几次想说再见，却又不知怎么说，因为不知不觉话又在继续。我又想从车上下来到走廊里去说，可我知道一下来那就走不掉了。打在她身上的点点雨滴，仿佛落在我的心灵深处。在现在的社会里，还有谁会陪你在雨中聊天？谁会在乎你的感受？谁会如此细心尊重你？谁会这样时时拥有一个谦和、纯洁的心灵？很长时间没有这样感动了，我为这个感动而感到由衷的幸福。

爱的缺失

2005 年 10 月 14 日　星期五

这几天我发现小奕常常咳嗽，听声音感觉病得很厉害的样子，又听阿姨说前几天她妈妈说好像是肺炎，过两天给孩子去输液。我一听，急了，怎么自己孩子病了，可以这样不当回事，认识不到肺炎的严重性？我想起衣着时尚的小奕妈妈，常常看不到她接孩子的身影，要么是托儿所的阿姨来接，要么是孩子的爷爷来接。恰巧昨天遇到了小奕妈妈，我担心地说起小奕的情况，她才着急地说就带孩子去看医生。今天又恰巧请小奕的妈妈来交买早操比赛衣服的钱，于是我和她交流了起来。

小奕妈妈说："你不知道，我们家里人有多爱小奕，她想要什么就给什么！不吹牛，小奕一天的消费都在 50 元以上。"

我说："你们可能很忙，没有很多的时间陪孩子，有时候常常一大早来，孩子就想睡觉。有时候也不知道孩子的心里到底在想什么，孩子的心里到底想要什么。"

小奕的妈妈赶紧说："是的，我们是做生意的，很忙，夜生活又很丰富。常常就是我爸爸带她。你说不知道她想什么，是的，有时候她要一个什么东西，我们给她了，她又不要，这孩子就是不听话。"

我说："孩子这样，说明她并不是想要什么东西，她想要你们来关注她，陪陪她。"

小奕的妈妈接着说："我们也陪她，陪她逛超市买东西，也带她到朋友家玩。有一次，在一个朋友家，你说奇怪不奇怪，她非要喝朋友家 11 个月大的孩子的奶粉，朋友就泡给她喝了。谁知有一次到了超市她居然要我买奶粉给她喝，我只有说这个小孩子吃了长高，可上了中班的孩子吃了就会变成像小宝宝那样小。她吓得没敢再要。可是又一次到了那个朋友家，无意中她还记得向朋友要，朋友说：'好的，阿姨来给你弄。'她反过来对我说：'妈妈骗人。'"

小奕的妈妈又说了一件事："老师你不知道，小奕这孩子有时候说话挺老到的，有一次她对我说：'要是我不喜欢一个人，我也不骂他，我也不打他，我就不跟他说话。'你看这孩子不知道怎么说出这样的话来？"

我说："你不经常来，不知道。小班的时候小奕就常常抱着个娃娃走来走去。就是到了中班，她也经常就这么茫然地走到东，走到西，眼神里好像什么也没有，又好像在想着什么。有时候她就蹲在老师的身边，老师也只有摸摸她的头什么的，孩子这么多，有时候常常顾不上许多。你知道我们这儿孩子多就更需要你们家长更多地陪陪孩子，了解了解孩子。还有的时候，她常常站在窗边，是不是她认识楼下的一个孩子的奶奶？（她妈妈点点头，说一个亲戚的孩子在楼下班上）看着楼下的那个奶奶经过时她就默默地流泪。"

小奕妈妈说："我就是不知道这孩子心里在想什么。叫她说她又不说，真是急呀！你看她什么也不缺的。"

我打趣地说："看样子你的性子是不是很急呀？（她妈妈说：'是的，你怎么知道？'）其实孩子真的需要你花点儿时间来和她一起玩，她可能需要的不是物质的东西，等她长大懂事了，她就会问你喜欢不喜欢她。"

小奕妈妈说："你是不是说她缺少母爱呀？我这孩子为了让她多学点儿，两岁不到就送托儿所了，让她独立一些。家里人真的可爱她了，家里亲戚多，谁来不给她买东西呀！"

我说："不过，妈妈确实也是挺重要的，你多陪陪她，她也许才会告诉你她心中想的是什么，就像两个人相处，还没有信赖你的时候，怎么会告诉你心里话呢？她拼命地想要东西，其实是想要你们来关心她，而你们总是在物质上无节制地满足她，她还以为你们总是想敷衍她呢。"

看着对面时尚、精致的面孔透出的神情还像个孩子，我想她的观念和行为在短时间里可能不会有什么改变吧。

等小奕妈妈走了以后，我想想班上的有些孩子，常常怅然若失地望着远处，或失神地走来走去。这些孩子的父母大概都是很忙的，也许他们认为自己在为孩子的幸福和将来而打拼着，可是他们不知道，有些东西失去了就永远也追不回来。我想起曾问过一个妈妈："你陪孩子玩吗？"她说："经常陪呀，看碟片呀！看电视呀！"我笑，那不是陪，真正的陪是陪孩子一起玩孩子玩的玩具，和孩子看看书，和孩子唠唠嗑，和孩子谈谈心，孩子伤心的时候有你，孩子高兴的时候有你……时间长了，孩子才会将你当成朋友，才会将心里的心思告诉你，你才可以根据了解来把握孩子的情况，进行支持和教育。孩子喜欢这样温暖的爱，孩子喜欢这样平常的爱，孩子喜欢天天都有这样的爱。

我想说给家长听
——爱孩子就要无条件

2005 年 12 月 17 日　星期六

前几天我们就向小朋友和家长发出了倡议：马上要过元旦了，中班年级组每年惯例的唱歌比赛就要开始了。这次唱歌比赛以亲子卡拉 OK 的形式开展，请各个家庭踊跃报名。为了避免出现许多孩子附和老师的倡议而纷纷报名的局面，在班级里我们根据进行过的"夸夸我自己"活动引导孩子们正确认识自己的优势与长处，让每个孩子懂得每个人都有自己与别人不一样的长处。比如有的小朋友唱歌特别好，有的小朋友跳舞特别棒，有的小朋友手工做得好，有的小朋友数学卡片做得快，有的……而这次的活动是为有唱歌长处的或者特别喜欢唱歌的小朋友准备的，以后还会有为有讲故事长处的小朋友准备的讲故事比赛，还会有为画画画得棒的小朋友准备的绘画比赛……有的孩子说："老师，我喜欢唱歌，我报名。""老师我喜欢跳舞，我不报名，我做观众。""老师，我喜欢做手工，我不报名。""老师，我唱歌唱得好听，我报名。"……看来，孩子们还是能很"理性"地把握自我的。我再次提醒小朋友还要回家跟爸爸妈妈商量，商量好后来正式报名并开始准备。上个星期五第一次报名就有 18 个小朋友呢，甚至报名的小朋友当中就有几个平时略显内向，不善表达的孩子，我真的为他们的胆量和勇气而开心。

于是我们又开始通知所有报名的家长在这个星期五来试演。因为每个班规定是三个节目，我们的想法是既然孩子们有勇气报名了，我们就打算将这些孩子的节目稍微组合一下。等我们的通知贴出去之后，有许多家长开始打退堂鼓，有的说没有时间，有的说自己没有什么才能，有的干脆说不好意思。可孩子们都着急了，他们缠着闹着想参加。虽然我们委婉地说孩子好不容易鼓起勇气来报名，你们就为孩子奉献一下吧。可我们心里还是担心星期五试演的冷场。事情如我们所料，到了星期五，一个孩子的妈妈来张望了一下；好不容易来了一对爸爸妈妈，看见只有一个妈妈在，连教室都没有好意思进就走了。倒是小奕的外婆郑重其事地告诉我们小奕的爸爸妈妈到外地谈生意，她先代表一下。许多父母都是由于自己的工作而没有时间来。事实上，试演变成了孩子们的轮流唱和集体唱。

我不知道孩子们有没有感受到一种失望，只看见他们的眼神那么茫然。我只知道我的心里有一股莫可名状的念头想要说出来，可我又不知道该怎么对你们说。平时你们对孩子呵护有加，你们总是声称自己爱孩子爱到无限。孩子冷了，你们宁愿自己在冷风中跑回家帮孩子拿衣服；孩子饿了，自己哪怕还来不及吃，先把孩子喂饱；孩子想要玩具，马不停蹄地去买；孩子手工做坏了，边安慰边亲手来帮忙；孩子数学卡片做错了，你们着急地甚至有点儿笨拙地讲解……能说你们不爱孩子吗？可你们知道你们给予孩子的就一定是孩子喜欢的爱？为什么孩子想要你们陪着一起唱首歌的要求都不能满足呢？你们平时不是说要让他们大胆、大方、勇敢地表现的吗？可到了关键时刻又为什么不支持他们了呢？你们会说"我们支持呀，你上去唱，我们会支持"。可你们知道支持不仅仅靠嘴巴，还要靠行动。你们希望自己的孩子也只是会说而不会做吗？或许不能责怪你们，因为你们要工作嘛！社会的大环境就决定了你们没有能力来支持自己的孩子，或许有了这个借口你们就可以向孩子解释了。虽然我现在在向你们说，我也在扪心自问，我的孩子以后上了幼儿园，这样来邀请我，我会怎么办？第一反应是我不会去，怕丢脸而且不好意思。可我可能不会说出来，既然我的孩子有胆量来试一试，为了孩子我还怕什么呢？什么时候需要我们尊重孩子？就是这个时候。对待孩子的事情就像你对待你上司的任务一样慎重，这才是对孩子真正的尊重。（刚刚我看到《美国式家庭教育》，富翁阿瑟为了回家和女儿共度节日，上亿美元的合同都可以放弃。或许我们是太不把孩子的事当作事情了）

我想说你们给予孩子的可能是自私的爱，是为了满足自己心理需要的爱，不是孩子喜欢的爱，不是孩子需要的爱。我想要说爱孩子就要无条件地爱，不求他们的聪明漂亮给你们面子，不求他们的成绩分数给你们长脸，不求他们长大后有符合你们心愿的职业，不求他们给你们养老……只求他们能够用自己的方式生活，只求他们能快乐地生活，只求他们有能力幸福地生活。或许你们已经开始了思考，或许你们比我还清楚自己该做什么，我只是希望孩子们能感受到我们给他们带来的幸福。

到底该帮谁

2005 年 12 月 27 日　星期二

早晨若冰爸爸送他的时候看着若冰对我说："你不要脱帽子，你问问高老师应不应该脱帽子。"常常有许多家长像这样要求老师来协助他们达到目的。我还记得上次海洋爷爷干脆直接跟我说："他就是怕洗脸，你叫他在家里洗脸吧。"还有"你再脱衣服就告诉高老师"。这些要求不是指向吃饭就是指向穿衣的，他们从来没有先征询一下我的想法是什么，我是反对他们还是支持他们的想法和做法。我想他们大概认为我是一个母亲，所持的看法应该和他们是一致的吧！事实上我从来都不认为他们的做法是对的，并且反对他们这样禁锢孩子，让孩子失去了本该有的本能反应。可有时候我能敏感地感受到来自周围的这种观念或支持这种观念的压力，所以对于这种向我寻求帮助的我一般都保持沉默，或者在某些细小事情上给予一种暗示（比如在家长关心的数学操作卡片上）。出于自我保护的一种本能，我不便直接开口，我知道来自家长的第一反应是什么。

今天我却忍不住说了，可能是觉得有了一年多的交往沟通的基础，"还是让他自己决定吧，说不定他嫌热的时候就会脱掉帽子呢，冷暖只有自己知道，老师怎么会知道呢？爸爸也不会知道的呀。"他爸爸一愣，然后抬起头看着我解释道："唉，他很少感冒，这次感冒就输了一个星期的液呢。"我说："是的，这些天许多孩子都得了流感，症状都是这样，呕吐，发热。"他说："是的，医院遇到很多这个幼儿园的孩子呢。若冰很少生病的。"我说："哦，是呀，他活动量很大的。（他爸爸意会到他的孩子很调皮）有的孩子就是因为穿得太多，稍微一活动就冒汗，而上课后略微安静下来就容易回汗，反而容易感冒。"他爸爸同意地点点头说："我们也没有办法，孩子是奶奶带的。你看看他呀，平时都不跟我们上楼睡，要跟奶奶在楼下睡。因为跟我们，我们都是让他自己做，而跟奶奶都是奶奶在床上喂着吃，吃穿都服侍得好好的。"我惊讶："什么，若冰还在床上吃东西？"若冰已经不好意思了，眼睛往别处看并且在推爸爸走。我说："我知道为什么若冰有时候活动的时候手很懒了，原来是这样呀。"只听见他爸爸对孩子说："你听吧，老师说的你听见了吗？"然后我转向爸爸说："你可不能怪孩子，习惯是你们慢慢和他一起养成的，不是他一个人能够做到的。"看见若冰在旁边，我不好说许多问题。我说："若冰一定会知道什么时候热就将帽子脱掉，不热的话，他不会脱帽子的，对不对？"他眼睛看了我一下并点点头，又不好意思地很快转开了。我让他去活动，继续对他爸爸说："若冰平时的活动量大，所以容易出汗。孩子感冒并不一定是因为脱帽子、脱衣服而引起的，有的孩子恰恰是因为没有及时地脱才感冒的。还有的孩子是因为平时衣服穿得多，无法活动，而造成抵抗力差，容易感染流感病毒。"不知道是不是我说得有道理，还是他比较尊重老师的缘故，他只是连连地点头。我在想他们是不是在行动上有所体现呢？

今天晨间谈话的时候，我慎重地对孩子们说："有小朋友的爸爸妈妈、爷爷奶奶很喜欢说'我要打电话告诉你们老师了'。有的还喜欢说'你不听话明天去告诉你们老师'。你们猜，他们来告诉我，我会怎么办呢。"我看着孩子们凝神的样子，呵呵，看来孩子们对这个问题的答案特别关注。可是我还要绕个圈子呢："那你们说做个听话的孩子好还是不好呢？"孩子们不知是计："听话的孩子才是好孩子。""那要是我说的是坏话呢？你们也听吗？"哈哈，中计了，孩子们连忙说："不能听。""是呀，你们要做听话的孩子，可是万一大人说的话是错的，要不要听呢？"孩子们头脑很清醒："不能听。""所以当你爸爸妈妈、爷爷奶奶说要告诉老师的时候你们就告诉他们，你们就说告诉老师没有用，高老师不一定会帮他的。"孩子们有点儿兴奋。我接着说："我说不定还会帮着你们呢！你们说我该帮助谁呢？"这时孩子们知道思考了："谁对就帮助谁。""大人有时候也会有错误，对的话我们才能听。所以听话的孩子不一定是好孩子。"我不知道孩子们能不能完全明白，但他们一定会回家说："有事情你们不要打电话告诉老师，高老师说了不会帮助你们的。"

这样家长是不是该思考老师说的意思？家长是不是该思考一下为什么有什么事情就要告诉老师呢？他们是不是该思考一下为什么总要拿老师来吓唬孩子呢？我真不希望老师变成孩子们眼中的"大灰狼"。我还希望我的孩子能够有思想地面对要听的话，能够初步感受辩证看待问题的视角，能够体会有勇气、有能力发现并表达自己想法和看法的快乐。

一点教育建议

2006 年 3 月 3 日　星期五

昨天我遵守诺言去看了丁楠。虽然外面风特别大，我一点儿也不想带孩子一起出去。丁楠是个懂事的孩子，也是一个不轻易张扬自己心情的孩子。从她一会儿要求姐姐到楼下来给我们开门，一会儿又一个劲儿地要求姐姐拿吃的东西的急切语气中，我可以看出她内心十分地开心快乐。我的孩子在给姐姐礼物（很小的一盒饼干，他自己选了红色的，给姐姐选了蓝色的）的时候却看到她家有两个姐姐，一边嘟囔着"我又没有买，怎么办呢"，

（我知道他说的是没有买那个姐姐的）一边把礼物伸出去。我在一旁忙着解释：让她们一起吃吧。虽然丁楠的眼睛一直没有直接看我，但我看得出来她高兴得有点儿不能自持了。她一直跑来跑去，可又不知道在做什么，颇尴尬的样子。我提议："丁楠带我们参观参观你的家吧。"看着我们，她高兴得有点儿不自在了，可面对她姐姐的时候却语气陡变："你小心点儿，别掉下去。"俨然一副大人教训孩子的口气。我的孩子对一个礼品玩具（液体中的帆船）产生了兴趣，让我留有了和丁楠说话的时间。可她似乎忙得闲不下来，忙着和姐姐找话筒，好不容易找来了话筒开始唱歌，一边唱（听不出她的声音，大概心思都用在看我了）一边用眼睛瞅着我。我看着旁边的姐姐也想表现，可她胳膊一甩，看得出来她对姐姐是不屑一顾的。歌还没有唱完，她又接着放碟片，让我看她们家的好碟片（平时我说过有的动画片是不适合孩子看的）。她是想让我知道，她们家的碟片都是讲好听的故事的。碟片没有看，她又忙着和姐姐玩拼图。她拼好的时候看看姐姐："你又没有我快，你怎么总这么慢呀？"姐姐说："是你先拼的。"她看到姐姐不服气就说："我重拿一块再拼。"可是姐姐已经拼好了，但姐姐好像已经习惯了这样的指责，没有申诉的打算。这时奶奶在一旁插话："你还跟着妹妹拼图，你有没有好好去看书呀！这孩子就是这样，作业拖拉。"又看着丁楠："这孩子打小就懂事。"我笑着说："其实姐姐也有自己的本领呀。"大概我说了与平常大人不一样的话，丁楠没有抬头，但我相信她是听见了。我对丁楠说："等你这一块拼好了，我们就该回家了。"

丁楠有许多自己的优点，比如懂事，什么时候都是姐姐的样子帮助别人；善解人意，能够体贴大人，让大人的心里暖乎乎的；认真执着，做事情一丝不苟，力求正确完美……但是细细想来这对于丁楠的将来并不完全是一件好事。她一直都扮演着强者的形象，可人哪有不失败的时候，人总会有做得不够好的时候，一直都是处于优越位置的人常常会遭受更多更强的心理冲击。每次我从丁楠做数学操作卡片的时候都能够感受出来，她渴望完全正确，力求做得完美。于是她完成作业需要的时间越来越长了，她做作业的状态让人感觉到一种累（可能这也是我想去她家看看的缘故吧）。从她指挥姐姐做事的神态来看，她有点儿故作深沉的感觉，努力让自己显得能干，显得懂事，保持一贯的形象。这些状态不仅仅是由在幼儿园一直被老师请着做事，一直被表扬所造成的，更是由于在家中和姐姐的关系以及家中大人对两个人不同的评价态度所造成的。看着姐姐带着自嘲的笑容，我想她或许将来有比丁楠更好的承受能力吧。我希望老师不再总是请丁楠做事（当然不是一直不请），要让丁楠知道每个人都有缺点，都有优点，要平等地看待她的姐姐和周围她认为可能有缺点的孩子；希望从此丁楠不用为自己可能做不好事情有心理负担，尤其是在爸爸妈妈可能关心的学习方面；希望丁楠在操作活动中更洒脱一些，更大胆一些，即使做错了也可以难过、可以哭，不用像个大人一样说"没事的"。

因为太急于表现或者太想比姐姐好的丁楠拼图的时候常常是急促的，急着找其中的一片，试试不行再找一片试，再不行，再找一片试……可能平时谁也没有关心过她是怎样完成拼图的，而只是关心她的速度。所以她只是麻木地以加快速度来表现自己，可据我拼图的经验和观察孩子拼图的经验来看，有效的拼图方法应该是先观察已经拼成的图周围的色彩或者形象的某个部位，再根据自己的记忆找到相同或相似色块的图或者部位来拼，并不是像丁楠那样愚公移山似的拿一块试一块的方法。所以大人的评价常常能够无形中左右孩子的思维方式，也影响了孩子以后的学习方式。

或许自己短时间的观察有点儿片面，或许自己短时间的观察带着主观色彩，但我们仍应多注意对孩子进行一些更细致的观察，多体验孩子的心情，揣摩孩子真实的心理动态，理解孩子的内心，在此基础上让孩子勇于表达自己真实的内心，做一个真实的自我，快乐轻松地生活。

有一种悟性不因为你是教师而拥有

2006 年 3 月 7 日　星期二

宇睿妈妈来接孩子的时候，我又一次表扬了宇睿现在被老师提醒、批评时不生气的进步。因为她今天又被我点名了，她总是不能控制自己上课摸东西、讲话的小毛病。看她不太高兴的样子，我在她妈妈面前抢先表扬了她现在不生气的进步，然后看看她："是不是呀？"她果真"上当"地点点头。（我窃笑）同样我也这样表扬了任性的慧荞，并和她妈妈会心地一笑。下午上课前我和孩子们继续讨论了批评和骂的区别。孩子们都说批评是帮助孩子，如果不问才是老师不喜欢你呢。批评你就是帮助你、提醒你改正这个小毛病，然后将批评变成表扬。我举了一个例子，我说："假如×××今天没有认真听讲，当他妈妈来问老师的时候，老师还说好的、好的，这个老师对吗？""狼来了"的故事已经深入孩子们的心。他们说："这不就是在说谎吗？说谎要被大灰狼吃掉的。"（有的孩子没有得到老师的五角星，回去叫妈妈买，而也有家长宠爱孩子，真的买了许多给孩子，使得老师的五角星失去了应有的意义。虽然我常常强调：妈妈发的五角星没有意义。可是今天又有孩子带来了许多五角星在分发。而且有的家长还认为因为孩子确实有进步，发一下也未尝不可）于是我又举例：如果有一个孩子在这一个星期里总是在上课时站起坐下，影响别人上课，可是老师还是将五角星发给了他，这个老师怎么样呢？孩子们说："这也是在说谎。"哎呀！孩子们的理解能力比我预料的要强呀！我们不要忽视孩子们对公平的理解。他们感觉得到什么是公平，什么是真正的尊重。

炎清的妈妈也问起炎清这段时间的情况。这一段时间炎清在活动中确实特别积极，前几天因为她的认真积极我还借书给她了。她妈妈也谈起了给孩子讲故事的体会。这时候我常常是不太插话的，因为我一直不欣赏纯粹地给孩子讲故事。而我的孩子拿着书要求我给他讲的时候，我通常是根据我对孩子生活经验的理解，根据书中的图片自编故事，而自编的时候也是根据孩子对图片的观察编下去的。这样共阅书籍，才有可能对孩子有益，也是孩子非常乐意看的、喜欢看的、想看的。而且到孩子自己想看这本书的时候，他也可以凭借书中的图自己独立地看和理解。我的这些想法有时候在生活或者工作中并不能得到很多人的理解和认可，他们会认为这样不规范的语言对孩子没有好处。人们常常注意故事中的语言是否精练，故事中的内容是否有童趣，而这些童趣是一种以成人为中心的伪童趣。昨天幼儿园里老师基本功比赛中，老师根据几个词汇进行自编自讲故事时突然感悟到，有的老师的故事情节虽然并不像成人想象的那么完整，但孩子们喜欢，而现在有许多绘本中的故事看起来简单无序，但孩子们也喜欢听。因为他们的神态、语气吸引了孩子们，因为他们的故事恰恰应了孩子的思维特征。

炎清妈妈说："我们常常给她讲故事，可发现她有时候并不理解其中词语的意思，比如有一个故事中讲'做个诚实的孩子'，我问她'诚实'是什么意思，她说不知道。我才知道这样给孩子讲故事没有用。"炎清的妈妈居然也感悟到这个问题，我一兴奋说："是呀，我在家有时候很懒，通常很少给孩子讲故事，而是表演，就像国外有些家庭中经常演《哈姆雷特》一样（我想起了《小妇人》）。"她说："是呀，我们在家也是，我就扮演什么小动物和她对话，这样孩子就会表达了。"我说："是呀，是呀。""你看这个头饰就是今天做的。"她妈妈又拿起一个动物头饰，还告诉我她买了一本这样的手工制作书，孩子既锻炼了手，又好拿来戴在头上扮演动物表演。"怪不得孩子最近会表达了，上课的时候情绪稳定而且很积极。"呵呵，我倒是会附和的，不过确实是这样呢。

我真诚地感慨："你都能做幼儿教师了，因为我们幼儿教师也不见得有你这样的悟性呢。"有一种教育的悟性（它不是教育技能）不因为你是教师而拥有，它常常闪现在有灵性的人身上。

全家福爱心卡导看
——给家长的第一封信

2010 年 2 月 18 日　　星期四

这三周的主题活动是"你的家，我的家"，孩子的学习是从自己身边的生活环境开始的。家，是孩子最熟悉的地方。在您孩子最熟悉的事物中，幼儿园的主题活动会通过各种各样的形式，来帮助您的孩子回忆脑海中已有的对家的经验和认识，并重新进行组织、整理，借助优秀绘本中的家庭故事，借助优秀的关于家庭的歌曲，来促使您的孩子在原来的基础上，深入了解自己的家以及自己最亲的家人。

在讲故事活动"我家是动物园"中，很多孩子对小主人公祥太的观察都非常仔细，在老师还没有讲故事的情况下，自己观察并总结道："祥太像个小猴子"。观察的能力、判断的能力对于孩子将来系统知识的学习可是非常重要的。在老师讲述故事的过程中，很多孩子都在注意倾听，注意感受祥太的家里人与小动物之间的那种关联。所以在老师问道："为什么祥太的爸爸是个大狮子呢？"浩天一下子就说道："因为他爸爸的头发乱糟糟的。"他用了一个与故事中"乱蓬蓬"不同但意思相同的词汇"乱糟糟"。你可以看出他已经充分理解祥太爸爸和大狮子之间的内在关联。这是需要一定的倾听、分析和理解能力才能做到的啊。当老师问祥太的妹妹为什么是小兔子的时候，有孩子说："我觉得是他的妹妹喜欢用两只手举起来当兔子的耳朵，喜欢像兔子一样跳。"当老师问祥太为什么是小猴子的时候，有很多孩子说："他喜欢吃香蕉。他喜欢爬树。"当老师问妈妈为什么是浣熊的时候，（我觉得浣熊并不是孩子们熟悉的动物，不仔细听是不会懂的）小稀很清晰地说："是因为妈妈喜欢什么都拿来洗，差点儿把祥太都洗了。"当老师问爷爷为什么是长颈鹿的时候，很多孩子都说："因为他个子高。"当老师说到奶奶为什么是狐狸，为什么出门会变得连我也认不出来时，还处在天真年龄的孩子说："奶奶会变魔术。"老师问："她是在哪里变的呢?"经过老师这么一提醒，一直在思考的悦悦说："奶奶是在化妆。"

认真倾听并思考的孩子们，逐步就把握住了故事当中人与动物之间的内在关联，并且还能够将学到的知识运用在自己的生活中：用故事中的方式来形容自己的家人，用故事中动物与人物的关联来联想自己家人与动物之间的关系。由此，孩子们自己的逻辑思考能力以及语言表达的能力(通俗地说就是作文的能力)就会不断得到提升。这可以从孩子们上课的眼神中看到，可以从孩子们上课主动回答的答案中看到，更可以从孩子们在"全家福"活动中制作的全家福爱心卡中看到。

在制作"全家福"爱心卡的活动中，威呈说道："我妈妈是长颈鹿，我喜欢骑在她的肩膀上去看云。"你看，多么诗意的话啊! 说不定将来他就能够写出很出色的诗来呢! 添翼说道："我弟弟是一条蛇，他每次回到家的时候就在地上游来游去。"你看，他如果没有对生活有足够的敏感和观察，如何能够发现小孩子喜欢在地上爬的事情呢? 这些可都是将来学习中最重要的品质啊!

在这些全家福的爱心卡中，有的孩子理解了人与动物之间的相似要求，能够感受家里的人的个性、脾气，然后进行联想、组合，思维表现得相当清晰和完备，比如周周；有的孩子另辟蹊径，别人说不要门票，他能根据自己的经验说不要刷卡，比如凯悦；有的孩子是根据家人的体形来选择类似动物的；有的孩子是根据家人的饮食来选择类似动物的；有的孩子在装饰自己的爱心卡的时候，线条流畅，比如一淳；有的孩子装饰的爱心卡层次分明，比如皓月；有的孩子装饰爱心卡讲究对称，比如子钰；有的孩子的爱心卡有凡·高那样的色彩，比如晨晨；有的孩子装饰的爱心卡呈现出很好的秩序感，比如子钰、明宇；有的孩子懂得用近似色为自己的爱心卡打扮，比如一淳……每个孩子都有自己的方式来表现自己对家和家人的认识和理解。

也有的孩子，当老师问他们想不想要爱心卡的时候，他们摇摇头，说明他们还有说"不"的勇气和胆量，有可能他们知道自己没有想好，有可能他们还不知道如何来编自己家里的故事，也有可能他们真的就是不想。但总归他们能够果断地表达自己的意思，能够果断地选择，这也是一种能力。有可能他们过了几天，想成熟了，就想做一个自己的全家福爱心卡，也可以。那边还有空余的爱心卡，您可以来领一张，帮着您的孩子记录一下，然后张贴在那里。请您切记的是，勿焦躁、勿着急、勿催促、勿强迫您的孩子，紧随他自己的选择，协助他就可以了。

关爱需要配合、需要互动

——给老师的一封信

2010 年 6 月 10 日　星期四

　　我的邮箱里已经收到老师十四封邮件了，肯定有很多爸爸妈妈和我一样，爱上了读这样的信，会时不时地打开邮箱，进去看看最近有没有新邮件错过。尽管有时候写的不是自己的孩子，但是我们同样能感受到老师对孩子的爱，这种感觉就像孩子有时不知道怎么去表达自己想要说的东西一样。

　　每每从老师的文章中看到孩子讲的故事、听的音乐、做的活动，我就会回家得意扬扬地跟女儿说："你们老师这几天是不是讲×××了？"女儿就会停下手中忙碌的活，扭头惊讶地问我："你怎么知道？"我故弄玄虚地说："秘密，反正你在幼儿园的一切我都知道。"有一次我回去说："小远，老师今天问小朋友什么时候会生气，居然有小朋友说'爸爸妈妈打架时我会生气'呀？"女儿骄傲地告诉我："那是我说的。"如同一盆冷水泼下来，虽然女儿描述得不准确，但还是给了我提醒。昨天，我又问女儿："今天听音乐，你们班的小朋友都变成树啦？"她说："是呀，小宇最聪明了，他变成许愿树，老师还在他的树前许了愿。"我就是从老师的这些信中，多了些和女儿交流的话题。以前我很想知道孩子在学校的状况，就会回来问："小远，最近老师都教什么了，你能教教我吗？"她会冷漠地回答我："记不得了。"然后这样的交流就无法再进展下去。

　　除了从老师的信中得到孩子在学校的信息，我和很多家长一样，感觉这十四封信让我们惭愧。对待别人的孩子，老师可以花这么多时间来记载、来分析、来转达，而对于我们自己的孩子，我们在教育上花的时间到底有多少？或者说有多少是有效的？我已经认识到这样的问题，自己的努力太少了。我有一个朋友，父母退休了，老人有时间和热情给她照顾孩子，但是她听说孩子 0～6 岁的行为习惯培养决定了以后的学习、生活态度，而他们夫妇的工作恰恰是需要经常出差的，于是她辞职了。她说："生活可以节俭一点儿，但是对于孩子的精神世界，一定要从小就给她最富有的。"

　　小远今年已经 6 岁了，我发现了孩子有一些非常不好的习惯，这让我很担忧。遇到这些问题我会上网去搜索别的家长解决的办法和建议，但是每个孩子都有不同的特点，这些"处方"目前在她身上并没有见效。孩子纪律散漫，做事情总是不专心是我现在最大的心结。我发现孩子这样的毛病是在几次提前去跳舞的地方接孩子时，发现别的孩子都能跟在老师后面做动作，而女儿总是东张西望、心不在焉的。偏偏个子矮的她在老师的眼皮底下，却不在老师的视线范围内，由此我可以想象得出孩子在幼儿园的表现。最近奶奶也经常回来告状，放学在教室门口观察她，不是在和别人说话，就是做小动作。而我最近也在思索，孩子这样的状况是不是我造成的。孩子小时候不吃饭，我就给她拿玩具，手里有玩具的她嘴巴就会不由自主地张开让我喂饭；孩子摔倒了大哭，我就给她转移注意力，指指这儿，指指那儿，让她忘掉疼痛，是不是这些不经意的举动造成了孩子如今注意力不能集中的现状？昨天和女儿做了约定，我会尽量经常性地接她放学，希望她上课能管住自己，希望听到有她进步了的消息，哪怕是自己对自己的肯定，并且拉了钩。

孩子自尊心不强，也是一个危险信号。昨天我问："小远，上周五老师是不是给一周表现好的孩子发白纸了？""是的""有没有发给你？""没有啊，又不是每个小朋友都有。""那你心里觉得难过吗？""我才不要呢，我家有。"对于树立孩子的自尊心我还没有想到好的办法，但是我觉得这一定是非常有必要的。

有时我们的努力也会带来一些改变。比如女儿特别挑食，对于蔬菜总是很排斥，奶奶给予的解释是："我们家祖传三代都不吃蔬菜。"但是我觉得孩子的营养太单调，这对女儿个子偏矮、皮肤偏燥都有影响，所以我没有任凭其不吃。最近我和孩子在做统计游戏，目前她已经新增好几样吃的蔬菜了，尽管每次她只吃一个或一根，我都会给予表扬，然后让她自己选明天新增的蔬菜品种。孩子肯尝试了就是好的开始，接下来，我要从量上去改变。

再比如前几天我发现孩子特别爱臭美，每天都要穿裙子，甚至白天穿的不是裙子，放学回来都要换掉。于是我跟她协商，每周只可以星期三穿裙子，并给她写了保证书，念给她听，然后让她在保证书上亲自签上名字，贴在最醒目的冰箱门上。写保证书对于她可是件新鲜的事情，上次她也效仿，让我给爸爸写不再抽烟的保证书，让爸爸签字。爸爸欲签，我暗示爸爸不要签，因为我知道他签了也做不到，反而给孩子带来负面影响。我对小远说："爸爸是个胆小鬼，他没有勇气做到，所以不敢签，我们小远一定能做得到，所以才敢签。"最近早上我发现她也不闹着要穿这穿那了。

收获总是给最用心的人，只是有时我们忽略了我们的心，孩子的心，所以我写这封信除了是对老师辛勤付出的感恩、对老师信中号召的响应，更是对自己前期教育的一个反省，不再以任何借口压减对孩子的关爱，真正的爱。

小远妈妈

做一件让世界变得更美丽的事情
——给家长的一封信

2010 年 6 月 17 日　星期四

我不知道是不是可以给孩子们讲《花婆婆》了。《花婆婆》是一本散文式的生命叙事绘本，和那些以曲折的情节、迷人的悬念来吸引孩子的绘本不同。它并没有诱惑孩子的故事情节，更没有足以让孩子身心居于其中感受的角色，看似平淡地讲述了一个"小时候叫艾莉丝"的婆婆的一生。她小时候常常坐在爷爷的腿上听故事。每次爷爷讲完故事，她就会说："爷爷，我长大以后，要像你一样去很远的地方旅行。当我老了，也要像你一样住在海边。""很好，"爷爷笑着说，"但你一定要记得做第三件事，做一件让世界变得更美丽的事。"长大后，她去过热带小岛，爬过雪山，走过沙漠，直到在骆驼背上摔下来。她在海边买了一座小房子住下来，开始思索答应爷爷的第三件事情。冬去春来，她爬上山顶，发现那里开满了一大片蓝色、紫色和粉红色的鲁冰花。于是她买来了一大包鲁冰花的种子，一路走一路撒。第二年春天，这些种子几乎同时开花了。

这是需要一颗宁静的心来欣赏的绘本，是需要一颗对美相对敏感的心来欣赏的绘本，是一本需要能够静下心来慢慢品味的绘本。当然我也尝试做了一些铺垫，比如给孩子们重复欣赏相同的绘本，触发孩子们感受绘本内在美的能力；一开始选择故事情节曲折的绘本，渐渐地选择一些角色体验的绘本，再后来选择相对铺叙直白的绘本……

天气异常的闷热，教室外面也尤其的嘈杂，一阵阵孩子的哄闹声从窗户外传来。在这样的环境里，寻找《花婆婆》的静谧对我、对孩子们来说真是一种挑战啊！我告诉孩子们，这是这学期我最后一次给他们讲故事，这是否能够引发孩子们的好奇和专注？最后一次讲述的故事是什么呢？最后一次讲故事了，我要珍惜啊！

我用尽可能配得上这本绘本的声音开始轻盈地讲述，不管外面不断传进来的嘈杂，不管有个别孩子的小动作。我希望在这个纷乱复杂的世界里，能用《花婆婆》这么美丽的人生去自然吸引孩子们的不安定的心。绘本中的世界，是恬静的。又到了花婆婆旅行和酋长临别时的对话："我永远记得你""我也永远记得你"。我清楚地记得在那个中四班讲述这个故事的时候，他们不经意指向我的手以及对我说的话："我也永远记得你。"绘本常常有一种神奇的魅力，把你带进和孩子们美好的关系当中。

当然我也深深地知道，要把孩子们最柔软的地方彻底地触发，并不是一件容易的事情。毕竟他们身在呵护、宠爱之中的时间太长、太深了。他们还没来得及去体会别人、感受别人的心灵。不过，我感觉到了教室里的气息有了那么一点儿沉淀和静谧，孩子们在学着把自己的心灵逐渐地打开。我们都感觉到孩子们的眼神多了很多宁静的时刻。

故事讲完了，孩子们并不知道怎样去做让世界变得更美丽的事情。犹如那书中花婆婆的外甥女一样，她只是对花婆婆说："我长大以后，要像你一样去很远的地方旅行。当我老了，也要像你一样住在海边。"花婆婆的手由上往下，轻抚小女孩的头，象征给予和托付："但你一定要记得做第三件事，做一件让世界变得更美丽的事。"一个重要的信息和使命被延续下来。最后，满山的孩子在花丛中享受世界的美丽，小女孩一个人捧着花向山下跑去。她离开姨婆的家，带着姨婆美丽的嘱咐，跑向自己前面未知的人生。她说："我还不知道将来会做什么样的事。"但无论如何，她要向前走的，进入宽广辽阔的世界，开始另一段关于"美"的人生故事。生命就是一个轮回啊！

我还记得我的孩子坐在他的床边上听我讲述《花婆婆》的情形。我记得我讲完之后，他悠悠地似问我又似自问的语气："妈妈，我不会做让世界变得美丽的事情，怎么办呢？"因为他的这种稚嫩的提问，让我喜欢上了这本绘本，绘本有多么大的魔力呢？它径直带领着孩子去思索，思索自我，思索人生。

我记得我语无伦次地回答："撒下你的种子，就让这个世界变得美丽了啊。"

"哦，我在婆婆家种了杧果的种子。"他说。

"当然也可以啊！那儿不就多了一片绿吗？"我说。

"可是要让世界变得美丽啊！"孩子总是比我们大人想象中更执着。那么小的地方是世界吗？孩子很疑惑。

"当然，它是世界的一部分啊！"我十分肯定地说。

　　谁能知道将来能做什么事情让世界变得更美丽呢？但孩子总是有孩子稚嫩的想法。或许只凭上课的这么一点点时间，孩子们无法进行充分的思考。我时常说，我讲述绘本故事，就恰如花婆婆撒下种子呢，只是一个引子。它的美丽还需要土壤的滋养。在这嘈杂的环境里，我轻轻地、坚定地讲述着故事，或许孩子们就可以从我的执着中获得一种坚持的力量。

　　《花婆婆》还有无数个数不清的"美丽"的地方：那花婆婆优雅的姿态；那精心描绘的各地风光；那坐在爷爷腿上听故事的温馨感觉；那清凉、温和、冷静的感觉恒定的画面；那生命的自由自在、自主自信……作为父母，您或许可以和我一样和自己的孩子亲自来品味一下，找一丝夏天的清凉。

　　是的，夏天，美丽、清凉的地方有很多。班上的席姨妈早早地就来告诉我们，公园里池塘中的荷叶全部"盛开"了，绿茵茵的呢。在孩子们面前，我调色、点染，画了我自己最喜欢的荷，当然是根据孩子们即将要感受的诗歌《荷花开》来的：池塘里，暖暖的风吹过来，细细的雨落下来，小鱼小虾游来了，红色的小伞，一朵一朵打开来。

　　孩子们做那未开的花蕾。我一会儿是那暖暖的风，吹到这里，吹到那里；一会儿是那细细的雨，飘到这里，落到那里；一会儿又变成了小鱼小虾游来了。而孩子们一会儿随着我的微风摇曳着花骨朵儿，一会儿在雨中慢慢地张开着花苞，待听到"红色的小伞，一朵一朵打开来"的诗句时，他们一个一个怒放开来。孩子们知道那红色的小伞就是荷花。诗歌需要的就是这样的意境来帮助孩子们身临其境地感受和体会，在脑海中再现出荷塘的图像，才能真正领会诗歌的内涵。

　　荷花渐渐地凋谢了，花瓣一片一片地掉落在河里，结出了什么呢？当然是莲蓬。孩子们变成了莲蓬，而我又开始泛舟河上（假装撑篙），采莲蓬了。我剥下莲子绿色的外壳，放进嘴里，一股清香。我放进孩子们的嘴里，孩子们也感觉到了莲子的清香呢。最后，莲蓬也干枯了，莲子成熟了。我继续泛舟采下一部分成熟莲子，成熟的莲子可以做什么呢？

　　小远说："莲子八宝粥。"

　　诗钰说："莲子沙拉。"

　　耀耀说："莲子面。"

　　小简说："莲子肉。"

　　牧尧说："莲子饭。"

　　……

好吧，谁想出来的，谁就来掌厨吧。"你煮了几碗啊?"小远说:"七碗。""好，那你送给七个小朋友吃，可不能弄错了啊!""你呢? 你煮了几碗?"……碗数当然要和人数对应。游戏中也有数学学习。整个荷花的生长过程，还是科学知识呢。诗歌、科学、数学就这样融于游戏之中，孩子们的学习就是这样整合在一起的。

还有那些没有采摘的干枯的莲子呢? 它们掉落在水里，来年会长出新的荷花来。于是孩子们又变成了掉落在水里的小种子，一个个趴在了地上，开始了蛰伏的小种子的生活。谁又能说这不是花婆婆所说的"让世界变得更美丽的事情"呢?

或许，当您和孩子一起欣赏《花婆婆》的时候，孩子还是会问您:"什么才是让世界变得更美丽的事情呢?"答案不一定非是花婆婆撒种子，您也不一定非得给孩子一个答案。您可以和孩子一起冥想，只要您的孩子开始冥想，开始沉思，生命就将从此不同。

附: 小烨妈妈的留言

字里行间都能读出老师对孩子们发自内心的疼爱与呵护，应该说能做高老师的学生，是幸福的! 作为家长的我们也是幸福的! 祈愿高老师能多推荐一些适合的儿童读物，好让孩子们在暑假里也能和在学校一样享受读书的乐趣。

毕业时刻的两封家长来信

(一)三年润物细无声的浇灌

2020 年 7 月 8 日　星期三

亲爱的美霞:

那天傍晚绚绚在阳台陪我收衣服，她惊奇地说:"看呀，多美丽的晚霞呀，美霞，高美霞。"

那天有幸旁观你们的读书会，作为局外人我激动得神游了。我想到十年前如果袁阿姨给我开门，是不是我也能十分有幸地成为你们当中的一员，奔向我喜爱的幼教事业? 人们喜欢把未圆满的遗憾称作"命运"，"命运"不负我，十年后又让我遇到了你。

写信真不是我擅长的，与其说不擅长，倒不如承认自己无法真实地以文字的方式把心扉向读信的人坦诚打开。2002 年的时候信息不发达，我不知 QQ 为何物，更别提在 Instagram 上挖树洞写日记。那时候我与台湾的表弟通信，骑着自行车钻进各式花样文具店找一张心仪的信纸，手写出一张张信，再小心折成树、爱心等各种形状，工整仔细填好地址，贴上邮票，忐忑地塞进信筒。那时候信都是按重量和路程收费的，寄到台湾一封信的邮票就要花光我一周的零花钱。等待回信真是一段奇妙的美好历程。每次表弟都会在信封里夹一些小礼物：明星签名的明信片、形状奇怪的笔等。有一次他随信附赠了一个我星座的挂件，我感慨了好久：天哪，这得花多少邮费呀！

记不得是小班的哪一次沙龙，你谈起给儿子写信，我非常诧异，现代社会还需要写信这么老土的表达方式吗？没想到不久后我就主动给你写了第一封信，当时收到你的回信真是惊喜万分，惊喜到我特地找了一个安静的角落才打开这段文字慢慢品读。

我最难忘的有四个夏天。第一个在我十岁那年；第二个是我和台湾表弟在上海姨妈家度过的暑假，那个假期我就像漫游仙境的爱丽丝，看到摩登世界的色彩；第三个是大学毕业班长和其他同学送我们坐火车回家，他们站在人潮涌动的月台上，我们几个人坐在闷热的车厢里落泪，火车还没有启动，车门也未关，似乎还没有到情绪最后喷涌的时刻，班长他们几个男孩子站在车门外向我们挥手抑制不住纷纷大哭，引得站在一旁的火车管理员也感动落泪，彼时他们痛哭的模样依旧清晰如昨，令我难忘。

而这个夏天最是令我难忘，不仅仅是因为绚绚毕业，更是我自己真正成长的毕业。小时候大人们总对我们说：考完了就长大了。但是我回望这三年自己的成长历程：似乎没有一节课教过我们如何变成大人。我们大部分人都是平庸忙碌，只有少部分人自己破茧而出争夺缝隙里的阳光。三年的课程对绚绚是新奇与成长，对我也是种治愈，治愈我成长的缺失和遗憾。从绚绚身上我照见我的样子：我也期待热闹的时刻，期待自己被众星捧月，但又很害怕成为主角，害怕被人注视，害怕让我讲两句，最理想的状态大概就是待在人群的角落里，带着笑意与洞察注视热闹，既有不致孤独的安全感，又有不必参与的安宁感。你看，你一句"孩子就是我们的样子"让我无处躲藏，只能不好意思抿嘴面对自己。

感谢你让我照见自己的样子。我失去的记忆又慢慢清晰起来。"深夜忽闻少年事"，我回到了小孩子时的视角，想起了那些脆弱的、易碎的、小心翼翼的委屈。所以，我收起自己无意义的焦虑，放弃华美与精致的学习班。我找到了自己人生的剧本。我不是父母的续集，也不是子女的前传，对待生命不如大胆冒险点儿。生命中最难的阶段不是没有人懂自己，而是自己不懂自己。所以我明白了，教育孩子的核心就在于自我教育，通过自我教育，孩子看到父母的变化，得到启迪，唤醒孩子真正的内心成长，从而孩子自己发生改变。

感谢你引导我悟出：最长情的不是陪伴，而是回应。我们这代人，很多人花了二十年才摆脱父母的控制，自己成为父母后又开始为孩子思考人生，没有为自己的理想付出过，又把孩子当成自己的理想，成为自己小时候想摆脱的父母的样子。你告诉我：陪伴简单，回应很难，想要孩子什么样，那自己就去成为什么样。我遗憾自己小时候没有坚持学琴，埋怨过父母工资拮据不买钢琴为我创造客观条件。那我现在可以自己买钢琴，我还能坚持吗？我不确定自己能否坚持了，想想还是暂时搁置吧。我羡慕别人舞姿妙曼，我愿意学吗？不愿意，这不是我的兴趣，我放不开自己，跳起来像中子弹一样摇晃。在遗憾的回收箱里，我发现了书法，并愿意学学试一试，于是绚绚作为我的陪练也跟着我每周奔波于书法班。我不确定她是否有书法的天赋，也不希冀她能有所造诣。我用行动告诉她：我们成长在不同的土地，肥沃或荒芜，但我们不愿成为既有的投射，俗成的复制，我们要自由又真实地活着，像自由但不必芬芳的风，像真实而无须干净的尘，沉暮的优雅永远不是我们的底色。世界就是这样奇妙无穷，只要梦想的种子在，何时都不晚，何地都会破土发芽。

更要感谢你警醒我：做一个特别的人需要巨大的勇气与压力。我们单位经常会有全国各地的兄弟单位来参观考察，我刚开始担任讲解接待的任务时都是躲在幕后读稿件，我觉得我不行。后来由于接待规格的提高我必须要脱稿露面。从幕后到台前，我成为从全国各地来参观的领导眼中特别的人。那时候我才体验到绚绚主动挣开我的手自己迈出第一步的艰难。在获得好评拥有成就感的能量之后，我又一次挑战为人大代表等社会各级人士直播讲解。那一次是在车水马龙的小吃街，我需要带领他们穿越小吃街，同时介绍工作特色。我邀请绚绚作为群众参观给我鼓励，减缓紧张。我走到哪里，绚绚便一步一履跟随。如今每一代青年都宣称自己是新的青年，其实我觉得青年本无旧和新，作为即将老去的青年，我们应守住意气的不让，心性的不退，守住光明，留给绚绚这辈新生以力量与坚定的步伐，步履不停，生生不息。正如我小时候没看过《鼹鼠的故事》，陪绚绚看的时候觉得真是一部非常特别的动画：没有一句对白，没有语言的说教，却能看得明明白白，梦想在地下也能钻出个家来。

感谢你这三年润物细无声的浇灌：坚定、自信、思辨、清明、学识、探索、力量、包容、怜悯、善意，这些不光成为绚绚也成为我的内涵和根基，深入骨髓、溶于血液。这些珍贵的品质成了我们人生路上的兔子洞与星空，永葆奇异想象力与好奇心，是在现实世界的挤压中能够随时闪身进入的月台。

感谢你教我懂得：决定我们是什么的，不是我们的出身，而是我们爱什么。

感谢我们这段微妙的关系：有幸遇见，恰好合拍。

我想，我们其实并没有分离，也无须告别的，对吧？

一个想参加你读书会的家长朋友
绚绚妈妈

（二）遇见你，我们何其幸运

2020 年 7 月 16 日　星期四

亲爱的高老师：

你好！（本来应该用"您"表示对你的尊敬，但是自以为我们之间比较熟悉，用"您"反而显得生疏，用"你"更显亲近，所以请原谅我的自以为是。）

你可能不知道这其实已经是我第三次给你写信了。第一封信是写在小班结束得知你有想要离开的想法时，第二封信则产生于中班那个暑假收到你离开的告别短信后。只是这两封信因为一些原因都成了没有发送出去的信，而你此刻正在读的这封信是在很久之前就决定在孩子毕业时要给你写的。本来以为没有机会写了的，造化弄人，孩子毕业时我们有幸可以成为你毕业班孩子的家长，又刚好我们"心心相惜"，你也想收到家长们的信，于是这封信就到了你手中。三年来，虽然大班第一学期孩子没在你身边，但你却一直在默默地关心着孩子，这点我们能够感觉得到，所以我们一直认为你是孩子三年的老师。我想说："遇见你，我们何其幸运！"

遇见你，是幸运也是缘分！其实在我刚工作的时候就久闻你的大名，但是从未有机会相识，后来跟小昀妈妈一间办公室的时候，就总是听她说"我高老师怎么怎么地"，叫得可真是亲热，让我好生奇怪这位高老师到底是何方神圣。记得有一次小昀妈妈拿了一本关于绘本导读的书，其中有一本关于绘本《树真好》（印象里是这本）的导读就是你写的，那时候我就感慨，这个老师真是位有见地的老师。后来一次偶然的机会我参加同学聚会，大家在饭桌上谈论自己孩子的老师，一位同学妈妈说："我女儿的老师好呢，不管是谁送礼都不接收，对孩子还特别好，就是×××老师。"我正在愁孩子上学后，最好能遇见一个可以一视同仁的老师，因为只有这样的老师才能真正对孩子用心。听她这么一说，我心想这个老师正符合我的标准啊。我赶忙问：你家孩子在哪里上，今年哪个年级。得知孩子在附小幼儿园大班，我心里一阵窃喜，我们家孩子明年上幼儿园，也不知道能不能遇到这位老师。好不容易等到学校处理好教职工子女入园事宜，接到报名通知时已经快开学了。把材料交到园长手中后，遇到几个同事都在讨论分班的事，我心想着，高老师今年也不知道带不带小班，就请小昀妈妈帮忙打听，打听到的消息让我激动了半天，清楚记得她当时跟我说："高老师今年带小班，但是高老师说她总不能自己到园长那儿去要人啊。"这好办啊，我当时就说"你不是跟几个老师都很熟的嘛，看看她们能不能帮忙去找找园长。"这个事就这么定下来了，我心里的石头总算落地了。现在想来如果三年前，你不是接小班，我即使再神通广大也不可能成为你的学生家长。所以说，与你相遇真是缘分啊！三年前，虽然你不认识我，可我已经初步认识了你。

遇见你，我们何其幸运！

我清楚记得入园第一次家长会上，你问了一个问题："你想让孩子成为一个怎样的人？"当时我心里的答案是"把孩子培养成有能力做一个快乐、健康、幸福的人，人生在世，拥有应对各种复杂事务的能力才是最重要的"。后来你给大家说明了你的观点，真庆幸，我们的观点不谋而合，当即，我认定自己选了一个适合孩子的老师。我们一味地想追求好的东西，然而有时候会发现最好的并不是最适合的，所以很幸运，我们选择了对的老师。你说到现如今教育行业最常见的那个话题——"意思意思"，你曾说你想做到对每个孩子公平公正，所以你不会去接受任何"意思"。当然之前也听说有老师会在第一次家长会上提到这个话题，然而那纯粹是说给人听的，事实如何却让人汗颜。三年前你是这样说的，三年来你做到了，你拒绝了所有家长的"意思"。也有人说你清高，我却认为这是一位良师的宝贵品质，你让每个孩子都享受到了同样的关怀和呵护。

三年来因为你的包容、鼓励和认可，孩子在园里能够自由自在地成长。我回想起我们家孩子初入园的那段日子，看到其他孩子都能够乖乖地坐在自己的小椅子上，玩着玩具，而自家的孩子却黏着我，不肯进教室，不肯坐在自己的座位上，总是泪眼婆娑的可怜样儿，内心真是着急却又无奈。

那真是煎熬。我不得不承认我们家孩子对新环境的适应期比其他任何一个孩子都要长，这点尤其表现在早晨入园，从小班一直到中班甚至大班第一学期还经常如此。然而作为一个经验丰富的老师，对孩子此举，你却从来都是温柔以待，还劝我们不要着急，让我们顺其自然，不要勉强。每次看到孩子在教室门口流着眼泪不让我走，你把她的手温柔地放在自己手中，牵着孩子跟着你走进教室，看不出一丝的不愿，我内心的感激和佩服油然而生，感激你无论何时都温柔对待孩子，佩服你总是那么了解孩子的内心所求。也许正是因为这样日复一日的温柔以待，你跟我家孩子之间比跟其他同学有了多一些的信任，孩子非常自豪地跟我说"高老师最喜欢我"。

我们班的孩子是整个年级中最活泼、最有生命力的，因为有了你对他们的理解。就算是班上行为习惯差些的孩子遇见你，都是乐呵呵的，完全没有畏惧，孩子们愿意把内心话跟你说，有的甚至还跟你拉家常，真是把你当成自家人了。在你的眼中，看到的是对孩子们满眼的爱，即便有时候孩子犯了错，也能在你对他们的批评中感受到对孩子的爱。在你的眼中，没有绝对的问题儿童，每个孩子的问题只要家长足够重视，都能够慢慢解决。三年课程的无声浸润，让每个孩子都努力想成为自己，而不会为了讨好成人，而刻意效仿他人。孩子们知道自己的长处，也知道自己的不足之处，但是他们并没有因为自己有缺点，而对自己失望，他们依然对自己满怀信心。再看看我们班的家长，他们算得上是一支积极向上、凝聚力强的队伍（虽然也有特殊个例）。一直听说其他班级有家委会的说法，我们班却没有，别的班级收取班费，我们班级也没有。那开展活动总归需要些材料啊，没关系，只要班级有需要，总有家长能在第一时间回应并帮忙解决问题，大家都认为能为班级服务是件非常荣幸的事，所以特别乐意。班级有活动大家也是特别配合，积极参加。在别的家长的眼中，我们班的家长和老师就是一群特立独行的人，其实是因为你对孩子和对家长都付出了比一般老师更多的努力。你不仅是孩子们成长道路上的引路人，更是家长们灵魂的导师。

你总说我们的"日行月谈"沙龙是因为我的坚持才得以延续，其实不然。在我看来，如果只有我一个人坚持而其他家长都觉得这件事没有意义，我们的活动也无法正常举行。正是因为你们老师的付出让家长们觉得这件事是如此的有意义，对孩子的教育有百利而无一害，所以家长们才会愿意参加。没有任何班级的老师能做到像我们班的老师这样对孩子如此的用心，尊重家长，真正从家长的角度为家长提供有利于孩子成长的方法，真正为孩子的成长着想。别人说我们班的孩子与其他班不同，真正的不同源于你们，源于你们日复一日不厌其烦地教育和引导。你们悉心呵护着每个孩子，不让他们的成长受到摧残。你可知道，你丰富的教育理论积淀加上一线的教学经验拯救了多少孩子和家长。孩子的教育问题，你是有问必答，我们的沙龙哪一次不是持续四五个小时，大班后更是能聊至凌晨。我们的生活、工作、学习上的问题都愿意与你诉说，想听听你的意见，好像你是孙悟空的那根定海神针，有你在，我们什么问题都能解决。我们私底下都认为你是我们的"女神"，是智慧女神雅典娜。所以你离开的那段日子，我的内心是不安的，有点儿处于失魂落魄的状态，这种不安从收到你的告别短信的那刻开始一直持续到孩子进入大兔子班，直到那个时候，我好像才从梦中醒了过来。

教育意味着一棵树摇动另一棵树，一朵云推动另一朵云，一个灵魂唤醒另一个灵魂。从表面看，你是孩子的老师，你在教室里的一言一行对孩子的成长起到了积极的引领作用。可是三年的相处，我感觉你同样是我们家长的老师，你何止是摇动了一棵树，推动了一朵云，唤醒了一个灵魂，你是用个人的力量摇动了整片树林，推动了天空的所有云朵，也唤醒了我们每个家长的灵魂。你不仅是用心在做课程，更是用生命在做课程。你对教育的执着，对事业的坚持让我们受到了莫大的鼓舞，让我们不由自主地重新审视自己，想要去改变自己，努力让自己变得更强大。你说我们的关系亦师亦友，其实我一直把你当成我的老师，说朋友我是有点儿不敢当的，说实在的，你在我的心目中有些遥不可及，是我永远的偶像。我从来不追明星，但你是我今后要努力追寻的那颗最闪亮的星。

聚散终有时，可是相处的时间还没够，怎么就要离别了呢？孩子不愿意，我们也不舍。现在想来，为什么上一次的分离我会那么难过，其实那属于一次意外，就像突然失去了生命中的一件珍品一样，因为完全没做好离别的准备，当意外突然来临时有些承受不住就崩溃了。此时此刻，我知道离别的时刻即将来临，纵然我们有太多不舍也还是要分开。不过好在我们还可以"约会"，还可以再跟你一起拉家常、吐槽，听听你的建议。想来这样分离也不算太坏。

未来，祝愿一切安好！

芯蕊妈妈

第六部分

生命的感怀

——我的读书和生活随感

　　我们采了一把清新欲滴的狗尾巴草，看着被狗尾巴草包围的草坪，想起了班上的孩子们，想起有些孩子眼中的淡漠、无神。这些沉浸于动画片、精美玩具中间的孩子们，眼中少了流星一刹那的惊喜，少了怦然一动的激情，少了火一样热情的精神状态。对生命、对自然漠然的眼神冲淡了生活的趣味。我们善于体验生活的价值和意义，孩子们才能体会生命的价值和意义。我们在活动中激发了孩子们原始的冲动和好奇，从而给予这些原始的冲动和好奇以活力和继续的动力。

看周尚元造飞机

2005 年 7 月 6 日　星期三

放临时假的时候，我会让自己的身心完全放松，看看电视，吃吃东西。我用遥控器将电视定在"实话实说"栏目"你为什么这样乐?"，主持人和晶正在对农民周尚元提问："你的飞机飞起来了吗?"周尚元说他的飞机能低飞，是因为这样也安全一些。他造飞机是因为从小就有这样一个梦想，从青城山这头飞到青城山那头去看看。当观众问起如果飞行失败了，还会继续自己的梦想吗? 他讲述着三次试飞的经过，每次试飞飞机就会摔破，然后意味着又一次的整修，但从没有想到放弃。和晶问："刘亦兵变成农民第一飞，你怎么想?"周尚元豪爽地说："我很佩服他，因为他很勇敢，但是我也勇敢，可以说因为我的条件不好，运气不太好，几次要搞航展时，不是'9·11'事件就是非典，再就是禽流感。不然第一飞肯定是我了。"当和晶问起他就种地还花这么大的代价造飞机对自己有什么用处时，周说对自己的气质、体质等都有好处，还帮助周围的人尤其是小孩子开眼界呀! 这时候观众开始对周尚元发表看法。

观众：我是一个老教师。我想对老周造飞机，发表我的看法，头四个字叫"精神可嘉"，但是我还要说后四个字，是不是可供老周参考，就是"效果不佳"。第一次是没飞起来，第二次是飞起来三米，第三次设想是两千米，实际上还没起来。有一次飞起来八米，差点儿撞到高压线上是吧。我觉得好像是科学成分谈得不多，因为造飞机它是"三高"的一件事，第一个是高科技，不是一般科技能造的;第二个是高风险，刚才这位飞行员说了;第三个是高投入，你那个飞机我看是铁架子之类的，还投入 15 万元。铁架子型的飞机，还投入了 15 万元，对青少年会有误导。因此我觉得像老周这样的，我个人认为，是不是要大力提倡，还值得考虑，还是要重科学、求效应，和农村的生产、农民的生活结合起来，和国家的建设结合起来，这样避免资源的重复浪费。我希望老周更上一层楼。

观众(一个青少年)：周师傅，您好，我觉得您这个飞机，不管它能否飞得高，都希望您注意一下安全，毕竟要健健康康才能继续研究下去。

观众(普通观众)：周师傅，你好，坦白说，我不太赞成周师傅造飞机这件事，因为我觉得您为这个昂贵的"玩具"付出了非常大的代价。

吴荣峰(飞行员)：我只想说一句话，就是希望周师傅把这个造飞机和飞行的过程，不要当作一种负担，而当作不断追求的一种乐趣。

当那个老师说出自己的想法时，我真感到惭愧，为我们的老师而感到惭愧。周尚元——一个普通的农民都有自己的梦想，有自己的追求，不放弃自己的追求，在生活中有着自己的生活态度，从容乐观，充满活力和生气，充满睿智和创意。当问他试飞成功会先带谁上天，他说带他家的大公鸡，引得大家哄笑时，我们是否感受到他朴实、纯正的心灵？在整个谈话中，面对大家的问题甚至很刻薄的问题时，他一直是用一种孩子气的、充满希望的眼神在诉说着自己的梦想。尽管他只是一个小学毕业的农民，但他努力追求、努力学习的劲头难道不值得青少年学习吗？他告诉我们没有做不到的事情，只有想不到的事情，不断的追求中自有一种特殊的乐趣。他向我们展现了一种悠闲而充满追求的快乐生活。他身上体现出来的气质和生活态度确实值得我们学习。

看《放牛班的春天》

2005 年 7 月 7 日　星期四

看《放牛班的春天》的时候我心情澎湃，思绪万千。做老师最幸福的事情就是赢得了孩子真诚的爱。随之也带来许多沉重的思考。

不管是什么人，他的心灵深处都深埋着善良的种子，尤其是孩子。教育者就是善于将善良呼之而出的那个人。等爸爸的佩皮诺的眼神总是让人怜爱；乐谱是不是间谍的密码？孩子还是那么天真、好奇……每个孩子都有一颗丰富的内心，哪怕是蒙丹。我们不要苛求孩子都成为我们心中的那个孩子，他们是大千世界中的叶子，从没有两片是完全相同的。我们应真正尊重孩子原有的特质，让孩子原有的特质更加闪亮。

艺术是和心灵最近的东西，艺术可以治愈一切。艺术的魅力是无穷的，它能让人舒缓情怀，能让人思想澄净，能让人心灵柔软，能让人纯洁、天真……生活中我们会发现高歌一曲让人心情舒畅，排除忧愁；用心地画一幅画，性情会沉静，心儿像要飞一样地快乐。艺术是一种神秘的东西，会让人在里面徜徉、乐不思归。马修一定也是经常品尝这种快乐琼浆的人，看看他忽而抬头思考忽而奋笔疾书地创作歌曲，看看他臂膀舒展地指挥就知道他是善于体会艺术之快乐的人。

马修既是幸运的又是不幸的。人们常说逆境出英雄。正因为和哈珊校长的夸张对比才突显了马修的教育位置。有人在逆境中沉沦，有人在逆境中奋进。在这样充斥着邪恶和暴虐的氛围中，许多老师都是采取了妥协、默认、忍耐等消极的态度，而马修的态度是积极的。初来乍到的马修，面对孩子们一贯的恶作剧，并没有像其他教员那样有过激的反应，他的心中还有希望，还有改变一切的冲动和激情。但是他也不是完美的，也需要吓唬孩子：把你带去见校长，有你好看的，走着瞧……而正因为这样一种环境，孩子才对一点点关爱感到震撼，知道珍惜。在影片中，马修在第一天被抢包、偷乐谱之后的"没什么"，动作暗示佩皮诺的答案，对莫妈妈的谎言"去拔牙"……他的一系列行为都告诉孩子们"我是你们一伙的"，言下之意：我和你们一起反对他们。这些长期没有自我、没有理解、受压制、受白眼的孩子们幸福期望值很低，所以马修的理解就成了他们渴望已久的甘露。老师很容易就能体验到桀骜不驯的孩子被收服的那种欣慰的快乐感觉。而我们还是希望孩子的幸福阈值能高一些。就像温饱没有解决的时候就想着解决了温饱问题就是幸福的，而其实解决以后人们又开始有了新的问题，新的幸福起点。这个幸福起点实现了以后又会出现更高的幸福起点。我们还是希望孩子的幸福起点高一些。我们要给予孩子的比马修要多得多。

马修是一个有着叛逆、有着智慧、有着抱负的人。在马桑大叔受伤的时候他敏感地意识到惩罚并不能解决根本问题，所以他让乐格克去服侍马桑大叔。马桑大叔是影片中最最善良的老人。当马修要乐格克道歉的时候，他说："这些小可怜只是需要人理解罢了。""别逗他，他是个害羞的孩子。"由此感动了犯错的孩子。在创作歌词的时候他是根据孩子的实际情景即兴创作，用歌词来表达孩子的心声，用歌词来映射孩子现在的生活状态。自然孩子心中的愤懑有所依，有所泄，这更显示了马修的智慧和那颗了解孩子的心。

兴奋与投入的区别

2005 年 7 月 29 日　星期五

近年来，常常出现许多这样的现象，活动轰轰烈烈，孩子兴高采烈，组织者喜笑颜开，仔细深思又不知道孩子从中获得了什么。大家只是知道孩子很兴奋、很快乐，这就是成功的教育。在近来的许多公开活动中，我也发现大家选择课题时也常常选择难度平平、孩子操作起来简单的内容，但是课堂气氛可以通过游戏烘托得很热烈，孩子也显得很兴奋，这样的活动容易被评为好课，听课者与执教者都有很爽快的感觉，可慢慢想起的时候总是觉得这些活动没有内涵、没有深度。今天我看了丽莲·凯兹的"是教育，还是让孩子兴奋"，她向我们阐述了投入活动与活动兴奋的根本区别。兴奋是一种异于常态的反应或行动，兴奋的问题在于：兴奋过后，可能不会回到原来的状态，而会掉落到低于反应常态的沮丧里。而如果老师需要让孩子兴奋，一定会使用一些肤浅、短暂趣味、价值低的花招。而我们的教育应该具有教育性，应该能长期吸引孩子的兴趣。作者举了三个孩子活动的例子说明孩子并没有兴奋过度，但是都很投入活动，而孩子的投入给孩子提供了深度的满足感而非兴奋。

案例：一个13个月的孩子，拿着一根小棒，试图用小棒顶起一个中心有一个凹处的圆盖。他将小棒对准凹处伸去，竖不起来。他又顶着盖子的凹处向桌子边滑去，盖子到了桌子边的凸起处停了下来。可能是凹处不是很深的缘故，小棒又从凹处掉了出来。孩子的动作又从前面重来，不是这儿失败了，就是那儿断了。重复了很多次，终于孩子将圆盖顶了起来，脸上露出了欣慰的笑容。孩子并不会因为成功而结束，他又接续开始了顶盖子的活动。

从这个案例我们可以看出，孩子投入活动依赖的不是新奇刺激的玩具和内容，我们的活动是能引发孩子兴趣的，而不是让孩子兴奋的。兴趣会促使人寻找自己喜欢做的事情，从事喜欢的活动，寻求特别的技能、知识与目标，以获得注意与学习。凡是能培养或增强这种特质的活动，便是具有教育性的活动，但是这些活动有可能是我们看起来平淡无奇的活动。

我们甘于平淡吗？丽莲·凯兹说不一定是惊天动地地进行教育改革才算是好的、成功的。所以我们要设计那些让孩子应用自己的能力去解决问题、克服困难及养成专心学习的态度的，能培养孩子兴趣并能使其持之以恒的，可能是平淡无奇的教育活动。

平和的心就是金
——教育日记随想

2005 年 8 月 13 日　星期六

还记得开始写教育日记的时候这样说，我写教育日记并不是因为学校里要求写我才写，我的教育日记以杂文的形式早就存在了。只是学校的要求给了它一个稍微正式的名字，也将它发生的频率变得更频繁了。教师的职业常常无意识地让老师追求成功，追求价值。写教育日记可能就是成功的阶梯。在逐渐成长的过程中，我学会了泰然处之，学会了让自己身心放松，学会了做自己喜欢做的事情。如果一开始就渴望成功，也许这个过程就会夸张、变形、失去本色。了解自己，了解自己的喜好，用心做自己喜欢做的事情，成功来自内心幸福感的丰盈和充实感的富足。当我们年老的时候，夕阳漫洒，一把摇椅，昔日的照片，发黄的日记……现在想象的时候就能让人万分神往。我能给自己年老的时候积累一些快乐的精神食粮，于是写日记成了习惯和规律，星期一到星期五。当然我还不能因为这个而落掉宝贝的成长记录，是自己的宝贝让我懂得了许多教育的真理。还记得宝贝刚刚会走的时候，我常常想让他体验体验在草地上走时脚下松软的感受，可宝贝怎么也不感兴趣。而今天宝贝却兴奋地奔向了绿色的草地。是宝贝让我懂得了我们要敏感地察觉孩子不同时期的需要。我看着旁边那些被爸爸妈妈扶上电动汽车的孩子，忽然觉得父母的爱是多么的霸道，孩子被"强迫"着去体验大人认为的好玩，谁又能顺着孩子的视线去看一看孩子在关注什么？宝贝让我明白怎样结合孩子的现有水平更微观地关注孩子的生活经验。我给宝贝讲羊妈妈、袋鼠妈妈、大象妈妈照顾小猪的故事，总是带上宝贝喝牛奶、宝贝洗澡、宝贝睡觉的细节和动作。我忽然觉得在幼儿园里如果能创造条件让老师更充分地去了解孩子的生活细节和生活习惯，结合孩子的感受来开展活动，孩子的理解会更深刻、更透彻。

29 个月子由印象

当别的孩子还是妈妈喂着的时候，你已经用你的小手自己扒拉着吃饭了；

当别的孩子还是被抱在怀里的时候，你已经开始用自己肉嘟嘟的小手穿裤子了；

当别的孩子还是爷爷奶奶帮忙的时候，你已经不仅能自己拿自己穿的衣服，还会为大家服务，会帮妈妈拉拉链、帮爸爸拿袜子了；

当别的孩子还不知道和大人分享东西的时候，你不仅知道大人和孩子一样都有一份，而且知道给别人的东西别人不一定喜欢，每个人都有自己的爱好了；

当别的孩子一边玩一边让爸爸喂着吃的时候，你已经知道只玩一次，不能贪玩，不能浪费钱；

当别的孩子在超市里吵着要东西的时候，你已经明白了孩子有一份，大人也有一份，并且只要一个，还要到收银员阿姨那儿付钱；

今天妈妈又看见你旁边那个孩子的爸爸在孩子坐轮船电马的时候，不停地在给孩子喂香肠热狗，你看了几眼就专心玩自己的小乌龟了。妈妈告诉你那个叔叔在帮助他的孩子养成一个坏习惯，你有没有看见那个宝宝也想像你一样开心、专注地玩？可是他的爸爸却让那个宝宝养成了不专心做一件事的习惯。等他长大了、上学了，那个叔叔可能又该责怪那个宝宝为什么不能专心地做一件事情呢？

今天你给妈妈吃你爱吃的长棒（蛋卷），妈妈摇摇头说："妈妈不想吃。"

你硬要塞到妈妈嘴里，妈妈还是没有吃。妈妈不是不想接受你的好意。妈妈知道你认为所有的东西应该大家一起分享，虽然妈妈从来没有说过这些，但一直是你吃我们也在吃，你有我们也有，哪怕是只有一点点。但是妈妈在你懂得这些之后还要让你明白不是你给予别人，别人就一定喜欢，就一定会接受。妈妈是想告诉你每个人都有自己的爱好，我们要尊重别人的爱好，不能将自己喜欢的强加给别人，别人会很不舒服的。

今天看到你无意中将鼠标拖到小动物身上并点中的时候，妈妈真的忍不住想去赞扬你，亲亲你这个机灵的小东西。可妈妈忍住了。妈妈已经看见你突破自己无法控制的手时的兴奋和快乐。妈妈想让你充分享受来自活动的、来自你内心的快乐，或许妈妈的表扬只会转移你的注意力。妈妈常常在你做成功一件事的时候偷偷地看你乐，没有像别的妈妈那样去表扬你、鼓励你，妈妈知道你已经享受到最大的快乐了。

今天妈妈给爸爸、你和自己削了三个梨，一个大两个小。妈妈拿了个小的，还有两个放在你面前，你看了看，拿了个小的。妈妈知道你认为这是天经地义的事情！妈妈没有激动地去表扬你，妈妈好像曾经听你说过这句话："大的是大人的，小的是小孩的嘛！"妈妈知道你已经懂得简单的配对分类了。孔融让梨的故事已失去了意义，因为你自己的心灵和眼睛显示出本来就应该这么做，那样做就是错的呀。

今天我们从外面回家，你又看看爸爸的手。哦，爸爸的手里没有东西，你张开双臂说："好爸爸抱吧。"爸爸说："爸爸抱不动了。"你赶紧噘起小嘴儿在爸爸的脸蛋上"啵"地响亮地亲了一下，爸爸什么也没有说，心满意足地抱着你屁颠屁颠地上楼了。

今天你来问妈妈："妈妈帮忙开一下冰箱吧。"妈妈没有因为你的彬彬有礼而兴奋地去给你开冰箱。妈妈问："开冰箱做什么呀？"你说："拿饼干，拿两个。"妈妈知道你肚子饿了，可是快要吃饭了。妈妈说："不行。"你说："拿一个，不能拿许多的。"妈妈想一个饼干不会影响你吃饭，于是才答应了你。

今天你又自己拿着那本《猜猜我有多爱你》，不知道嘴巴里咕哝着什么。不过在旁边做着事情的妈妈心里是高兴的，为什么我们很少给你讲故事、和你一起看书，你却爱上看书了呢？妈妈心里藏着这个秘密，等你长大了再告诉你。

今天你插塑料积木又插不上了。你大吵，爸爸妈妈依然做着自己的事情，眼睛却用余光瞅着你。你试呀试呀，终于一边叫着一边插好了。好不容易插好的火车在开的过程中断了，你大哭，爸爸轻轻地对你说："哎，我们不是会修的吗？你可以请我和你一起修。"爸爸妈妈想让你知道有什么事情不要急，要试一试，还可以请别人帮忙。

今天看着你大口大口地吃饭像个小猪的时候；今天看着你把帅哥裤子套上，请妈妈拉一下的时候；今天看着你将绿色的靠垫变成大蛋糕，分给爸爸妈妈吃的时候；今天看见你事情没有做好又开始大吵大叫的时候……我们知道我们在播种着的时候也开始收获。我们不希望有一个完美的你。我们希望有个本来的你，希望这个本来的你能自己照顾好自己，能热心帮助别人，能善解人意，能专注地做一件事情，有自己喜欢做的事情，天天生活得开开心心的就行。

——摘自《子由 29 个月随记》

日记确实让我的生活变得充实、富足且快乐。素质或素养，老师最应该拥有的是教育素质或教育素养。许多人往往拥有教育知识，但不是教育素养。知识只是外在于你的东西，是材料、工具，是可以量化的。必须让知识进入人的认知本体，渗透在他的生活与行为之中。要评判一个人教育素质的高低，不是看他能讲出多少教育理论，不是看他能发表多少论文，而是看一看他教育生活中的细节与行为，最重要的是看看他如何对待自己的孩子，这往往能显出一个人内在的真正的教育素养。

暑假到了，我是不是要继续写教育日记？一向追求完美的我，或许是有了一定的惯性，要一下子停下来还不是很习惯。于是我开始读《与幼儿教师对话》。（以前很少读这些看起来晦涩的教育理论方面的书）我一向不喜欢老师只是一头埋着搞教育，不抬起头来看看蓝的天，白的云，绿的地。大自然是多彩的，为什么老师的天空却只是一种色彩——教育？生活中丰富多彩的体验，会积累丰富多彩的感性认识。体验多了，感受多了，感悟沉淀成自我的物质，会影响我们的教育生活，会给教育生活增添活力。因为我们的教育就是为了让孩子能更好地生活。教育者都不会感悟生活，孩子哪会享受生活呢？教育日记因为教育理论考试（也可能是读书累了，也可能是我想做做其他的事情，于是有了一个借口）而停下来了。脑袋里也曾经想，我一天能写很多，完全可以将这些分成每一天的内容，这样不就很完美了吗？可转头又一想，我这是为了什么呢？生活本身就是这样，为什么要加以修饰呢？保留它的真实性吧！生命旅程是有限的，必要时可以松一松生命钟的发条，让有限的生命有张有弛（大概这是在《读者》上看的一句话吧）。我可以和儿子拨弄一下低音部的大灰狼、高音部的小白兔（吉他），和儿子去看小鸟用白云画火车……闲暇之余埋头给自己的衣服绣一绣花，掐来凤仙花的花瓣给花上色，摘来雏菊、薄荷、无名草的叶子给草梗涂染（最后都没有成功，因为凤仙花的浆汁是黑紫的，草的叶子是黑黄的）。今天我看到汪曾祺也曾经用菠菜汁给画上色，为自己失败的尝试找到了一些安慰。

但愿自己能以一颗平常心做自己喜欢的事情，但愿自己在生活的舞台上坦然地起舞，但愿自己能在舞台上优雅地谢幕。

教师节感怀

2005 年 9 月 12 日　　星期一

早晨来幼儿园的时候，怡然问我："小越怎么没有送礼物给你呀?"我一愣，转而对她说："你怎么知道她没有送礼物给我呢?"她到处看着，教室里有小朋友送的贺卡，也有小朋友送的自制的小礼物。我看着她转来转去的眼睛，知道了她的意思，我说："她送礼物了，还是我最喜欢的礼物。"她接着问："是什么呀？我怎么没看见呀？×××有没有送呀？×××有没有送呀?"我看了看她指的那些小朋友，笑着说："哦，都送了。不过这个礼物是个特殊的礼物。"这时候孩子们都已回到了自己的座位上，于是我顺着这个问题对大家说："刚才怡然问我小越有没有送礼物给我，×××有没有送，×××有没有送，你们猜他们有没有送礼物给我呢。"他们看着我表示不知道。我说："其实你们看到他们的样子就知道了。他们在我感冒的时候特别安静，他们在我嗓子哑了的时候说话特别轻。这才是送给我的最好礼物。"

许多孩子虽然知道老师感冒了，也知道说该怎么做。可实际上他们在真正活动的时候谁也记不起自己的承诺，这大概又是现在家庭影响或独生子女在这个年龄段表现出来的特点，也或许是师生比例的失调而引起的烦乱。来自孩子内心的真正关心，来自孩子心灵深处的单纯品质似乎变成了稀有物质，大多变成了物质性的礼物。其实这些东西并不能触动人心灵深处的感动，我们的家庭很想教导自己的孩子爱老师（当然也有的非此意），可是这样的表现方式连他们自己也知道其影响。但是真正的品质又是怎样传播和感染给孩子的呢？是不是一两次的礼物就能传承的呢？它是潜移默化影响的结果，它的形式渗透在生活的细枝末节当中，它更能让人产生感动的情绪。而受益的对象再也不仅仅是老师，而是更多的生活在孩子周围的人。真的，孩子从你的一举一动中，构建了一个成长的模型。

我也常常对个别交流的家长这样说："我希望我们有一种单纯、坦诚的班风，不是孩子的，而是我们家长和老师的。"我常常试图表达自己的生活态度和教育生活态度，又常常无法用简练或理性的语言来恰到好处地表达。

今天我恰巧看到周国平的一篇文章《生活态度》，一下子觉得这就是我要表达的生活态度，这就是我的教育生活态度。一个人在衡量任何事物时，看重的是它们在自己生活中的意义，而不是它们能给自己带来多少实际利益。这样一种生活态度就是真性情。人做事情是出于性情而非出于利益，要体味到事情本身带来的乐趣。人在生活中要有一个真实的自我。心静如止水，光阴也就停住了。永恒是一种从容的心境。做到如此，心境也就真的平静了。

突　破

2005 年 11 月 2 日　星期三

近来我常常体会到自己能够感受到来自自身的一种突破。与同事闲聊当前的幼教状况，我吐露自己的心声："我感觉到自己有一种突破，不再为写论文而写论文。"同事居然也感慨："是的，我现在也有这种突破，我想写什么就写什么，不拿什么书和杂志做参考了。""我常常觉得人活着应该用心去体验，用心去说话，教育更应该如此。""论文是什么？有一些教育感受，靠上一个理论，加上一个某某说，然后就成了一篇论文。""一线老师要尝试一种突破，因为每个人都能感受到写了论文后，自己能实实在在地收获到什么，收获到什么真正的东西。在实践中是否真的感受到某种洗礼式的震撼？或者只是满足于论文本身给自己带来的东西，谁又会想到在实践中试验？""事实上有许多人都是沿袭国外的研究，加上自己的一些感想，就是在研究了。""一线老师要研究，要突破一种想法和欲望，就是不能只是为了发表而写论文，而应该在教育中有自己独特的个性，有自己独立的对教育的看法，敢于表达自己的看法，敢于修正自己的看法。也就是做有思想的教育者，而不是人云亦云。""什么是理论？并不仅仅是那些著作中的，理论是不断修正的。有许多教育思想是古代人就提出来的，比如因材施教，但是当时的理解和现在的理解一定是千差万别的。""所以所有的书在第一页应该写上这样一句话：读者朋友，这些思想和看法仅仅是就我当时的教育现状与本时代的孩子特点而形成的，请您谨慎借鉴，但希望能给您的教育带来启示。""是呀，每个时代的孩子的特点是不断在变化着的，我们要带着辩证、怀疑的眼光去看书中的理论。"

近来我常常思考文献综述的价值，从函授中得知这个研究方式，觉得还真有价值。但研究是不是仅仅限于文献综述呢？我们的论文常常是文献综述式的，看文献，国外的、国内的，看后纵谈自己的感受、产生的灵感。即使是结合自己的实践，也仅仅是表面的结合，也就是看到一些案例，想到某个理论并加以结合而已。我看过一次留学生在国外的研究境遇，常常慨叹中国学者到了国外常常只能搞理论研究，而却不能搞实践研究。那么教育呢？能不能只是搞理论研究，忽略实践研究呢？不能，因为教育就是一种实践，是一种长期的实践，而且是一种牺牲不起的实践。中国的陶行知、陈鹤琴等就是一批教育实践者。中国当代是不是太缺少这样伟大的教育实践者了？我看《读者》2005年第14期，一个德国小伙子卢安克怎样来改变中国的教育现状，感动！我们中国又有几个这样的德国小伙子呢？"教育不仅仅靠教育手段，改变他们的方式是跟他们一起生活"。

一线老师是不是该思考如何突破名和利？让自己真实地活着，做自己真实的事情，用自己真实的声音，用自己真挚的情感教育，形成自己个性化的教育生活。这样会感到充实、自在、笃实，会体验到生活的意义，自我存在的价值。

不确定的意义

2006年1月4日　星期三

扬起眉毛、故意睁大眼睛、皱起眉头、故意叹息……我怎么会仔细回想起自己和孩子们一起活动时的脸部表情？是呀，上音乐课时，虽然因为钢琴伴奏不能面对孩子们，可是自己的头也会跟着音乐的节奏有力地晃东晃西；数学活动时自己常常有扬起眉毛、噘起嘴巴激励孩子们动脑的歪头样子；讲故事时自己更有时而直起身子激昂的样子时而蜷缩身体于椅子上的颓废样子……原来我并不知道自己和孩子们在一起是个什么样子，人常常是不能看清自己的，自己又不善于在第三者的面前和孩子们呈现平常的模样。我突然想起这都是因为今天在讲故事的时候，注视孩子们的散光（为什么用散光？是因为对孩子们注视的目光有时是特别专注的，有时又是从他们的脸上轻拂而过的。专注的是特别的聚焦，轻拂的是面向全体的散光），发现左前方的唐乐的表情居然正激情洋溢地变化着，头时而歪向这边，时而又歪向那边，就像正在为某个动画片比如《猫和老鼠》配音似的，或者就像上学时调皮孩子在老师背后模仿老师一样。注意了几回都是这样，我陡然意识到她正是在模仿我，哦，不是在模仿我，是在跟着我的故事情节和我一样投入地表现着。

由于流感，她好长时间没有来了。上周所有的计划活动已经结束，今天正式进入复习阶段了。第一节活动是序数，通过排位置观察自己所在位置是第几，通过别人的队伍来感受序数。第二节活动按照孩子们的意愿，当然更有阿姨的提醒、我的提示（我想不到更吸引孩子们的故事，阿姨说上次你讲的那个故事孩子们可喜欢了。阿姨有时对孩子们的观察都比我们来得仔细和细腻，因为我们总是忙着记录和回忆，而阿姨却常常和孩子们待的时间更长，何况我们的阿姨是个敏感细腻的人），给孩子们重新讲起了阿里巴巴。而正是由于这个故事，我看到了让我激动的一幕。生命中的细节常常会如此巧合吗？或者是偶然造成的？或者这种偶然中有没有必然的成分？或许有活动计划我就不会绞尽脑汁想进行什么活动，当然就不会给孩子们讲故事；或许没有这样观察细腻的阿姨的提醒，我不会想起要讲这个已经讲过的故事，当然也不会有这样的发现；或许……

　　人在生命的路上走着的时候，常常不会觉得自己的每个动作或决定对以后的生活有什么决定性的作用，可当他回过头来往回思索的时候，却会发现看似偶然、偶尔发生的一些细节却连成了一条生命的线，不管生命是弯弯的曲线还是直直的长线，都是由无数个点组成。人们常常忽视了这些小小的点，常常认为只有大的决定、大的转折才是连成生命的重要的点。原以为自己对生命的意义有积极的理解和把握，原以为自己能够坦然、淡然地面对生命的意义，这几天我沉浸在《不能承受的生命之轻》当中，却感受到了一种莫须有的人生的虚幻，一种不明朗的生命的虚无。生命的意义是什么？我所施的每个行为对孩子的意义是什么？我所施的与别人不同的教育行为又给孩子带来什么与别人不一样的、更有用的意义？我常常这样想，孩子在别人的班级里一样成长，一样发展，沿着自身的路向前走着，并没有谁来发现有什么明显的异常与不同。尤其是当孩子越来越大时，这种所谓的影响更因为个人的成长而渐渐弱化，甚至消失于无形。没有人来觉察每个人的教育行为，给予对与错的评判。要是说有人来评判，那这个人也是内心的自己。我常常感受这种被人（其实还是自己）注视着的教育生活，又常常让自己飘浮于云端，仿佛忽略了自我，只剩眼睛，看着芸芸众生百无聊赖地追逐着、打闹着。

　　我就记得米兰·昆德拉的那句："生活是一张永远无法完成的草图，是一次永远无法正式上演的彩排，人们在面对抉择时完全没有判断的依据。我们既不能把它们与我们以前的生活相比较，也无法使其完美之后再来度过。那么面对生活，我们注定要陷入一种茫然吗？"人们常常利用不思考来麻木自己的头脑，让自己无法感受生命之轻，无法感受就会如此度过生命。

可是当你一旦明确地感受到了这份虚无，又要以怎样的心理素质来承受生命的虚无？或许真实永远是让人感受生命意义的基石，就像感受到来自唐乐和我之间的一种外在（或许也有内在）的呼应。我为什么喜欢"或许"这个词，大概就是因为人生是不确定的，所有的都是不确定的。

我们到底在追求什么

2006 年 3 月 14 日　星期二

　　每天走在回家的那座桥上，我都会看见鸽子正从眼前的天空飞过，天高任驰骋，鸽子潇洒的身影渐渐消失在远处，不一会儿又会从另一个天边盘旋回来。天空仿佛是它们的无垠的画布，它们任意地流淌线条和身姿。歌唱演员控制自如的声音也在春天冷鲜的空气里任意张扬。在他们的身上都有一种流畅、惬意流淌着的东西，让人觉得舒畅，让人流连。

　　走下桥去，那个油饼摊前的人头攒动总会让我不自觉地扭头张望。人们总是在一样地生活，我和他的生活有什么本质的区别吗？我想起同龄一起长大的朋友，我们有不同的人生。谁又能说谁的人生是失败还是成功，是好还是坏？我想起班上调皮的孩子，他们一样会长大，一样会有自己的人生。我想起调皮孩子的父母说起自己调皮的童年，他们已有了自己多彩的人生。我有时候坐在孩子们前面望着他们，幻想他们以后的人生路途。有的孩子的路似乎一望到底，有的孩子的路似乎有无限的可能。我更是发现在决定他们路途方向的路上，老师的力量微乎其微，甚至使不上什么劲。他们的家庭决定了他们以后走怎样的路。可是世界有许多不同的路，谁又能说这样的路好，那样的路不好呢？

　　就像眼前的油饼摊主人，我想象他一天的生活：晚上将第二天的面发酵——一大早买做油饼的原料—然后洗、切、拌—下午装上车开始了真正的忙碌—做油饼。刚刚开始的时候买的人不多，渐渐地人多了。可不管他怎么努力，他终究还是在做油饼，盼望着生意的兴隆，我总是这样想。摊前的人头更多了，人们开始需要排队，有时候来晚了就会发现买不到了。生意这样兴隆，我原想卖油饼的主人应该会开心起来，可渐渐发现人们在抢着"我买两个""我买一个"的时候他是不耐烦的，甚至烦躁起来。我突然醒悟，生活得成功的人就是能从自己所从事的劳动中，从自己的生活中体会到价值、感受到幸福的人；就是在年老以后回想自己一生走过的路时感觉到充实和无悔的人。眼前的人为什么体验不到快乐呢？因为他没有体验快乐的能力。世界上的劳动分很多种，卖油饼也是其中一种。如果换一个人在这儿卖油饼，生意冷淡的时候他琢磨油饼的口味，体验改变的快乐；生意兴隆的时候他感受到有许多人需要他的充实和快乐。我突然又感觉：不管是做什么工作，一切成功感来源于自我的内在。哪怕是卖油饼也是可以体验到成功感的，我突然能够理解大学生卖猪肉的事情了。因为卖猪肉也只是千万种工作的一种，它也是人类需要的。如果能够实实在在地体验到这种被人需要的价值，体验到在这件事情中的乐趣，那么他的人生就是成功的了。

现在的孩子有时候是可悲的，因为他们感受快乐的阈值越来越高了，越来越不容易体验到什么是快乐了。他们的饮食因为包办没有了随意的快乐；他们的生活因为物质的膨胀没有了得到的惊喜；他们的能力因为代替体验不到自我超越的快乐；他们的听力因为动画和彩图的丰富而退化了；他们的兴奋因为高强度玩具的刺激而消减了……他们常常停滞在一个不知所措的地方，常常徘徊于嘻嘻哈哈之间，常常不知道什么才是他们感兴趣的，常常不明白自己到底喜欢什么。因为这一切大人们都暗示好了，等到他们开始有能力自己思考的时候，他们茫然了，我的人生该是什么样子呢？一切要么从头开始，要么如此堕落下去。

或许正是因为如此，我才感受到了还有人需要我，才感受到了自己肩上的责任之重，才感受到了这些现状需要我们用心去慢慢改变。生命的意义由此生发，我们的追求在此起步。

认识已大不相同

2007 年 9 月 18 日　星期二

《约翰·克利斯朵夫》终于被我看完了。其实我十几年前是看过的，奇怪怎么对情节一点儿印象都没有，仅仅是想到它就有一种荒凉感和身心的绞痛感！如今我还是粗略地把它看完，感受到的是人生的苍凉。人的一生就是那样结束的，不管你曾经多么的豪迈，不管你曾经多么的丰满。但又因为克利斯朵夫生命即将结束时的淡定、从容、恬静，让人感受到生命的安静、绵延，仿佛那生命还不曾消失，仿佛那心依然流淌在河流之上。

为何我二十刚出头时读了却有身心绞痛的感觉呢？大概那时都是年少的轻狂、都是年轻的气盛吧，大概那时被年轻的快乐涨满心胸、被激情的热情燃烧生活吧，所以为克利斯朵夫多舛的命运而愤懑而感到怅惘。

如今对生命、命运、生活或对价值因为生命的沉淀而有了不同的认识，我反而觉得克利斯朵夫是幸福的，因为他一直为着自己的心而活。人生最有价值的东西都被他得到了，尽管已失去，可东西总是会失去的。友情、爱情、人生之理想、自身之挚爱，所有的他都一一领略过了，因此才换来他生命结束时的安静以致生命的永恒。

　　因为他，我更加坚定了对艺术的理解，对艺术的感受，或许还多了自信。人生活在人群之间，人对周围人群的了解就是对社会的了解。音乐和美术其实就是耳朵和眼睛的区别，其他的都是内在相通的。音乐里有色彩、有光泽；美术里有柔润的声音亦有动听的旋律。像克利斯朵夫能够徜徉在其中，该是多么的幸福，更幸福的是他可以随心所欲地用艺术或者语言表达他所有的性情，无所羁绊、无所顾忌，当然也包括自己内在的心灵羁绊和来自自己理解的顾忌。甚至连他能够随意的逃亡也可成为我们羡慕的生活方式。那是一个怎样自由却还被他称为不自由的境界。当然理想总是超乎于现实的。只是善于满足，社会永远不会进步！

　　这真真正正是一个灵魂的诞生和结束，哦，不！这仅仅是肉体的结束，应该是灵魂的诞生和绵延，而不仅仅是一部书。我虽还年轻，但我已知道那对初始生命的游戏常态描述、那对年少时友情的渴望和理想，是那么深入骨髓的真切。克利斯朵夫虽然没有理解他的父母，但有一颗强烈饱满的心去营造了自己丰满、生动的童年，也正因为这颗备受童年滋润的心，才足以让他拥有成年后依旧坚持的梦想；虽然没有理解他的父母，但他有支持和理解他的爷爷和舅舅，那是他精神的源头，促使他成就成年后强劲有力的身心。这本书读得我的心情那么不平静，却又开始那么平静。

　　他在家里，坐在地上，用手抓着脚。他才决定草毯是条船，地砖是条河。他相信走出草毯就得淹死。别人在屋里走过的时候全不留意，使他又诧异又生气。他扯着母亲的裙角说："你瞧，这不是水吗？干么不从桥上过？"——所谓桥是红色地砖中间的一道道的沟槽。——母亲理也不理，照旧走过了。他很生气，好似一个剧作家在上演他的作品时看见观众在台下聊天。

　　一忽儿，他又忘了这些。地砖不是海洋了。他整个身子躺在上面，下巴搁在砖头上，哼着他自己编的调子，一本正经地吮着大拇指，流着口水。他全神贯注地瞅着地砖中间的一条裂缝。菱形砖的线条在那儿扯着鬼脸。

一个小得看不清的窟窿大起来，变成群峰环绕的山谷。一条蜈蚣在蠕动，跟象一样的大。这时即使天上打雷，孩子也不会听见。①

你感受过孩子们的这些想象吗？这才是最真切的。人有饱满的童年，才有幸福的人生。

教育就是让每个孩子感觉到自己的力量

2008 年 6 月 16 日　星期一

看电影《狂野之河》，当母亲在危急中请孩子使劲划桨以协助自己拿到关键的手枪时，我的脑海里突然意识到，教育就是让每个孩子感觉到自己身上存在着的力量。这几天我一直在想着《儿童的人格教育》中从前到后的许多案例，有着一定的类似性。我们可以从书中看出，阿德勒所处的社会环境中，一定也存在着大量的溺爱孩子的家庭，与我们现在社会背景下的溺爱家庭情况不同的是，书中的案例中，得到过度关注的孩子，在父母有了第二个孩子之后，会更加感觉到备受忽视，由此形成了成长中各种各样的问题。在我们还在实施计划生育的年代，绝大多数孩子还是独生子女，他们在关注和忽视两者之矛盾带来的冲击主要体现在家庭和幼儿园、学校之间，而不是首先表现在长子和次子之间。

因此我觉得阿德勒更关注的是被溺爱孩子的问题，更关注的是孩子早期的家庭教育问题，尤其是母亲的教育问题。想到周围很多家庭的现状，想到自己接触过的那么多的孩子的家庭里的教育现状，我更觉得阿德勒的这些案例对于我们很有借鉴和启发作用。

很多父母有了孩子(第一个孩子)之后，常常是心中的爱意恣意洋溢，无法控制。他们对孩子的生活呵护备至，享受于帮助孩子打理包括穿衣吃饭的一切事务，偶尔的唠叨也只是想让孩子感激自己的付出和爱。他们因为疼爱而对孩子的需求洞察清晰，没等孩子说出自己的需求，他们早就因为理解孩子的需求而满足了孩子。他们或许还丢下自己的事情满足孩子每一个心血来潮的要求，要是孩子的要求跟学习有关，那劲头就更盛了。

人们常常不知道为什么自己的孩子说话晚，不知道为什么自己的孩子动作发展缓慢。这都是因为孩子没有需要说话和行动的机会，他们不需要

---

① ［法］罗曼·罗兰：《约翰·克利斯朵夫》第一卷，傅雷译，35 页，安徽文艺出版社，1998。

利用说话来表达自己的需求就能得到一切；他们不需要走路去得到自己需要的东西，不需要发挥身体机能，因为有父母的倍加呵护。可是当自己的孩子发育不如别人的时候，父母们又常常焦躁着急，甚至当着孩子的面开始责怪孩子，从没有想到这一切都是自己教养的结果。

现在很多父母常常处在一个对立的矛盾里面：他们在生活上无限溺爱孩子，却又在学习上无限苛求孩子。他们从没有认识到在孩子眼里生活和学习就是一回事。生活无能的人怎么可能学习就一下子变得有能力了呢？

尤其是有祖父母一起生活的家庭，因为祖父母没有了在工作中获得价值感的追求，于是将所有的精神寄托放在了孩子身上。祖父母为了证明自己的重要性，于是便通过溺爱孩子来使孩子依恋他们，来证明自己的存在价值。他们用这种方式来肯定自己作为一个人而被认可的权利。在我接触的家庭当中有不少的母亲和祖母暗争抚养孩子的现象。于是孩子在家庭中的这些成人之间早就熟稔了其中的关系，并能够充分地利用。

当孩子因为父母的溺爱而出现了没有教养的行为时，父母又生气又训斥，他们哪里知道，孩子在他们的教养下开始试探自己的力量。孩子想要看看自己的力量到底有多大，于是很多溺爱下的孩子开始尝试控制大人，或通过对成人之间关系的利用，或通过调皮捣蛋，或通过做令大人讨厌的事情，或通过攻击别人，等等。是父母自己将孩子追求优秀的方向引向了错误的方向，最终由自己来品尝自己种下的苦果。孩子感受到的不是自己身上能够将事情做得更好的力量，而是日益感受到自己身上能够主宰和控制别人的力量。

新书里的旧时光

——谈新书《绘画源于心灵的流淌》

2017 年 7 月 4 日　星期二

（一）

我慢慢地体悟到世界上的每一个人，哪怕是大字不识的人，都有表达的天性需求，只是每个人表达自己的方式各有不同，或用每天的絮叨抱怨来表达，或用唱唱说说的方式来表达，或用写写涂涂的方式来表达……上天给每一个人都许下了独属于自己的表达方式，哪怕是木讷寡言的人。不管是哪一种表达方式，琢磨到一定程度，就有了游刃有余的达意之感。于是文化艺术就这样产生了。

生命在岁月中走着，总是会走成自己的故事。在走成自己故事的同时，也就塑造了一个独特的自己。对于自小就不善言辞表达的我来说，默默地写是我表达的方式，是我想要记录下自己生命轨迹的方式，是我想要老有所忆的方式。

我不相信自己的记忆。

《绘画源于心灵的流淌》记录的就是一段躺在时间里的日常。我还记得它是个手稿时的模样，还记得它终于被印刷成册拿在手里的兴奋和激动，还记得姚老师看到它时眼中的惊异，还记得它被寄给刘晓东博士之后那样谦逊的回复，还记得它被辗转送到南师大虞永平老师那里的场景，还记得它被山东学前教育论坛同行们阅读无数次的页面……一切过往都因它变成了一本新书而涌现在眼前。

每一天的生活都恍若昨日。

我当然记得在钢琴前弹奏起《深深的海洋》，群站在身后跟着合唱的悠扬的声调。

我当然记得群拿着孩子们画的裙子作品一脸焦灼非要问个为什么的目光。

我当然记得和群一起看着孩子们临摹顾群业黑白画时的忐忑、紧张和不安。

我当然记得和孩子们一起身入芭蕉、棕榈交错的杂草丛中而有的那种热带雨林的丰沛感。

我当然记得和孩子们一起跟随马蒂斯剪纸的那种紧张、兴奋交织着的激动。

我当然记得所有听课的老师一起进入孩子们画中世界的那种情不自禁、那种融入感。

……

一切的一切，都化作"她"的口吻来叙述。"她"是谁？

是我，我在那旧时光里无比兴奋地活着，我在这新书里无比稚拙地思着。

是我，也不是我。因为我，此时此刻，正在看着"她"，爬上豆蔓看着那时那刻的"她"，看着"她"和群把平平凡凡的教室生活过成风光旖旎的样子。

所谓刻骨铭心，无非是你努力付出过。

所谓难以忘怀，无非是你努力思索过。

所谓人生之路，无非是你努力创造过。

（二）

每一个身在教室的人，都有自己的教室生活，只是，五年、十年回头一看，似乎什么印象都没有。生活消失得无影无踪，仿佛从来都没有存在过。我想到《活了一百万次的猫》，即使活过一百万次，也仿佛一次也没有活过，生命只剩下无尽的虚空。

我说，我不相信记忆。

因为记忆不会记住那些看似忙碌却浑然不知所以的日子。

我和群，时常隔空如同在那书里的时光一样，疑惑、感慨、倾诉。我记得她说过这样一段感悟，原话是记不得了，大致意思是，所谓的幸福，就是在这平常的生活中，创造一个又一个美好的时刻。而我恰恰在那当下，也有这样的体悟，不管是家庭生活，还是教室生活，无非是创造一个那样的时刻，富有仪式感的时刻，规律性进行的时刻，生命仿佛就在这样的时刻里有了一个家。

我一直不会忘记一家人窝在床上分角色共读《我亲爱的甜橙树》，那种弥漫在空气中的哀伤。

我一直不会忘记四个同行坐在饭厅中的一个方桌上一起"死啃"海德格尔《艺术作品的本源》。

我一直不会忘记这新书里和群每天在教室钢琴前叮叮孩子叮叮到天黑忘了回家的情怀。

……

从来都忍受不了波澜不惊，我总是要努力让那些容易掉进生活深渊的日子，在岁月的长河里有些痕迹。

所以我喜欢折腾，喜欢焦灼，喜欢思索。

所以我喜欢思索后的发现，喜欢焦灼后的安宁，喜欢折腾后的所获。

我是个以"自我"为中心的人，喜欢揣摩自身的成长，喜欢察觉自身无法掌控的无意识变化，喜欢体会自身存在的困境，喜欢身处挑战的思索，喜欢生活回馈给予的无尽未知的回应……

在《绘画源于心灵的流淌》这本书里，有一个叫林枫的女孩，她的画如其人，笔触会让你感觉到一种努力，一种实诚，一种拘谨之下努力绽放的开朗。我把她所有的画，用牟林童的画作背景，制成了完整的PPT送给她。她那为自己能画出这样的画而触动的内心，就是一种美妙的回馈。

在《绘画源于心灵的流淌》中还有一对双胞胎，他们两个不同风格的画作显露出各自不同的个性，从此让我对孩子内心世界的生命密码充满了好奇。

群，你是否还记得那个和你一起来到这个班上的小威？是否还记得小威的妈妈穿着洗车的工作服来接小威而小威不高兴的情形？它就这样被文字定格在了时间的轴上，可以任由我们在岁月里回味。

所谓刻骨铭心，无非是你主动计划过。

所谓难以忘怀，无非是你主动行动过。

所谓人生之路，无非是你主动生活过。

（三）

在幼儿园里，没有分数，没有升学率，看似生活非常的无压和轻松，实则是没有外在赋予意义感的虚空，这是很多幼教职业人感觉到疲惫的心理根由。这个暑假，八九个幼儿园老师在市立少儿图书馆一间普通的教室里一起共读弗洛姆的《逃避自由》，就说到人无法承受自由时自身孤独和无能为力感的那种疲惫。因为讨厌这种疲惫，因为害怕这种疲惫，所以我们每一个人都会下意识地逃避自由。所以人会逃到某一个共生关系里去、逃到某一个体制限制里去、逃到一种机械的结构里去……还不自知呢。

弗洛姆说，逃避一种束缚，只是一种消极的自由。积极的自由是通过创造性的自发活动来实现的。并且，人唯有在自发活动中产生的感觉，滋生的思考，形成的思想，才是他自己的感觉，才是他自己的思考，才是他自己的思想。这些感觉，这些思考，这些思想，不管多么幼稚，也不管是不是人家前人早已发现的，它就是真正属于你的。台湾种籽学苑创始人李雅卿也说过，这种自发活动中发现的思想，是无论如何也忘不掉的，它会永远铭刻在心。

而且，人唯有身在自发活动，才是活的自己的人生。要不然，你可能活的是你父母告诉你的人生，可能活的是概念里的人生，也可能活的是共生关系里他人控制的人生。而那个真实的你，却从来不曾活过。弗洛姆还在更大的视野里告诉你，身在自发活动，才是真正积极地参与了社会进程。你与人，与物，与世界就会建立一种全然不同的关系。

我细细想来，《绘画源于心灵的流淌》记录的就是这样一段日常里的自发活动，激情洋溢的自发活动，突破常规庸常的自发活动，勇于观察教室真实生活的自发活动，想要在画画领域有所发现有所探究的自发活动……然，这自发活动与画画，与孩子，与同行，与世界，建立了一种未知却自足的关系。弗洛姆说，只要这样的自发活动不息，安全便永远存在。

一本书，两个人，一段生活
——谈新书《幼儿入园读什么》

2017 年 8 月 15 日　星期二

（一）

我怎么能忘怀那活了一百万次的虎斑猫不再是别人的猫时的那种喜不自已？尽管它是一只流浪猫，你想象得出它的无拘无束吗？你想象得出它的自由自在吗？那是一种终成天地之间生灵的鲜活，是一种终能静静感受风吹过的恬静，是一种能够深深感受自我之心的空旷。当然那也是阅历过后洞穿世俗的深邃，唯有纯粹才能打动。不揶揄，不奉承，不讨好，不屈尊，就比如那只白猫。它象征着纯粹的心灵，象征着生命的真实，象征着孑然的独立，象征着心灵的自处……真是无法形容我有多么喜欢白猫的这种姿态，就想这么活着呢！

啊！这只活了一百万次的虎斑猫好可爱啊，就像一个情窦初开的小男生那般笨拙，炫耀自己在世俗里的一切。啊！白猫恰如这身处的自然一般自然，唤回你的赤子之心。你真正想要的是什么？你真正想做的是什么？在自由之境里寻寻觅觅的虎斑猫终于在白猫这里找到了自己生命的所属。那是一种生命的直觉所指，是一种生命与生命气息的相契相合。看起来平淡无奇，却自足闲适。

这样的活过，这样的真正的活过，一辈子就够了。

（二）

生命经不起假大空的耗损，会枯萎、萎靡。我不止一次地说过，过一种自己想要的教室生活，过一种自己筹划的教室生活，过一种自己创造的教室生活；不止一人劝告过我，那是奢望，是理想，是不可能。

一个人，如果自幼积攒起来的命运感觉总是囚困的状态，那么她要么把自己变成囚徒，他人变成囚困自己的人；要么就是去囚困他人，自己成为囚困者。在她的生命密码里人与人之间的关系就是这样的。一如活了一百万次的猫在一百万次生命当中那样，要么被宠，要么死去。

我一直相信，每个人的内心都有一处叫"良知"的秘密花园。在这个花园里，人有好奇，有朝向真实的渴望，有倾诉自身体验的需求，有感受一切美好事物的直觉，有敬畏一切美好事物的本性……

我们常常在不信与信之间犹疑徘徊，大多数人倒向了前者。

喜欢畅想的几个人，也随着岁月的流逝，把畅想变成了空想，遁入了糊涂，大概还夹着对环境的失望，也或者对自己的失望。

生命集聚起所有的能量，就在那无数个绘本解读的日子之后，就在那些为"犟龟"不懈追逐而洒的泪水之中，就在那个火热的暑假，密集的思索，密集的设计，密集的讨论……环境虽有不可知、不可控的因素，但自己是否鼓足帆、起好航才是根本。

如果说活了一百万次的虎斑猫，流浪生活是他生命真正的开始。那么这个暑假，自己筹划的教室生活，是我教室生命真正的开始。

终于，我的生命拐了一个弯，朝着一个全新的航道驶去。

（三）

那是个特别的入园时刻。

一切梦想成真的感觉，期待的配班老师和我一个班如愿以偿了；预想的小班家长陪伴过渡入园活动得以实施了；环境中的课程因素得以呈现了……一切的一切不敢相信就那样呼啦啦地涌现在我眼前了，而且比设想的还要浪漫、还要充满活力。因为每天都在创造着新的感受、新的关心，就像那活在一百万零一次生命里的虎斑猫一样。

这一切，真不知道就凭着这样一本《幼儿入园读什么》是否能够充分地体现到。

我当然记得在教室里给每一个要来的孩子贴上一个电话时的忙碌。

我当然记得在墙上挂上手绘的《猜猜我有多爱你》的大兔子和小兔子时内心的激动。

我当然记得在钢琴上弹奏着舒缓的《摇篮曲》，配班钱老师和我一起歌唱的轻柔声调。

我当然记得给还未谋面的小班家长的那一封真挚诚恳的信。

我当然记得第一次家长会上，那个时尚妈妈一双乌黑乌黑的大眼睛里流淌的触动。

　　……

《幼儿入园读什么》的小班入园生活就是这样的浪漫，就是这样的！每天的每天，总有汩汩鲜活的泉水涌出：坚决不朝这个不认识的老师转过头来的朱浩还是因为猫头鹰的故事忍不住转过头来了；怎么也不肯从妈妈身上下来的昕昕小姑娘还是被老师和小朋友的碰一碰吸引，放松了对陌生环境的戒备，搬了小椅子坐到老师这里来了；一直表现得很适应幼儿园生活、总是好奇地观察老师和教室万物的天天小家伙终于在几周之后的某天哭着从教室后面走向前来……

离开幼儿园的时候，啊，孩子们一个个就像小鸟一样急着要奔向自己的爸爸妈妈，天，那么多小家伙啊！钱老师发明出了开火车回家的游戏，孩子们于是一个个下车回家了。

来，和这里还不认识的老师比一比谁的手大、谁的手举得高。就这样，彼此不认识的老师和孩子们变成了大兔子和小兔子，有了靠近。

哦，当故事中猫头鹰宝宝在各种猜测之后终于等到归来的妈妈时，每一个坐在教室里的小朋友的家人望着孩子们应和："我一定会回来的！"那应和之中显露着的默契，怎么能够忘怀？我又怎么能忘记家瑞说的"妈妈会带蛋糕回来"的那种可爱？

……

那是一个怎样的开始啊！我当然还记得每一个周一的午后，吴老师来和孩子们一起进行体育活动的时光里，我和钱老师坐在孩子们的卧室里，一起读着彼得·班克特的《谈话疗法：东西方心理治疗的历史》的心情。

时光就这样在每天的鲜活里恣意流淌。真挚的生活，真实的互动，自我掌控的生活，是一种内在的浪漫。我喜欢浪漫。我喜欢这样的浪漫味道。

浪漫就在《幼儿入园读什么》。我在这里真正地活过。

课程要游戏化，需要非常棒的游戏主意

2019 年 2 月 28 日　星期四

早晨我看了一集麦希汶在一席关于鲸豚的演讲，觉得有一个词很实在，也很形象，就是"刻板行为"。当麦希汶一次又一次说出"刻板行为"的时候，我就想到我们身边孩子诸多的类似行为，就觉得非常的难受。

课程要游戏化，而不是体现知识刻板化。这并不是说课程的起源必须得从孩子的游戏中滋生出来，也不是说课程要游戏化，就是让孩子可劲儿地自己去玩。这样反而使得课程的范畴或理解变得极为狭隘，或者说更是对孩子的真游戏的觉知不够。不管是课程，还是游戏，都是人的精神在物质和心灵之间的不断闪光。

我们正在进行关于家的主题课程，想要唤起的就是孩子们心灵深处那淹没在日常当中的关于家的各种感受，想要塑造的就是关于家的生活方式。

在主题课程里，有一个折纸课程的安排，因为是"家"的主题课程，孩子们就折叠了房子，在孩子们眼里，家是买来的，装修好了就是家，反正峰就是这样说的。

折叠了房子，自然要展示，孙老师在墙壁上用蓝色即时贴做了纵横交错的道路，于是一个简易的城市就出现了。

"我和恺是住在一起的。"泽将自己折叠的房子贴到这个城市里回来时，这样说。

周一，我们看过每一个小朋友的家，很多非常细心的父母都是从孩子的角度，沿着一个找到自己家的线索而拍来照片的。所以很多孩子激动地发现了，谁和谁住在一个小区。不见得平日里孩子们没有这样的相遇发现，但是经由课程将他们脑海里模糊的日常印象明朗开来，变得更加明确，所以他们很兴奋。

泽说的是现实的情况，他们在现实中的确住在一个小区。但此时此刻，我有一些激动，一种介于现实和精神之间的交错地带的萌动。

在那有着纵横交错道路的"墙面城市"里，不正是对现实经验的表征吗？

"你和恺住在一起啊？"我的目光转向了他们刚刚贴的房子那里。

"是的！"泽很笃定，恺来补充。

恺会意："我是6号。"是的，他的房子上写着他的学号呢。

游戏，就正体现在这从生活的实际来到表征的精神世界的交界处。游戏就是在表征生活。此时此刻，孩子们就在老师的课程里，和老师一起，尝试着用更加复杂的方式表征生活的实际。这是严肃的，是秩序的，也是真实的。

孙老师也会意："那尖顶的就是我们的幼儿园，你看看你的房子想要建在哪个小区？和谁住在一起？就来请我帮忙贴上去（大概意思）。"

我当然注意到，那道路的十字路口有非常小非常小的红绿灯标志。这仿佛是城市的眼睛，让城市顿时有了生气。

子骞说："那有海阳路，我知道所有的路，比如说中山路。"他说的是我们如皋的路名。

我建议："你给那些路，做上标志，让更多的人看清楚。或者你今天回家的时候观察一下路上的路牌标志是什么样子的，然后来试试。"

"我不会写字。"他说。

"可以用图啊，写字也不能让更多的小朋友明白，如果实在想写字就请我帮忙。"我说。

"嗯！"他回答。

我发现，孩子的游戏故事，你只用一双眼睛根本无法看得出来，必须要在生活中经由时间的浸润、聆听和发现。

游戏有一个特别有意思的特点，就是人在游戏时，能够在现实和表演间自如切换。泽给恺和炫羽精心制作了邀请对方去自己家做客的邀请卡，写了时间，写了地点。

峰一大早请我帮他去我们共同的那个城市贴他折叠的两个房子。

他的手指从幼儿园出发，朝东边划去，朝左拐，朝右拐，上上，下下，然后选定了一个小区。好，我默默配合，把房子贴了上去。

还有一个房子，他的手指朝着右边走去，又是一番上上下下，左左右右，最后来到幼儿园西边的一条路，房子就停在路上。

游戏就是严肃的，有着真实的逻辑。

"房子怎么好在马路上呢?"我问。

富有逻辑的孩子往往非常认同，他立刻又开始了行走，最终来到幼儿园的西北侧停了下来。我默默配合，把房子贴了上去。

"我住在幼儿园旁边啊！"

"是啊！离幼儿园好近啊！"

在这样的过程中，有一些东西正在发生着变化，比如孩子对上下左右空间方位的感知，孩子对城市空间布局的体会，孩子对房屋序号和房子数量的无意识觉察……但并不是我们在教孩子来学习什么是左、什么是右等各个学科里的知识点，这是所谓的知识刻板化。而所谓课程游戏化，从课程的角度来说，这是一种融合，一如游戏中各种学科知识在游戏生态里的无痕化体现；从孩子的角度来说，孩子可以从这课程营造的生态里，用文化最初形成的方式去学习，然后逐渐走向更成熟的方式来表征生活。

写给孩子们的毕业信

(一)给只来了两个月的铭的毕业信

2020 年 6 月 18 日　星期四

亲爱的铭：

"张开你的翅膀，迎着风，迎着雨。"我张开手臂仰着头这样说。

"我是皮皮菲莉比。我不怕，他们不是啊！"你也张开手臂仰着头这样说。

你知道皮皮菲莉比是风、是雨、是天空、是大海的朋友，因为知道，所以你才这样说；你心里还想着其他的小朋友不是皮皮菲莉比，担心他们会怕雨和风，所以你才这样说。

哦，我说，你是一个有着魔法的小伙子，有着把人的心变得柔软的魔法。

当你说"你要做一个皮皮菲莉比的美梦哟"，我的心就变得很温柔；当你拿着那支顶端有着银灰色光亮的羽毛，我说那是月亮的光芒，你的眼睛因此闪烁着光亮时，我的心变得很温柔；当我说你是个喜欢真正学习的男孩时，你满脸肃然地坐直聆听，一直一直，我的心变得很温柔。当你问我："我有力量吗？"我说："皮皮菲莉比当然是有力量的，因为她是在和风、和雨、和大海、和天空搏斗，最终才成为了它们的朋友啊！"每当这个时候，你的目光里就全然是沉思的静默。而我相信，她正在塑造着你，让你成为那个本来的样子，那个最好的你的样子。

你是我们做小船的第二周来的，我们一起认识了小广和许许多多的木工工具。观察、感受、动手尝试、亲身体悟，是你喜欢的学习方式；感受你所作所为当中的所有感受，是让你学会聆听的诀窍。第二天你居然就带来了好多工具，引得孩子们和你一起探索它们的功能和作用。直觉就是在这样的状态下变得敏锐的。当我们唱起小广爸爸工作的歌曲时，你居然一下子从节奏中辨别出钉子的正确数量；当你的小船尾巴不小心被锉断的时候，你是那么长那么长时间地等那黏合剂风干……你好奇地张望着这里的一切，包括人。

因为你刚来，不管我去哪里，都会先告诉你一下。我想让你感觉到安全，而你也慢慢安静地在这里。

敏锐、敏感是我对你内心的觉察。铆合你内在学习方式的活动，你真是好投入啊！每天的清晨，你都会滔滔不绝于神奇校车、卷毛老师、极地特快乃至后来的图书馆老鼠山姆。你知道我有多得意吗？因为那是我介绍给你的啊。我为能够看懂你而开心。

秩序、率真是你行为体现出来的特质。比如吃饭，你说好吃的你要最后吃。我说，天啊，你是现在这个世界的熊猫啊，为啥？宝贵啊！现在还有哪个小朋友懂得延迟满足呢？先吃什么，后吃什么，你表达得清晰、条理且有序。还比如做成长册，你一直惦记着带装饰用品来制作自己的成长册；做数学操作，你紧紧把握自己真实的感受去尝试、去记录……

对一切新事物好奇是你自然地流露。幼儿园的小森林大概是你探险寻求刺激和冒险的乐园吧，你在其中破案，追神话故事中的美杜莎等。你尤其对图书馆是不是有一个狮子感到特别迷惑，一直问那是真的吗。你说你好想和它拍照啊，说你好想买下这个图书馆啊。你对图书馆里有个老鼠山姆一点儿也不怀疑，甚至给我们的图书馆取名叫神奇图书馆。

有能力投入和感受，是我对你内在的察觉。虽然在制作小船时，你时而也会表示你不会，但却从没有放弃而不做，就像将吸管插进小船前端锥出的小洞，你不知尝试了多少回。就像进入故事，找到最能够代表自己的故事角色，虽然你没有第一时间想到自己要做什么，但你却是一直在想着这件事，并最终选定。就像你那天早晨穿鞋带，天啊，我都不知道你尝试了多少回……我隐隐地感觉到你身上某种可贵的品质，就是你说"高老师，我可以把早晨采的花儿带回家吗"所散发的那种品质，带着谦和，带着对事物注意的持久、思索的持久，以及最后要做到的一以贯之。它悄悄地掩藏在你的心灵深处，要靠你让它们有机会更加落落大方地来到这个世界。

你感觉到我的严肃时刻了吗？我告诉你啊，真正的朋友有彼此温柔的时候，也有彼此严肃对待的时候。因为我想要和你真正做朋友，所以才会和你有这样的时刻，不过幸运的是我也接收到了你严肃对待的回应。你知道我心里是非常自豪的。你说"我妈妈说我是最幸福的人，可以遇到大兔子和龙猫"。你说"我不用和你说再见，因为我还会在这里"。每当你说起这些的时候，我都会想起你说的"当我感觉冷的时候，爸爸妈妈爷爷奶奶会抱着我；当我睡觉做噩梦的时候，我会被抱在爸爸妈妈的怀里"。所以，我说，你是一个内心有温和、有柔善的男孩。在我眼里，这样的男孩子是最帅的。

好吧，我最喜欢你说的"我们还一起温柔过"。

嗯，我不和你说再见，因为我们还会在这里相遇。

——高老师写于这毕业之际

（二）给惺惺相惜的蕊的毕业信

2020 年 6 月 22 日　星期一

亲爱的蕊：

你把一个粉色的爱心悄悄地放到我的手里，看看我，我也看看你。你说"这个送给你吧，是一只小兔子"，并直接贴在了我的手机背面。一切就是这样的自然而然，你来，抑或你不来，我们都在生命里相遇，淡淡的，悠悠的，却又是绵长不息的。

我说过，你来或不来，其实都可以。因为你自身形成的习惯和品性，不再会因环境而轻易改变。但是你来了，我说你是带着爱来的，希望你不来是爱，希望你来也是爱。我说你是最幸福的人，因为你的爱很多很多，拥有很多爱的人就能够去爱人。虽然这么说，你还不一定全部懂，但我需要给你疏通它，以至于让你更为恣意地去学习和生活，在这毕业之前。

我的脑海里印象最深的是我们两个骑着一大一小自行车，骑行在校园林荫道的情形。四下里绿意葱茏，光影婆娑，真是岁月里最美好的样子啊！当然是你主动喊我去的，因为你要修理你的小船。每一件细小的事情中，都可以洞见你感受和学习的精微和持续品质。学习的根本就在于有能力持续，学习的要点就在于致广大而尽精微。我和你走过三年，发现你的身上真是越来越彰显出这两种根本要素的力量来。

就说做小船吧！小朋友们在讨论小海狸巴克利中的回答时，大家都惊讶于谁说的什么你都能一清二楚地记得；看过一次的画面你就能精确地辨析出巴克利第几次过生日发生的事情；听小海狸巴克利的歌，你一下子就能够精准判断里面一共唱了多少个钉锤。你要给小朋友们带橡皮筋，眼睛眨着眨着就算出了一共需要多少根橡皮筋，并且第二天你就把每个小朋友一个袋子装好了带来了。你知道我欣赏的是你的什么吗？是你做事情前前后后的一贯性，以及整个过程中的求全求美。是的，我们把橡皮筋排在蓝色凳子上发现少了一个小朋友的，你非要全部带回去再一起准备好带来。我暗地里特别喜欢你这种做事的气质和风格，就好像在生命里遇到了相知的人。

再说我们开始设计图稿、制作小船的时候，我看你拿着尺子画图的那种姿势，真是"精准、专业"的姿态啊！我确实感觉到更多的小朋友在数量和线条之间的模糊性，而你却是企图把握尺板数量和线条之间的精确匹配度。我再看你根据你的线条去切割、打洞，以及回来上色、装螺旋桨，你都是精益求精的严谨态度。

我常常能够从你静默的目光里感受到你幽微流转的思索，彰显出一种朝向问题的力量和韧劲儿。感受和揣摩还是有区别的，很多小朋友都能够感受，但不能够揣摩，尤其是在创作当中。比如我们一起根据旋律创作做小船的歌，你就不断尝试在数字数、试误唱。最终大喊正好的欢乐，我知道那是只有你才能享受到的。

从你表达的背后，我常常看到一股无形的仔细跟进的力量。我一唱春神，你的声音就跟来。我一说花婆婆，你就说她喜欢种花。我一说鲁冰花，你就带来了鲁冰花……这背后的背后，是环境于你的熏陶啊！嗯，浸润出来的一丝不苟和刻意的有条不紊，是有着细微且深的差别的。就像你准备舞蹈鞋这样的一个生活事件，你来的第一周就做了准备；放假的那一周我也知道你为什么会问周日上课日会上哪天的课，时时处处都体现了秩序和逻辑。而这样的生活事件、课程事件实在是数不胜数，你总是第一时间准备充分、从容面对。哪怕那个事情并不是你所擅长的，你也铆足劲儿面对，学英语也是，连我也不得不佩服你。

严谨如果过度又会变得无趣，有时大人会有这样的担心。但你不会，因为你有充分的、饱满的、恣意的游戏生命。除了偶尔待在小圆桌旁边做各种纸工之外，你大多数时间都会在娃娃家里洋洋洒洒地用玩来续写着游戏故事。在你没来之前，我说楼下的小木屋仿佛还没有醒来。而自从你来了之后，就唤醒了它们，让它们焕发了生命活力。你的果汁店、烧烤店、冰激凌店、花店等一个接着一个，开满了一整个学期，裹挟了班上所有的小朋友来为它提供原材料，甚至还因小森林的神秘气息而演绎了一个关于美杜莎的神话故事出来。

当我们对自我的感觉足够饱满之后，就会化为一种直觉，并用某个事物表征出来。你要做克里桑斯美美就是这样。我也说不出来为什么，你就是好像克里桑斯美美。站在庭院里的你，似雏菊摇曳，一旁的飞蓬相映，时光却不会停在此刻。那天小朋友们猜我最记得谁，你看着我，又不好意思看着我。不知是哪个小朋友猜到你的名字时，你想要矜持却还是笑了。

你有你的成熟之点，有你的稚嫩之处，这就是你。虽然我想说，两不相谢，相忘于江湖吧！可是，以后的我大概还是很想看到一个这样的你吧！让我们都在时间里成长为最好的自己！

——高老师写于这毕业之际

（三）给来了半学期的语堂的毕业信

2020 年 6 月 23 日　星期二

亲爱的语堂：

你还记得我们最初见面的场景吗？在大食堂第一次见到邻座的你时，你正在用各种动作逃避着再吃一口的要求，只是不说一句话。我一下子猜到你是大班小朋友的年龄。我忍不住对你说，你自己的感觉自己可以做主。

你是想吃还是不想吃？你是饱了不想吃，还是饿得不想自己吃？或者是不熟悉这里不好意思吃？你扑闪扑闪着眼睛，闪出一丝好奇看着我这个陌生人，最终确认是不饿不想吃。

你的目光里确实是显出拘谨的。有一种拘谨，是见识还不够广的羞怯；有一种拘谨，是天性敏感的拘束；有一种拘谨，是包办、呵护太多的不知所措。我不知道你属于哪一种。我讲述我们相遇的故事，讲述和你拥有共同名字的作家，来向小朋友们介绍这样一个独特的你。你对新环境的观望和试探并没有我想象的那么长，很快就和鸣睿成了要好的朋友，而且是主动找他一起跳花之舞，找他一起进入小森林，找他一起窝在娃娃家，找他一起搭积木。因为有你，让本来寡言少语的他变得爱说话，尤其对你，语气还是那样的温和和亲切。

你一次次地问，他一次次热情地回答。那一次你们在我办公桌旁边搭积木，你看着他盖着三角形的屋顶，开始给条形公路设置交通标志。你指着一片蓝色积木区域问："这蓝色的是一片海吗？"你的问题引得不远处一直在埋头做纸工的芯蕊探过头来好奇地观看。

我对你的最初察觉确实不够。认识的过程里，我感觉到你内心的主动和向外。你好奇地张望着这里的一切，只是和大人有距离。

我一问，你会有一答。我问："今天你交到朋友了吗？"你说："昨天那三个朋友不知道他们的名字，但是今天我和毛毛成了朋友。"我用目光示意你，对这个问题有想法吗。你扭过头去看旁边的小朋友，回避我的目光。我们和以前一样告诉刚来的你，回答问题就是表达自己的想法，说错了没关系。

让我们循序渐进着来。当遇到选择和两两辨识的问题时，我的目光就会投向你。嗯，不是第一个投向你，是先投向别人，然后顺着方向投向你，不让你感觉到刻意，期待你也来试一试。这并不那么容易，逐渐适应的你，主动告诉我的是，要坐到我的旁边（办公桌旁边）来上英语课。嗯，想起你和鸣睿在小森林恣意地跑和追，我想我需要进一步了解你。

让你回到座位上英语课，是我要求的；你第一次回答问题也是我说每个人都必须要回答的。是的，我记得的。那一次我问这个春天有什么特别，你说："这个春天很特别，我每天在这里观察虫子。"你看要求之下，你也能表达的。

我不断地描述你上幼儿园的曾经和现在，也是为了让你真正打开自己。

在春天快要结束的某一天，你主动大声地和老师打招呼了。再后来，你居然蹦跳着、欢笑着走进教室，激动地告诉我："我今天是自己跑来的。我还带了一个小班的小妹妹。"再后来，当我们在小森林里探究树叶的时候，你会凑过来主动表达："这肯定是虫子吃掉的。"

"高老师，我的牙齿摇动了。"是你，眼睛里有闪烁的光。我说你越来越释放自己了。英语课中的你，也是站起来跟着节奏跳得很欢，不是窝在椅子里的模样了。你主动地来和小朋友动手拧动椅子上的螺丝，不再是好奇观望了。我们检验小朋友对小海狸使用材料和工具排序表的准确性，是你的作品坚持到最后两个小朋友呢。

你在变。你在悄悄地变。虽然你还经常说"我不知道怎么说""我又没有举手"，还经常使用老师给你的求助功能，但是你零零星星地开始表达自己的思考。你说你的家乡在如皋。你回答那个巴格曼的男孩名字叫亚默。你站在我的旁边告诉我，你家是恐龙园，爸爸是霸王龙，妈妈是梁龙，你是迅猛龙，奶奶是三角龙……

我常常期待每一个小朋友都能够在这里充分地打开自己、表达自己、流通自己。可一想我们认识就这么四个月啊，这样看来，你的变化真的很大。你快要成为一名小学生了，还会有更长的成长之路等待着你去走，祝愿你越走越好！

——高老师写于这毕业之际

（四）给相处了整整一年的瑀娜的毕业信

2020 年 6 月 25 日　星期四

亲爱的瑀娜：

细细感受这一年来的你啊，我仿佛又看到你从木色长廊那头蹦蹦跳跳地走来，还是那双笑弯了的眼睛，还是那个给人带来欢快的招呼。

春天，当我们撒欢儿在绿色草地上的时候，你的笑还是像天空中灿烂的阳光。我总觉得在你的心灵深处有那么一个小精灵，一个无忧无虑的小精灵，拿着画笔四处画画。你手中的笔真是神奇啊，魏铭一定是这么觉着的。因为他说到什么，你就能画到什么。纸上的游戏情节就是这样开始起来的。此刻就是，你画了一个美丽的仙子正在某个神秘的洞口。你拿给我看。嗯，我是要记在心里的。我也希望你一辈子能够记得你笔下的神奇。

我还要记住你身上洋溢出的浪漫。这一整个学期，你除了画画，待在聊天屋的时间要算是最多的了。那里有星星、云朵和一弯梨形的门洞。你

259

常常就那样轻轻地躺在那弯弯的门洞上，对着你最好的朋友，让她看你躺在月亮上的样子。躺在月亮上呢，一副惬意的姿态。

就是这样浪漫的你，才会在听了花婆婆的故事之后，仰头问我，世界上真的有鲁冰花吗？当然，你一定是觉得花婆婆做的这件让世界变得更美丽的事情，很是浪漫，和你的气质相符合。所以你特别投入做她，你学着她去图书馆工作。好形象啊，你在排书，在选书；你学着她真的撒种子，去看自己种下的鲁冰花……

我说，你是个温婉的姑娘，因为你说你的春天特别就特别在，你在家里弹钢琴、打扫卫生、洗碗；你说你在春天的时候去了爷爷奶奶的学校，骑自行车、吹泡泡、种樱桃树……你甚至说你知道老师为什么会给小朋友拍照片，那是因为美好在那儿。是啊，最最美好的总是像你这样用心看见的。

你喜欢一切美好的东西，时常溜达在春天小飞蓬白色花瓣之间的是你；你说小朋友的笑就像一朵小花；当你向别人介绍我名字的时候，你能体会那种看晚霞的美；你一下子就能够看到那只来图书馆的狮子，它身上散发出来的温柔和和善……

喜欢的，往往是自己内心的映照。是你，帮助老师照顾新来的小朋友，温柔耐心；是你，一直认为小海狸巴克利的船成功地远航到爸爸那里，把小海狸对爸爸的思念送到，因为你想要成全小海狸的心意；你甚至帮助小海狸表达对爸爸的爱——我以后还会给你寄小船，等我长大了，我就可以坐小船，划船划到你那儿了……你记不记得你说过的这些美好？我记得的。

我没有想到你会自扮贝琳达。每一个小朋友的选择仿佛是一个暗喻和象征。真的，你是贝琳达啊！一个看似放弃自己最喜欢做的事情，而事实上却一直在坚持努力的贝琳达。做着数学操作，看似颓丧的时候，你却是从来没有放弃，从来都要做好做全为止。甚至游戏时间从来都是浪漫地画画、游戏、讲故事的你，感性的你，也单独挑战起了搭建电路玩具。当你的风车从操作盘上开始旋转起来的时候，我真是为你骄傲啊！你真的就是贝琳达，终究会迎来属于自己的成功。

"贝琳达"，这一学期，我还深深感觉到你语言表达完整性和逻辑上的迅速变化。在我的印象中，感性的你，回答问题常常是短句的、描述性的。但是在这个学期，你常常是"因为什么，所以什么；如果怎么样，那就怎么样"等逻辑长句式的表达，加上你擅长的描述，常常一下子就说清楚了故事的前因后果。所以我才说，这学期你的思维活跃起来。你还记得那一次我们画船，我说你将工具材料表设计得条理和秩序起来，不仅包含了我们讨论过的诸多工具材料，而且还增添了造一艘船有可能的材料工具，比如服装……

我记得你这样说："2号娃娃家陪伴了我"。我真喜欢你这样说，你感受到了事物和人的厮守。

所以，你说："我的家是个学校。我看书的时候，妈妈给我倒水；我做作业的时候，妈妈来陪我；哥哥做作业的时候，妈妈会看哪道题错了……"

所以，你说："我和小涵是好朋友，我们有一个朋友之家，那是一个云朵之家。"

所以，你说："我们在这里有这么多这么多的记忆啊，我可以藏在你的心里面。"

在我看来，你就是这样一个善于捕捉自己生活经验和感受的姑娘啊；你是这样一个友善、亲和的，也敏感、率真的姑娘啊。如今，我们回忆着、回忆着，当经历的一切都回忆过的时候，我们就要说再见了。在这个特别的时刻，老师想要告诉你，在以后的学习生涯中，只有你真的尽力了，不管做得如何，结果如何，都要像现在这样开怀的笑啊！老师永远在这里为你加油！

——高老师写于这毕业之际

（五）给终于突破自我的沙的信

2020 年 6 月 28 日　　星期日

亲爱的沙：

你记得瓦士缇吧，那个画画、写诗的瓦士缇，画"点"让他感觉到了成就、感觉到了自信。其实，你知道，我觉得你是更像瓦士缇的。

我坐在后面看着你们唱《再见了，我们的幼儿园》，你的身姿是那样放松地坐直着的，你的脖颈是那样自在地挺拔着的。这样的姿态不是一日两日形成的，是一个在漫长时间里累积而成的。

我不知道你是不是在不断地自我确认当中，反正我倒是成了那个时时在确认你这个小家伙学习品质是否稳定于身心深处的人。

春天里，当你说，阿地就是那个找银光珍珠救了樱花精灵的男孩，而银光珍珠就是阿地的一滴眼泪，你知道，对于老师没有和你们面对面学习的内容，我在心底里确认你有真正的把握；当你种下鲁冰花种子后，居然那么轻而有力地对它说"你快快长大吧"，你知道，我在心底里确认你的纯真和柔善；当你在扮演花婆婆爷爷自己发挥着去在画架上画风景的时候，你知道，我在心底里确认你课堂里时时的聆听和理解。

当我们开始进入小海狸巴克利的角色时，一时大家完全感受不到画面的意思，是你体悟到那可能是海水退了，开拓了我们理解的思路。我在心底确认你的见识和直觉。是的，我说你把握事理的直觉更加洗练了。很多小朋友都一厢情愿地认为巴克利的小船成功远航了，而只有你非常清晰它并没有被爸爸收到。你说如果收到的话，爸爸就会留下了。我喜欢你思维中体现的这种逻辑性。你甚至比其他小朋友更加体会到浪涌上来时带动许多海底东西卷到海滩上来的感觉，我们所有人都慨叹你"涌"字用得那么绝妙。

嗯，你不仅对事理清晰，还对情感线索清晰。妈妈知道巴克利喜欢船，所以才给他做了船型的蛋糕；小海狸巴克利不是对妈妈拿小船失望，而是对小船没有漂流远航失望。我不得不感慨你啊，怎么变得这么厉害的！因为只有你好像脑海中有画面，有小船每次都会被冲回家的画面。所以也是你第一个有了建造一艘真正的船的建议；也是你第一个厘清小船要能够远航需要引擎和方向盘的牵引；你甚至想到了利用其他玩具的动力装置……我说，这可不是小小的变化。我在心底里逐渐确认你思考的逻辑、秩序的稳固品质。再看到你独立自主在画中表现的船时，那结构的复杂和丰富，还是让我想起了你曾经涂鸦一片的画面，想起了你上学期一片混沌线条中慢慢显现的树，一直到现在这样结构分明的船，我怎么能不确认你变化的真实？嗯，你现在不再需要表扬"这副药"了，也不再需要第一时间就被喊来回答问题了。你有了对现实、对自我表征和把控的能力了。你常常有心领神会的感觉，甚至也有了带着别人一起做一件事的能力了。

当我们走进图书馆的时候，当你听到我播放的那首意大利儿童歌曲时，你居然一下子就能够体悟到这是图书馆山姆的歌，它可是意大利语啊！足见你的感受和关联能力。你理解山姆看书时那种进入书籍好像一切都活了的感觉，原本你那种善于观察画面的能力似乎发挥到了极致。是的，就是这样的，因为足够觉察所以走进了理解的层面。比如你从狮子的动态感觉到他的温柔和对图书馆的向往。所以当你写下我们神奇图书馆第一本新书的时候，我既感觉到意外，又似乎在意料之中。

我确认你的身心深处已经生出了一种稳固的自我把控力量，它不仅带着你走进学习的世界，而且就是在你有可能做了不对的事情时，会把你从那里带回来。你感觉到了吗？就像瓦士缇，即使成功举办了"点"的画展，但也只是一个开始，一个好的开始。就像你现在这样。

还是会有一天，瓦士缇发现自己的画，怎么看都不好；瓦士缇发现自己怎么画也画不好。这可怎么办呢？在以后那么长的学习生涯里，你也会遇到这样的情况吗？我相信会的。到那时，你就让自己重新走进幼儿园的时光里，哪怕就是这做小船的一小段生活，感受自己成长历经的变化过程，从中寻觅属于你自己独特的成长力量吧！

请相信你自己，这就是梦想的翅膀！

停不下来的思考

2021 年 1 月 5 日　星期二

读佩索阿的《惶然录》有个好处，就是不需要整块的时间，想起来的时候，随意翻一页，随意读一篇，就能读到灵魂的深处去。

比如这天，我随意翻到了"停滞"这一篇，感慨他对生命的幽微感觉怎么描述得这么好呢！他说的不是什么正在做的事情停滞不前了，不是什么问题无法解决停滞不前了，而是说自己的灵魂停滞了。在这个影子般的时间里，不能思想、感受或期待，就像在睡觉，一切言行是一些器官按部就班的本能。这是一个意志的失落之处，而这时我是不是才真正成为自己？而我的意志为主的时候，感情和思想还是天天持续地向别人表达自己，然后以语言、以行动、以习惯在生机勃勃的灵魂生活里，向自己表达自己。这样一种生命状态，我都会听其自然。我就这样交出实在的我，听从任何一个送达而来的命运。

我只觉得这些话语再也没有办法用其他的语言代替。生命就是这样的。因为我早就捕捉到了生命最终一场空的本来面目。我突然理解人是一种形而上的动物了，人还必须是形而上的，人因为形而上才有了意义。放眼世界，每个人都是平凡而普通的人。但是追随到一个个体的灵魂深处，你又会为诸多形而上精神空间的处处奇妙而感到震撼，怎么就会造出有着诸般看不见摸不着想法的一个个特别的人呢？是什么东西决定了每个人不同的大脑呢？它们的物质构成应该没有多大区别，那么又是什么导致了它们的不同呢？

如果人类窥探到了这样的秘密，那么是不是每个人都可以拥有天才一样的大脑？要是那样，或许又无聊了。参差百态，才是幸福的本源。

我一直认为，作为老师，思考是本职工作，是一个老师必须要做的事情。因为老师做的是教育的事情，教育就是去了解孩子认识世界的规律，帮助孩子更加通透地认知世界，建构和世界合宜的关系。

比如和孩子来探究数学中的"按规律排序"，不是像佩索阿说的那样，按部就班地按照教案去做完即可，而是要思考孩子们为什么要学"按规律排序"，这样是在建构怎样的一个关于世界的经验以及关系。我一直内心雀跃，如果把这个弄清楚的话，那么人人都会拥有一颗无比好奇的心去学习数学了。因为人有一种内在规定性，即内在天性，那就是自然地要去认识世界，要和世界建立彼此合宜相处的关系。这是生存必备。

在这点上，我常常把儿子高中的数学和幼儿园的数学贯通起来思考，从中往往会看到紧密相连的隐隐关系，甚至能从这"按规律排序"里迁移到函数，迁移到导数的某种内在关联，但也只有这种直觉，却无法论证。

因为有这份直觉，它会促使我在和孩子们探索规律时提问的不同。

第一步：观察、发现规律。这是一个感受、审视、辨析的过程。去观察和发现世界上各种排序的规律的过程非常重要，因为接下来我们就需要思考，为什么世界上会用这样的规律排序呢？这个问题的解决需要我们去建构规律的内在动力源问题。

第二步：验证自己对所观察规律的认知情况。我们可以进行"接下来可以怎么排"的各种实践操作。比如我给大熊（男孩）和树叶公主（女孩）排队了，男女男女男，接下来排什么呢？比如我要造一个有着秩序美的火车，蓝白白蓝白白蓝白，接下来排哪一种颜色呢？大量的实践，两个种类之间的 ABAB 模式、ABBABB 模式等规律或三个种类之间的 ABCABC 模式、ABBCABBC 模式等规律，可以帮助孩子们形成规律可以自由创造的灵活感。

第三步：自己创造规律来进行排序。孩子们第一步的经验还不够充分，所以当接触到排序材料的时候，几乎有一半的小朋友，是动作惯性地进行拼插游戏，而无法有意识地进行哪怕是模仿式的规律排序。我需要记录的是，今天谦、泽、凯、果、桔、豪进行了 ABAB 模式的规律建构。我想起曾经小班的孩子们在自主游戏的时候，用串珠的形式来创造性建构各种规律的作品了。不知道孩子们是否有这样的一个自主意识去进行主动尝试呢？我常常在想这个自主主动滋生的机制到底是什么。这又涉及成人介入的区域活动是否还是游戏这个问题了。这是一个值得深入探讨的问题。

教育现在不是要朝前发展，而是要回到常识

2021 年 1 月 11 日　星期一

如果仅仅是年龄成熟了去学车，就需要一点点勇气。但如果心智已逐渐成熟，就能够去突破学车的心理障碍。原以为，摸到方向盘的时候，我肯定会紧张不已，没想到抓住它时，心态却并没有想象中的紧张，车子居然就这样咕噜向前走了，不是走了一点儿，是一直走了下去。

接下来，我只有周末有时间去碰一碰方向盘。师傅的方式也很自由，大概几步：首先让你自己开，熟悉行驶感；其次教侧方位停车之类；最后教倒车入库。更多的练习是学员间的切磋，这个切磋的时间特别有意思，你会感觉到不同的人感受和把握技能的不同特质。

我要搞清楚师傅为什么这样教，自己要怎么学，大概是做老师做久了的惯性使然。

就比如侧方位停车吧，车子平行于车位，退到哪个位置开始打方向，到哪个位置回正方向，再到哪个位置打方向入库，这就是个几何问题。在这个问题上，我很快就在脑海里完成了表象的运算过程。重要的是，我经由这个运算过程通晓了师傅看点方法的根由。但是在倒车入库上，我却是和师傅的方法发生了一些错位。因为在表象运算中，汽车需要运转怎样的角度才能刚好停在库这个长方形的中间？为何师傅需要车和长方形角相距一鞋宽的距离？一鞋宽是指鞋的长边还是短边？……问题有很多，需要自己一遍一遍在实践中厘清。

我常常觉得人有格物致知的本能。

我印象最深刻的就是小说《你当像鸟飞往你的山》里的塔拉，一直都是在自主学习的过程中，尤其是足够深到高等数学的学习。

我印象很深的还有在省幼教研讨群里说到北大教授郑也夫的一句话。他说："兴趣的形成就三个字——自生长。"

人有格物致知的本能。

人有自生长的能力。

可是这过去的二十年间，我是看着孩子们是怎样一步步失去了这些本能和天性的。因为培训逐渐蔓延到更小年龄段的孩子那里，将他们的所有探索时间日益吞没。更小的孩子就这样被"灰色化"了，变成了《毛毛》中的灰先生，失去了时间。

当一切都来自外在的时候，内在的动机幼苗因为没有被灌溉和滋养，逐渐萎缩乃至消逝，心自然就空了，只能、也只会被填塞。只是各种填塞总难免有或大或小的副作用。试想一下，一种食物，再美味，当被生生填进你胃里的时候，生出的会是一种怎样的感觉呢？

应该说越来越大的孩子滞留在娃娃家里疗愈自我了。

应该说越来越大的青少年，滞留在扮演和搭建中试图组建自我灵魂的秩序了。

郑也夫说到孩子的自生长必须依赖一些条件：第一，要有空，空闲全都塞满了，怎么生发兴趣？第二，要能自主，自己说了算。可是孩子能自己说了算吗？第三，整个受教育过程当中要能比较广泛地接触到好多学科、好多游戏、好多信息，才更可能生发兴趣。

这都是些奢侈品啊！

这使得我想起小时候的光景，觉得自己好富足，真是富足到无边的空闲。空闲里，尤其是没有大人目光集注的空闲里，你想去哪儿，看什么，卖什么呆，不都是自己说了算吗！足够丰富的自然世界在自己的接触当中，尽管人文世界相对匮乏，可要让我换掉这样的时光，我还真不愿意。可也因为相对的人文匮乏，也造就了之后长时间乃至一辈子的追寻和探究。

我要补充的是，除了空闲和说了算，这第三样，说广泛接触各种学科、游戏还有信息并不准确，而应该是运用自己所有的感受体系，去整体地感受自己所接触的事物，以及事物背后的世界整体。这并不是在物化知识上的丰富，而是说在感受上的一个整体世界，在这样一个整体的感受下发展自身的各种意识和能力。

如果一个孩子没有这种整体感受、感受整体的意识和能力，那么他会再多的技能，也无法让他拥有做一件事的驾驭和创造能力，更无法拥有生命的愉悦感和意义感。

当下有多少孩子被各种技能培训填塞满了啊？我仿佛看到他们的生命小树耷拉着脑袋，日益萎靡的模样。

应该说二十年前，我就说，我们作为成人，很难有自我的独立，因此就很难不去干扰孩子专注做一件事情的状态。是的，不是你去影响孩子变得更专注，而时常大人所做的都是干扰和破坏。

比如，孩子在专注一件事情的时候，我们就很难找到自己喜欢的事情专注去做。我们在干什么？用身体在那里陪伴孩子，不仅是身形的干扰，还有拍照、各种问话的干扰。

也就是说，我们成人之间，也难以彼此独立地专注于一件事，在同一个空间当中。

我不知道这二十年，在幼儿园这个领域的教育之路上，我们向前走了多少。

我时常纵观整个历史的演变进程，心想，这个弯路可能是必须要走的。待到生命呈现无法承受之重的时候，改革才会被迫开始。

教育现在不是要朝前发展，而是要回到常识。

我说的最野蛮的话是，就是连一只小狗，饿了会找食，冷了会找暖和的地方，那么我们生养的孩子总归是人啊！回到常识，童年不能就这样消逝，该有的空闲要还给他们，哪怕再稚嫩的主意也让他们自己拿。最根本的是，作为动物本身具备的生活能力，不要让它们日益萎缩。

我特别喜欢玄鸟书屋一个孩子自发写就的诗，题目是《自己的力量》。

鹰，不需鼓掌，也在飞翔。

小草，没人心疼，也在成长。

深山白野花，没人欣赏，也在芬芳。

每个孩子本身具备自生长的能力，这是我们要回到的常识。

教育是一种信仰

——读《爬上豆蔓看自己》有感

刘 羽

　　读这本书让我回想起在幼儿园工作时那些忙碌但却幸福的日子，更让我无数次地联想起刚刚在四环游戏小组*认识的孩子们。我想，也正是因为这些带给我各种情绪体验的孩子们，才让我想要在教育的路上坚持走下去，也让我在读这本书时能够感同身受——时而因发现自己与作者有着共同的想法而振奋，时而因书中对孩子形象的描写而欢畅，时而因作者所产生的迷惑而跟着迷茫，时而因书中的教育方法让我联想起周边的孩子而恍然。惊异于作者为孩子们所做的一切以及在这个过程中所收获的细腻感悟，其中的很多想法并非我没有想过，只是我没有如她般坚持着找答案。

　　什么是教育呢？"教育不是一个偶尔的灵感顿生而成的论文，教育是一种行为日复一日的坚持。"在我看到这句话之前，"教育"在我心中仍只是一个模糊的图式。就像作者所说的那样，我们总是抱有一种唯美心理，潜意识中期望对孩子实施的教育能够一蹴而就、立见成效，总是期望一次活动就能看到所谓的成品和效果。当我们发现孩子并不像我们预期的那样表现时，对孩子的控制欲便占了上风。然而高老师在看到孩子并没有做到预期中的完美时，她抱有这样的心态——孩子的操作状况又比上次好多了：没有孩子乱涂乱画，没有正确的孩子开始有了一处、两处正确的地方，完全正确的孩子也明显增多了，心里很是开心。相信一点，只要我们相信孩子的能力，他们会通过一次一次的活动，慢慢纠错，慢慢发展的。而我们不能为了一次的正确量而去"及时"辅导他——我深知这份对孩子的尊重和积极的心态是需要我们在日复一日的坚持修炼中才能获得的。

---

　　* 四环游戏小组：2004 年 4 月 7 日开始，北京师范大学教育学院学前教育系的张燕教授及其硕士研究生在位于德胜门内大街的四环综合市场内，为流动人口的孩子（主要是学龄前儿童）创办的非正规学前教育组织，旨在探索农民工学前子女受教育问题。

一、以积极的心态看待孩子

相信每个孩子都有与众不同的优点，相信那些任性的孩子也可以乖巧，相信那些性格内向的孩子也能够开怀大笑，给孩子改变的机会，让孩子及时发现自己的优点，让所有孩子都知道自己有长于别人的地方，给他们机会夸奖自己……

我常常会觉得教育是一种信仰，教师对孩子抱有怎样的心态在很大程度上取决于教师有着怎样的教育信仰。孩子在我们眼中是各有优点的还是各有缺点的？在我们想到一个孩子的时候，首先想到的是他的优点还是缺点呢？高老师在书中提到的一个细节引起了我的注意，她给孩子们布置了作业——找自己的优点，然后说："每个孩子都有自己的优点，不过，有的孩子的优点他并没有拿出来，而是把优点藏了起来。慢慢地，这个优点可能就真的走了。比如张钰（很调皮的孩子，不过有时候回答问题的思路清晰，反应也快）的爱动脑筋的优点就已经很长时间没有出来了。还比如……"

我忽然想到，其实在幼儿园大多数老师都更关注"不能做"的事情。在一次户外活动中，老师在组织孩子们站队，然后摆臂走。在走之前，老师问了孩子们一连串问题：能使劲跺脚走吗？能故意用胳膊打到别的小朋友吗？能蹦着走吗？能走出队吗？……对于这些问题我是非常能够理解的，因为老师在用这样的方式提醒孩子们以达到规范其行为的目的。但每一个问题的答案都是"不能"，孩子们知道这个不能做、那个不能做，却不明确什么是可以做的，我想这种教育方式在一定程度上也在帮助孩子们形成"关注负面"的倾向。上课也好、游戏也好，老师的目光总是集中在那些总是"做错"的孩子们身上，指出他们哪里做得不对。这让很多孩子产生了模仿行为，他们总是喜欢在看到别人做得不对的时候就马上"报告老师"，并因此获得老师的表扬。这使得孩子们逐渐成为"挑毛病"的好手，永远盯着别人的错误。一些喜欢被关注的孩子更会利用这一点，故意犯错来让老师关注自己。有的老师还担心过多的表扬会让孩子变得骄傲。从心理学的角度来说，每个人都有自我实现的需要，却因为心理状态不同而表现出不同的特点。真正具有自信的人是非常谦和的，他们自我实现的需要得到了满足，所以总是在肯定自己优势的同时客观地接受自己的不足，并想办法改进；而自卑的人因为内心需要没有得到满足，反而会表现得非常骄傲，由于他们总是担心不被认可和接纳，就用骄傲的面纱把自己包裹起来。所以，客观地给予孩子积极的评价是不会使他们变成"骄傲的小公鸡"的，而要求过高的批评才会导致这种结果。

二、给予孩子细腻而恰当的关爱

在孩子没有遵守规则时，用温和的眼神提醒，尽量不点名批评孩子，不当着孩子的面说缺点，在耳边悄悄提醒孩子；在孩子表现好的时候，给予肯定的眼神，悄悄为他伸出大拇指，告诉孩子老师喜欢他……尽量走进每个孩子的内心，以细腻的眼神交流了解内向孩子的心思，以笃定的态度面对任性的孩子，提醒家长为孩子付出"完全"的时间，反省自己有哪些细节对孩子产生了无意的伤害……

很难想象一位幼儿教师在繁忙而琐碎的工作中能够与近 60 个孩子保持着这样的交流，进而形成了一种默契——有时和孩子互问"你早""你好"；有时和打招呼的孩子摆摆手；有时眉毛提起，微笑着看着孩子点点头，孩子总能心领神会，我再努努嘴，他就知道该到哪儿去活动了。面对内向的孩子，我大多时候会迎上去默默地摸着他的头，用温和的眼神送他去活动；面对不爱倾听别人说话的孩子，有时我可能会让他等待一会儿，然后假装惊讶的样子说"哎呀，你好哇"；面对不遵守规则、大声说话不文明的孩子，我嘟起嘴巴，神情严肃又有点儿可爱地对他摇摇头。

在这样细腻的描写中，我们体味到了做一名幼儿教师所特有的幸福感，便也乐于尝试着在自己与孩子的交流中体验相似的感受。刚到四环游戏小组的时候，我就注意到了几个很特别的孩子：任性的伟杰、特立独行的沭阳、沉默寡言的姗姗……心想，他们大概都是些让人头疼的孩子吧？然而只是几次接触，我便觉得自己和他们之间建立起了一种微妙的情感联系——虽然淘气且任性，可是几次偶然事件却让我发现伟杰其实是个很要强的孩子，做操时一板一眼，听故事时专心致志，放学时帮老师打扫教室等，大概他的任性是在和妹妹"争夺"爱吧！于是我便在他努力表现的时候冲他鼓励地笑笑，知道他做了好事就马上表扬他，摸摸他的头告诉他，他是个好孩子，于是好久都没有再见到他躺在地上耍赖了。

沭阳是个让我觉得有些特立独行的孩子，有时故意吊儿郎当地走路，时常会学大人抽烟、喝酒时的样子，因此开始时我是不喜欢他的。一次游戏中的表演让我改变了对他的看法，他很有劲儿地说着"孙悟空"那个儿歌，脸上快乐的表情提醒我他仍然是个可爱的孩子。那天我总是找机会夸奖他。也是从那天开始，我有意识地关注他了。一次他和欢欢打了架，脖子被抓伤了。他一个人在一边哭，有些忧伤的感觉。不知道发生了什么的我看到他，就请他和别的小朋友一样坐在桌子旁边，可他并不情愿理我。看到他很伤心的样子，我只好抱了抱他，并在他脸上亲了一下，之后他竟然乖乖地跟着我坐在桌旁了，然后告诉我他的脖子被欢欢抓破了。我心疼地给他消了毒上了药，看他心情好了不少。接下来的相处中，我感到他越来越愿意接纳我了。姗姗开始时也不愿和我说话，总是瞪着眼睛看看我，然后自己做自己的事，有时也不喜欢和别的孩子在一起。游戏的时候我常常叫她的名字，她手脏了的时候就主动帮她洗，给她擦鼻涕、拢头发，挠痒痒逗她玩儿……只是这么简单，她便开始愿意跑来拍拍我，趴在我腿上或是偶尔主动地说话了，原来她也是个古灵精怪的孩子。

我常常想我们应该怎样爱孩子呢？我们要怎么才能让孩子知道，他们是被我们爱着的呢？也许就是这些微妙的动作和眼神吧！静静地把他们含在嘴里的手拿出来，擦掉他们脸上的鼻涕，帮他们洗手，偶尔主动抱抱或亲吻他们，摸摸他们的头，冲他们微笑，给他们以鼓励的眼神、关注的目光……

三、以尊重而平等的态度面对孩子

好的常规总是建立不起来；孩子常常无所事事或是到处疯闹；孩子总是不听话、难控制……当我们这样抱怨的时候，也许是我们少想了一个"为什么"。高老师在书中提到的两个事例给了我很大的启发，是我以前没有想到或是没有明确地认识到的。

场景1：当我告诉孩子们要玩水时，他们一个个兴奋得尖叫。但我问孩子们："能不能在厕所里玩水呢？"孩子们想了想说："不能。"我继续问："为什么呢？"孩子们七嘴八舌地回答："因为厕所里湿了，就容易滑倒，容易跌跟头。""身上湿了，妈妈要骂的。""要感冒的。"……"许阿姨已经用大盆将水送到操场上去了。我们到外面玩水要注意什么呢？"我问孩子们。孩子们答道："不能弄到身上。""要注意安全。"我说："哎呀！我们小三班的孩子真会动脑筋！知道在外面玩水的时候要注意什么，还不用老师说呢！"

场景2：老师们都在感慨：孩子们怎么也知道要放假了，整天疯得不行？不是，是孩子们没有活动，无所事事，对一遍又一遍的枯燥形式和同样的内容毫无兴趣。

我所受到的启发是：孩子之所以不受控制，原因是什么？在建立常规时，我们有没有帮助孩子了解"应该这样做的原因"或是"不能这样做的原因"？在孩子活动注意力不集中时，我们有没有从自己身上分析原因？在孩子总是不能按照我们定的"规矩"行事的时候，我们有没有反省这些所谓的"规矩"是否有必要？曾经我们认为，蹲下来和孩子说话、用和蔼的态度等就是体现对孩子的尊重了。而事实上，"尊重"这个词背后有着更为深刻的内涵——孩子和成人一样，都有感受、都有需要。有没有去体会孩子的感受、理解孩子的需要，把他们看成与自己有着平等人格的人，才是问题的关键吧！尊重是说起来容易，做起来非常困难的，同样也需要老师把尊重渗透在日常生活中的各个方面。如老师在发现自己做错时向孩子道歉；常常和孩子谈论老师自己小时候的事；尝试着在孩子面前做个弱者，以激发孩子做个强者；与孩子在活动中共同感受快乐和美好……

　　面对现实的压力，许多幼儿园常常会为孩子提供很多事实上是在吸引家长的条件。常常看着年纪小小的孩子就因"课业"负担过重而开心不起来，我就会想：我们培养孩子的最终目的究竟是什么呢？作者在书中提到一些自己对教育目的的看法——让孩子们在社会中快乐而健康地活着；让他们在社会中能做自己喜欢的事情并努力将之做好；让他们有让自己生活得幸福的能力——恰恰也是我想到的。可是如何才能达到这样的目标呢？我想，幼儿教师的作用之重大甚至超过了家长对孩子们的影响。看过了本书，我不禁更想了解这位让人觉得可爱又可敬的老师，想去亲眼看看她与孩子们相处的情景，听听她丰富而有趣的活动课，感受她的工作状态……其实，想要走近她更重要的原因，是我想了解她是如何成长为这样一位教师的，这样一位优秀的幼儿教师的成长历程对于其他的幼儿教师来说有着怎样的借鉴价值呢？

　　就在不久前，我听说曾经工作过的幼儿园的一位老师因为打孩子而被公安机关提审。我再回到那个幼儿园的时候才发现，一年前那些熟悉的面孔大都已变成陌生的，问起老师们的去向，才知道她们中的大多数竟已放弃了幼儿教师这一职业。与本书的作者这位老师相比，很多工作条件要优越得多的老师却并不能坚持做一个好的老师，原因是什么呢？

　　就拿作者在第六部分"生命的感怀"中所提及的电影《放牛班的春天》来说，我也曾在给老师的培训中安排看过，当时的我也期望着老师们能够从电影中得出这样的感悟——看起来无可救药的孩子，只要我们用宽容、理解、信赖和关爱的态度去面对，都能赢得孩子真诚的爱，收获做老师最大的幸福。可是在之后的实践中，我都没有看到或感受到老师们有怎样的变化。读过这本书后，我忽然意识到，不是每个人都在教育上有如此的悟性，日复一日坚持做一名优秀的幼儿教师是需要有伟大的灵魂的；以积极的心态看待孩子，给予孩子细腻而恰当的关爱，以尊重而平等的态度面对孩子，这些看似简单且融化在日常琐碎生活中的品质，并非任何人都能够拥有的。

事实上，在阅读本书的过程中最让我感动的也正是作者在只言片语中所表达出的对教育的信仰、责任感、使命感、成就感……我忽然想到，是不是没有完善的外在条件，一位具有这样境界的幼儿教师同样能够带给孩子们丰富、美丽而快乐的童年？虽然我明知道自己这样想失之偏颇，但我仍愿意相信——教师是教育的决定性因素，正是因为这样，我们才有了为像在四环综合市场那样的生活环境下生存的孩子们提供优质教育的信心。

2007 年 6 月 6 日于北京师范大学